The whole world's a racecourse

Les Woodland
HALBGÖTTER IN GELB

Das Lesebuch zur Tour de France

Die Originalausgabe erschien unter dem Titel
»The Unknown Tour de France.
The Many Faces of the World's Biggest Bicycle Race.«
bei Van der Plas Publications, San Francisco.
ISBN 1-892495-26-0
Copyright: Les Woodland, 2000

Woodland, Les:
Halbgötter in Gelb. Das Lesebuch zur Tour de France.
Covadonga Verlag, Bielefeld
1. Auflage, 2003
ISBN 3-936973-00-8

Covadonga Verlag, Bielefeld
e-Mail: info@covadonga.de
Besuchen Sie uns im Internet: www.covadonga.de

Alle Rechte vorbehalten. Wiedergabe, auch auszugsweise,
nur mit ausdrücklicher Genehmigung des Verlags.

Inhalt

1	Der vergessene Held	**7**
2	Das erste (noch ziemlich suspekte) Radrennen	**18**
3	Willkommen in Henris wunderbar verrückter Welt	**26**
4	Die erste Tour	**37**
5	Der Ruf der Berge	**48**
6	Unglück im Tal	**59**
7	Tour im Zwielicht	**69**
8	Mauscheleien	**77**
9	Mannschaften und Maultiere	**91**
10	Gelbe Gefahr	**97**
11	Vorsicht, Tourkarawane kreuzt!	**110**
12	Die goldenen Jahre	**125**
13	Der Sommer von '64	**139**
14	Man spricht Englisch	**157**
15	Gutes Rad will Weile haben	**164**
16	Kaiser und Kannibale	**175**
17	Tage der Abrechnung	**187**
18	Stars in Stripes	**198**
19	Neues aus Chambéry	**207**
20	Blut auf dem Asphalt	**219**
21	Friede ihrer Kohle	**233**
22	Das Ende vom Anfang	**247**
23	Ein Tag beim Rennen	**255**
24	100 Dinge, die Sie schon immer über die Tour wissen wollten...	**270**

1

Der vergessene Held

Ernst und feierlich liegt es da, das unbebaute Land zwischen Lens und Sallaumines im Norden Frankreichs. Das Schlachtfeld von Vimy befindet sich nur ein paar Kilometer weiter in nordöstlicher Richtung. Fast 12.000 Menschen kamen hier im April 1917 ums Leben, als kanadische Truppen versuchten, die ansonsten nicht weiter beachtenswerte Anhöhe von Nôtre Dame de Lorette einzunehmen.

Auch Tausende von Deutschen waren unter den Gefallenen. Einige von ihnen ruhen nun eben zwischen Lens und dem benachbarten Sallaumines. Die Grenze der beiden Gemeinden bildet der Cimitière Est. Besucher erreichen den Ostfriedhof von Lens über die Rue Constant Darras – durch von steinernen Säulen getragene Tore. Gleich in der östlichen Ecke: die deutschen Kriegsgräber. Nur wenige Lebende verirren sich hier her. Wer sich hingegen zur Linken wendet und entlang der Steinkammern, der Engelsstatuen und all der anderen absurden Monumente spaziert, die einen französischen Friedhof ausmachen, gelangt alsbald zum Abschnitt F3. So steht es auf einer weißen Markierung, die knöcheltief im Gras steht. Und hier ruht, das Grab mit anderen Mitgliedern seiner Familie teilend, der erste Gewinner der Tour de France: Maurice Garin. Mir ist nirgends in Frankreich ein Denkmal bekannt, das diesen Tourhelden ehrt. Jetzt weiß ich: Ihm gebührt noch nicht einmal die Ehre, einen Grabstein für sich allein zu haben.

Zwei Männer in blauen Overalls kümmern sich um die Pflege des Cimitière Est. Der eine ist ein ziemlich stämmiger Kerl mit kräftigen Händen. Er bewegt sich ebenso gemächlich wie er redet und verhehlt dabei kaum seine Überraschung, dass sich jemand für das Leben eines

Totengräbers zu interessieren scheint. Das ist Jean-Marie Jasniewicz, Sohn eines polnischen Einwanderers, der in Frankreich ein neues Leben begann. Maurice Vernaldé hingegen, sein Kollege mit dem dunkelgrauen Haar, ist deutlich kleiner und lebhafter. Nicht nur seine Hände bewegen sich unablässig auf und ab. Seine Augenbrauen tun es ihnen nach. Jasniewicz und Vernaldé teilen sich ein kleines Büro an der Friedhofsmauer, links neben den Eingangstoren.

»Unsere Politiker haben keinerlei Kultur«, beklagt sich Vernaldé: »Wäre Garin ein Fußballstar oder Kriegsheld, ja dann, dann hätten wir hier in Lens eine Statue oder zumindest eine Gedenktafel. Aber kein Mensch schert sich um den Sieger der allerersten Tour de France.«

Dieses Lens ist nicht gerade ein Ort, der eine große Lebensqualität für sich beanspruchen kann. Die von niedrigen Zäunen umgebenen Felder in der sanft geschwungenen Hügellandschaft täuschen durchaus eine unschuldige Idylle vor. Doch da ragen ja auch noch all die kegelförmigen Hügel empor, in denen sich die Schlacke aus dem Bergbau auftürmt – jeder einzige von ihnen zigmal so hoch wie ein Wohnhaus.

An allen französischen Autobahnen stehen braune Hinweisschilder, um sich bei den Vorbeifahrenden mit den lokalen Attraktionen zu rühmen. Rund um Lens herum sind diese Tafeln so kühn, keine sehenswerten Schlösser oder *Pigeonniers* zu zeigen, sondern auf die Anziehungskraft von haufenweise Industriemüll zu setzen. Henri Desgrange, der erste Direktor der Tour de France, schrieb vom Radfahren »über verträumte Straßen, die im Sonnenlicht schlummern, entlang der ruhigen Felder der Vendée, dann der Loire folgend, die unbewegt und lautlos dahinfließt.« Es ist zu vermuten, dass er die Stadt Lens geflissentlich übersehen hat.

»Es kommen nicht viele Menschen wegen Garin«, bestätigt Jasniewicz. »Hin und wieder lässt sich ein Journalist sehen. Und aus welchen Gründen auch immer, kommen manchmal ein paar Holländer. Aber insgesamt mag es vielleicht ein Besucher pro Jahr sein.« Er verstummt, scheint darauf zu warten, dass ich weiterrede. Als auch ich schweige, gibt

Jasniewicz freiwillig zu: Auch er hatte bereits 15 Jahre lang Generation um Generation in den ordentlichen Grünflächen des Cimitière Est bestattet, bevor er seines ehrenwerten, wenn auch stummen Nachbarn gewahr wurde.

»Das war, als plötzlich das italienische Fernsehen auftauchte«, berichtet er. »1993, anlässlich des 90. Geburtstags der Rundfahrt. Plötzlich kam diese TV-Crew und begann zu filmen. Ich hatte keine Ahnung, was passierte. Bis dahin befand sich dort ja einfach nur ein weiteres vergessenes Grab.«

Von Geburt war Maurice Garin eigentlich Italiener. Er hatte erst später die französische Staatsbürgerschaft angenommen. »Einen kleinen Teufel« nannte Desgrange den gerade einmal 1,60 Meter großen Toursieger. Doch sein mediterranes Äußeres und seine Athletik müssen Maurice Garin zu einer attraktiven Partie gemacht haben: Er heiratete dreimal. Von Jeanne Julie Charlotte Windriff, Ehefrau Nummer eins, ließ er sich noch scheiden. Deren Nachfolgerin Catherine Reine Samuelle Cadou starb ebenso vor ihm wie am 17. Mai 1952 auch seine dritte Ehefrau Désirée Maillé. Garin folgte seiner letzten Gattin knapp fünf Jahre später: Er starb am 19. Februar 1957, um 16 Uhr 10, einen Monat vor seinem 86. Geburtstag. Die L'Équipe widmete ihm einen Zweispalter als Nachruf: »So schwer wie Blei war das Rad, das Garin in seiner Ära fuhr, und ihm Immenses an Stärke, Kraft und Willen abverlangte. Seine beinahe unerschöpfliche Energie ließ Garin die schwersten Rennen gewinnen.«

Heute gibt es keine Garins mehr in Lens. Ich hatte vorgehabt, sie im Telefonbuch ausfindig zu machen und vielleicht persönlich zu treffen. Aber Vernaldé sagt mir, das sei unnötige Zeitverschwendung. Denn Maurice war der letzte seiner Sippe, deren Grabstein mich nun um wenige Zentimeter überragt. In der Mitte befindet sich eine dunkle Gedenktafel, goldene Lettern erzählen die letzten Herzschläge der Ahnenfolge nach. »*Familles Brot-Garin et Darnet*« besagt die geschwungene Inschrift darüber. Und dann, untereinander aufgelistet:

> DÉSIRÉE MAILLÉ
> 1890 – 1952
> ÉPOUSE DE
> MAURICE GARIN
> 1871 – 1957
> MVE MARIE BROT
> 1863 – 1948
> HENRI DARNET
> 1905 – 1970
> DENISE DARNET
> 1904 – 1982

Zwei weitere kleinere Inschriften in der Form einer offenen Bibel sind von Wind und Wetter ausgewaschen.

»Hin und wieder finde ich Blumen auf dem Grabstein, ohne zu wissen, wer sie wohl hingelegt haben mag«, erzählt Jasniewicz: »Und einmal im Monat kehre ich aus Achtung mit einem Besen um das Grab herum. Aber davon abgesehen, ist er wohl vergessen.« Als wir an den beiden Toren ankommen, die das Ende von Garins letzter Reise markieren, bedauert Maurice Vernaldé, dass die Stadtverwaltung nicht einmal eine neue Stütze für den Grabstein bezahle. Der beginne, langsam abzusacken. Als Zeichen der Verzweiflung streckt er theatralisch seine Hände gen Himmel. »Sie wissen, dass Garin eine Tankstelle in der Rue de Lille hatte?«, fragte er plötzlich.

Ja, davon hatte ich gehört – und auch bereits die Chance wahrgenommen, dort anzuhalten und mir eine Straßenkarte zu kaufen, als ich in Lens angekommen war. Nur fand ich dort nicht den geringsten Hinweis auf den Mann, der hier die letzten Jahre seines Lebens verbracht hatte. Alle Spuren waren verwischt. Die Tankstelle hat ihr Erscheinungsbild seit Garins Tagen grundlegend verwandelt. Dieser hatte sie noch von seinem Preisgeld für den Gewinn der zweiten Tour de France gekauft, bevor eine nachträgliche Disqualifikation seine Karriere jäh beendete.

Erstmals hörte der Totengräber Jean-Marie Jasniewicz vom italienischen Fernsehen, dass auf seinem Friedhof der erste Sieger der Tour de France ruht. Besucher finden das Grab jenes Maurice Garin im Abschnitt F3 des Ostfriedhofs von Lens. Man muss nur ein paar Minuten warten, schon gesellt sich Jasniewicz dazu.

Zu Garins Zeiten lag hier noch ein hässlicher, würfelförmiger Klotz von Gebäude herum. Auf drei Säulen lastend erstreckte sich eine längliche Überdachung in Richtung Straße. Darunter lagerten Metallfässer mit Motoröl, und darauf stand in ziemlich plump dahingeschmierten, eckigen Großbuchstaben »MAURICE GARIN« – mit einem Punkt auf jedem der beiden I. In jenen Tagen weckten die wenigen motorisierten Bewohner der Region noch neugierige Blicke, wenn sie vorbeifuhren – als neuer Adelsstand, der in großen schwarzen Karossen saß, die den Staub unfertiger Straßen aufwirbelten.

Heute steht am selben Ort eine weitere jener uniformen Tankstellen von der Stange, an denen Vertreter auf Geschäftsreise vorfahren und Hausfrauen aus der Nachbarschaft. Gleich gegenüber liegt eine ganz in Rot und Gelb angemalte Kneipe, in der Fans des Racing Club Lens verkehren, einem der besten französischen Fußballvereine. Auf der anderen Straßenseite hingegen erstreckt sich die Insel der Zapfsäulen. Dazu ein kleines Büro, in dem Kunden neben der Kasse auch ein begrenztes Angebot an Energiesparlampen oder Gebläseriemen finden. Zwei Frauen stehen hier mit verschränkten Armen und echauffieren sich über einen ihrer Ehemänner. Aber nicht doch, sagen sie beiläufig, nach Garin fragt nur sehr selten jemand. Ernüchternder noch war später die Antwort von Elf, dem französischen Mineralölkonzern, zu dessen Kette die Tankstelle gehört. Ich hatte schriftlich angefragt, ob es Pläne gäbe, eine Gedenktafel oder zumindest ein Foto aufzuhängen. Auf eine Antwort warte ich bis heute.

»Als ich jung war, habe ich die Tankstelle häufig besucht«, erzählt Maurice Vernaldé: »Garin war natürlich schon ein älterer Herr. Körperlich hatte er etwas abgebaut, aber er trug immer noch diesen riesigen Schnurrbart. Nie hat er das Interesse am Radsport verloren. Er liebte es, sich darüber zu unterhalten. Aber Sie wissen ja wie alte Männer sind, sie erzählen einem immer wieder aufs Neue die ewiggleichen Geschichten. Als der kleine Junge, der ich noch war, fehlte mir manchmal wohl die Geduld, mir alles anzuhören.«

Was der ältere Herrn mit dem gigantischen Schnurrbart dem kleinen Vernaldé immer wieder erzählte, bringt eine der langlebigsten Legenden zu Fall, die der Radsport hervorgebracht hat. Doch dabei geht es nicht um die allererste Tour de France, sondern vielmehr um deren Nachfolger: um ein Rennen also, das beinahe die Geschichte der großen Rundfahrt gleich wieder beendet hätte – und das alles nur wegen der Mauschelei jenes kleinen Mannes, der nun in einem vergessenen Grab in Lens ruht. Denn die Geschichte von Maurice Garin ist nicht nur die eines Fahrers, der die erste Tour de France mit einem Vorsprung von zwei Stunden und 49 Minuten auf den ärgsten Verfolger und mehr als zweieinhalb Tagen auf den Träger der roten Laterne gewinnen konnte. Es ist auch die Geschichte eines Toursiegers, der bei der zweiten Austragung des heute bedeutendsten Radrennens gemeinsam mit den übrigen Führenden des Gesamtklassements disqualifiziert wurde.

Drei unbestätigte Legenden umranken die Tour de France des Jahres 1904: Erstens sollen die französischen Funktionäre bis zum heutigen Tag zwei Aktenordner voll mit Beschwerden über dieses Rennen unter Beschlag halten. Zweitens heißt es, Garin und Kollegen hätten das Konzept des Radsports insofern erweitert, dass sie die Rennstrecke mitunter per Zug bewältigten. Und drittens wird behauptet, Garin hätte alle Beschuldigungen bis zum Tage seines Todes bestritten.

Ich weiß nichts über die geheimen Aktenorder. Man munkelt, sie seien im Laufe der Jahre einfach verschwunden. Aber ich weiß, was Vernaldé mir über Garins vermeintliche Unschuldsbeteuerungen erzählt hat: »Garin hat es zugegeben. Er war eher amüsiert darüber. Bestimmt nicht entrüstet. Nicht nach all den Jahren. Natürlich hatte die Tour damals noch nicht ihre spätere Bedeutung. Für gewöhnlich sagte Garin einfach mit einem Lachen: ›Nun gut, ich war halt jung, *oui*...‹ und gab alles zu. Vielleicht hat er die Sache anfangs abgestritten. Aber als er älter wurde und die ganze Angelegenheit nicht mehr so wichtig war...«

Mit der nicht unmaßgeblichen Hilfe der Bahn war es Garin 1904 also zunächst gelungen, die Tour de France ein zweites Mal zu gewinnen. Doch dann gab die *Union Vélocipédique de France*, kurz UVF, am 30. November des Jahres offiziell bekannt, es hätte während des Rennes eine *Violation des Réglements* gegeben. Gegen 29 Fahrer ergingen disziplinarische Maßnahmen. Zahlreiche vermeintliche Missetäter wurden gesperrt: Maurice Garin, Lucien Pothier, César Garin und der Fahrer mit dem unglaublichen Namen Hippolyte Aucouturier. Garin erhielt eine zweijährige Sperre, Pothier wurde gar auf Lebenszeit ausgeschlossen. Zum neuen Sieger bestimmte der französische Verband den gerade zwanzig Jahre alten Henri Cornet. Den hießen die Franzosen alsbald »*Le Rigolo*« – die Fälschung, den Joker. Bis heute ist Cornet der jüngste Toursieger aller Zeiten geblieben. Zwar wurde er später noch Dritter bei den Eintagesrennen Bordeaux–Paris und Paris–Roubaix, doch nie wieder konnte er die Frankreichrundfahrt unter den ersten Zehn beenden.

Doch welchen Grund gab es, mit dieser Entscheidung vier Monate lang zu warten? Die Antwort ist einfach: Der Enthusiasmus, mit dem ganz Frankreich das neue Rennen begrüßte, hatte die Betrüger längst in Helden verwandelt. UVF-Funktionär Léon Breton ließ lieber einige Zeit ins Land gehen, bevor er sich traute, die mitunter durchaus gefährlichen Emotionen neu zu entfachen, die jene drei Wochen vom 2. bis zum 24. Juli 1904 so ereignisreich und schlagzeilenträchtig gemacht hatten. Der französische Journalist Michel Nicolini erinnert sich: »Hätten sie die Entscheidung [Anm.: Garin zu disqualifizieren] noch im Ziel getroffen, hätte das einen Aufruhr entfacht. Die Leute hätten die Offiziellen einfach gelyncht.«

Über die Frankreichrundfahrt von 1904 berichtet *Panorame d'un Siècle*, der offizielle Geschichtsband der Tour de France: »Proteste und Barrikaden auf der Rennstrecke. Angriffe gegen Fahrer und Beamte am Col de la République und bei Nîmes. Zahllose Unregelmäßigkeiten...«.

Zuschauer hatten sich in gewaltbereiten Gangs organisiert. Garin und Pothier machten sich in einem Vorort von Lyon davon, nur damit ihnen ein Auto den Weg abschnitt, das vollbesetzt war mit Fans ihrer Rivalen. Vier Meilen lang versuchte der Fahrer, sie in einen Straßengraben abzudrängen. Hundert weitere Zuschauer dieses Kalibers tauchten aus dem Morgengrauen heraus am Col de la République auf, ließen ihren

Liebling Antoine Faure passieren und malträtierten den Rest des Fahrerfeldes mit Stöcken und Steinen. Garins Problem war, dass er ein weißes Trikot und eine Art Seglermütze trug. So stach er besonders ins Auge.

»*A bas Garin*! *Vive Faure*! *Tuez-les*!«, schrien die Rowdys als sie ihn sahen.»Nieder mit Garin! Hoch lebe Faure! Tötet sie!« Pothier konnte sich durchschlagen. Doch weder Garin noch der Italiener Giovanni Gerbi hatten ähnliches Glück. Garin wurde von einer Flasche getroffen. Gerbi prügelten sie zu Boden und brachen ihm einen Finger. Die Intrige der Faure-Anhänger hätte aufgehen können, wären nicht plötzlich Beamte zur Stelle gewesen, um die Lage mit Schüssen in die Luft zu beruhigen. Fortan war die Polizei gewarnt. Als sich die Rowdys und Verrückten am Col d'Arles noch übler benahmen, zogen die Beamten gleich ihre Pistolen und verhafteten die Missetäter.

Dann disqualifizierte die Rennleitung auch noch Ferdinand Payan, einen Fahrer aus Südfrankreich. Jetzt drohten dessen Anhänger martialisch: Die Tour »schafft es nicht mehr bis nach Nîmes«. Denn ganz in der Nähe war Payan zu Hause. Aufgebrachte Fans deckten die Rennstrecke mit Nägeln und Glasscherben ein. Im Stadtzentrum von Nîmes griff der Mob an. Erneut konnte nur Gewehrfeuer dem Treiben ein Ende setzen.

»Wenn Sie mich nicht vor Paris töten, werde ich die Tour erneut gewinnen«, zeigte sich Garin am Vorabend der Etappe von Toulouse nach Bordeaux zuversichtlich. Reiner Galgenhumor.

Gründer Henri Desgrange hingegen tobte vor Wut. Die Tour de France hatte sich schnell als einmaliger Reklameschlager erwiesen. Doch nun drohte sie bereits in ihrem zweiten Jahr zerstört zu werden. Täglich gingen neue Horrormeldungen in Paris ein: von gefällten Bäumen, die den Weg versperrten, von Anhängern, die ihren Favoriten mit Autos zusätzlichen Windschatten verschafften oder sie gleich ein Stück der Strecke zogen. Es gab gar Gerüchte von einem Fahrer, der während des Rennens mit seinen Zähnen fest auf einen Korken biss, der wiederum mit einem dünnen Stahlseil an einem vorausfahrenden Wagen befestigt war. »Die Tour de France ist am Ende«, jammerte darob Desgrange: »Ich fürchte

Als erster großer Radsportstar Frankreichs gewann Maurice Garin auch den Marathon Paris-Brest-Paris. Man beachte den drastischen Verfall, den die Bekleidungsstandards der Rennkommissare seit 1901 erlebt haben.

doch sehr, ihre zweite Austragung war auch die letzte. Es ist ihr Erfolg, der die Tour umbringt. Es sind die blinde Leidenschaft, die sie hervorgebracht hat, und all die Verletzungen und widerlichen Verdächtigungen, mit denen Ignoranten und Betrüger sie besudelt haben.«

Natürlich war dies nicht das Ende der Tour. Aber auch nicht des Ärgers, der sie begleitete. Im folgenden Jahr lagen sogar noch mehr scharfe Reißnägel auf ihrem Weg. Das komplette Fahrerfeld mit Ausnahme Jean-Baptiste Dortinacqs erlitt gleich am Eröffnungstag eine Reifenpanne. Aber der Fortgang der Tour war gesichert. Denn Desgrange gelang es, sich und die Tour von allen Vorwürfen zu befreien: indem er seinerseits mit zunehmender Wut die französischen Funktionäre attackierte, die es wagten, sein Rennen zu kritisieren und die Bestrafungen von Fahrern eigenmächtig zu erweitern. Desgrange und die Tour de France, beide gewannen sie unabhängig der organisierten Radsportverbände an Größe, an Bedeutung und gewiss auch an Arroganz. Ihre besondere Kraft half der Tour zu wachsen. Aber ihre Unfähigkeit, mit Kritik umzugehen, war nicht immer zu ihrem Vorteil. Und auch nicht zu dem des Radsports.

Warum aber haben Frankreich und die Tour ihren ersten Sieger vergessen? Warum zeigt auch die Heimatgemeinde Lens einem Maurice Garin die kalte Schulter? Natürlich könnte es an seinem Betrug liegen. Doch letztendlich hat Garin die einmalige Tat vollbracht, die erste Tour de France zu gewinnen. Vielleicht ist es nur eine Frage der Zeit. Vielleicht liegt dieses Ereignis einfach zu lange zurück. Vielleicht sollten doch erst einmal ein paar der großen Fußball- und Golfhelden genau so alt werden. Und genauso vergessen. Die Tour de France gehört vermutlich einfach zum französischen Alltag. Sie ist schlichtweg großartig, aber auch ebenso unvermeidlich wie Sonnenschein im August. Garin? Nun, eine interessante Geschichte. Aber für die Franzosen ist der erste Sieger ihrer Landesrundfahrt wohl nicht beachtenswerter als jeder andere Sportler aus der Zeit vor dem Ersten Weltkrieg.

2

Das erste (noch ziemlich suspekte) Radrennen

Linie 2 der Pariser Métro führt in die nördlichen Arrondissements der Stadt. Sie endet mit den Stationen Victor Hugo und Porte Dauphine, die letzten wenigen hundert Meter verlaufen unterhalb der Avenue Bugeaud. Und dort an der Oberfläche befindet sich der Ort, an dem alles begann. Noch nicht die Tour de France selbst, doch jenes sportliche Ereignis, das auch den Weg für das größte Radrennen der Welt ebnen sollte.

Gleich von Beginn an bestätigte sich, dass der Radsport seine Seele an den Teufel verscherbeln sollte. Radrennen kamen nicht als Freizeitbeschäftigung für Gentlemen auf die Welt. Sie wurden als rein kapitalistisches Instrument erfunden: als eine Maßnahme, die Auflage von Zeitungen zu steigern. Bis zum heutigen Tag ist es dem Radsport vermutlich gelungen, so ziemlich alles zu verkaufen. Superbe Fahrer sind übersät mit banalen Markennamen von Supermarktketten und Mineralwasserbrunnen, von Küchenarmaturen und Kaffeemaschinen. Lottogesellschaften nutzen die Athleten, um Lose zu verkaufen. Die Fahrer tragen die Telefonnummern von Kreditgesellschaften auf dem Leib.

Ein so billiges Geschäft ist die Trikotwerbung, dass es ein Unternehmen in den 70er Jahren nicht einmal für nötig hielt, die falsche Schreibweise des eigenen Firmennamens zu korrigieren: Auf Hosen und Jerseys prangten zwei unterschiedliche Schriftzüge. Wer sich an derlei Auswüchse erinnert, den verwundert es nicht, dass der Radsport – wann immer man glaubt, er würde nun endlich einen durchweg achtbaren Weg einschlagen – mit neuen Skandalen beweist, dass sein Faible für schlechten Geschmack noch immer weiterlebt.

Avenue Bugeaud, Hausnummer 12, war das Zuhause der Gebrüder Olivier, die mit ihrer Compagnie Parisienne Räder der Marke Michaux verkauften. Am Sonntag des 7. Novembers 1869 öffneten die beiden ihr Geschäft bereits vor dem Frühstück, um sich auf Paris-Rouen vorzubereiten, das erste Langstreckenradrennen der Welt. Im Sommer dieses Jahres hatte bereits eine Reihe weiterer Rennen stattgefunden – etwa über 34 Kilometer von Toulouse nach Caraman. Aber was nun auf dem Programm stand, war ein echtes Mordsding, der erste Radmarathon. Denn je länger das Rennen, desto grausiger die Anforderungen an die Teilnehmer und desto größer vor allem die Zahl der durchquerten Dörfer, in denen sich Neuigkeiten verkaufen ließen. Staubige Männer, die mit verzerrten Gesichtern auf schwarzen Fahrrädern schneller als sich irgendwer vorstellen konnte in die Pedale traten, sollten doch wohl genug Aufmerksamkeit garantieren. Aus der Zeitung würden die Menschen am Rande der Strecke erfahren, was da auf sie zukommt. Und sie würden hinterher eine neue Ausgabe kaufen, um zu sehen, wer denn schlussendlich gewonnen hat. Das ist bis zum heutigen Tage der Grund, warum die größten Radrennen der Welt von einer Stadt in eine andere führen – als erkennbare, aber für Normalbürger kaum vorstellbare Herausforderungen. Die Namen sagen alles: Mailand-San Remo, Paris-Roubaix, Gent-Wevelgem. Die Flandernrundfahrt wird ebenso von einer Zeitung organisiert wie der Omloop Het Volk, den alle anderen belgischen Blätter außer eben Het Volk deshalb nur als Gent-Gent bezeichnen. Mailand-San Remo, die Tour de France, Lüttich-Bastogne-Lüttich: Hinter all diesen Rennen stehen Zeitungsverlage.

»Wie können Sie wissen, ob Ihre Rennen tatsächlich dazu beitragen, die Auflage zu steigern?«, frage ich Anton van Melkebeek, einen bärtigen Mann mit Brille, der lange Jahre als *Grote Piet*, der Große Käse, den Omloop Het Volk ebenso verkörperte wie die Zeitung, die das Rennen organisiert.

»Wir verkaufen dadurch nicht mehr«, gibt er zu. »Aber das ist ja auch nicht unser wesentliches Anliegen. Wir wollen mit dem Rennen auch keinen Gewinn machen, denn das ist schlichtweg unmöglich. Ein

Radrennen zu organisieren, heißt nun mal einfach, Geld auszugeben und nicht, Profite daraus zu schlagen. Als wir vor vielen Jahren mit dem Omloop Het Volk anfingen, ging es natürlich darum, den Verkauf von Zeitungen anzufachen. Jedes Blatt brauchte ein großes Rennen, das seinen Namen trug. Heute hat das Rennen einfach die Funktion einer Plakatwand. Im Endeffekt verfolgen wir natürlich weiterhin das Ansinnen, die Auflage zu steigern, aber nicht mehr so direkt wie in der Vergangenheit. Heute ist das Rennen dazu da, unseren Namen in den Köpfen der Menschen zu verankern.«

Paris-Rouen wurde von der Sportzeitung Le Vélocipède Illustré organisiert. Heute, wo Coca-Cola und andere Geldgeber ihre kommerziellen Interessen kaum mehr verschleiern, ist es nur schwer vorstellbar, dass Sponsoring zu dieser Zeit noch weitgehend unbekannt war. Deshalb benötigte Le Vélocipède Illustré auch mehr als den Hinweis auf einen gewissen Werbeeffekt, um die neue Veranstaltung zu rechtfertigen. Die Zeitung brauchte einen handfesten Grund, ein solches Rennen ins Leben zu rufen. Also beschaffte sie sich 1.000 Francs und ein Fahrrad von besagter Compagnie Parisienne, um am 30. September bekannt geben zu können: »Um der guten Sache des Fahrrads zu dienen, gilt es zu beweisen, dass sich dank dieses Fortbewegungsmittels ansehnliche Distanzen mit deutlich weniger Ermüdung zurücklegen lassen als dies laufend möglich wäre. Wenn die Öffentlichkeit dies selbst sehen kann, wird sie den echten Wert des Fahrrads erkennen, das Zeit und Energie mit maximaler Effizienz nutzt. Deshalb geben wir unseren Lesern bekannt, dass Ende Oktober das erste Langstreckenrennen stattfinden wird. Die Distanz entspricht der Strecke zwischen Paris und Rouen, ungefähr 130 Kilometer.« Das Reglement gab zudem vor, dass es den Teilnehmern nicht erlaubt sei, »sich von einem Hund ziehen zu lassen oder Segel zu verwenden.«

Sieger von Paris-Rouen wurde James Moore, ein hagerer Brite von gerade einmal 19 Jahren. Doch Frankreich nannte ihn »Jimmie Meer« und betrachtete ihn als den seinen. Denn bereits im Alter von vier Jahren war Moore von Bury St. Edmunds in Ostengland nach Paris umgezogen, in eine schmale Gasse zwischen Avenue Montaigne und Champs Elysées.

Moore benötigte zehn Stunden und 25 Minuten für die Route von 134 Kilometern und hatte sich damit kaum mehr als doppelt so schnell fortbewegt wie ein Fußgänger. Doch die Strecke war nun einmal so gewaltig, die Fahrer so schlecht vorbereitet, die Räder so schwer und vor allem die Straßen so schlecht, dass die Teilnehmer genau so schnell fuhren, wie nur eben möglich. Das Wunder ist nicht, dass sie etwa langsam waren, sondern dass sie überhaupt so rasch das Ziel erreichen konnten. Ein Brief an die Veranstalter vermittelt eine Vorstellung von den unmenschlichen Bedingungen, mit denen sich die Radsportpioniere herumzuplagen hatten:

»Mit einigen Freunden nahm ich die Reise von Paris nach Rouen auf mich. Um sechs Uhr morgens in Vaugirard gestartet, wurden wir um acht Uhr abends in St.-Clair-sur-Epte gestoppt, zwölf Meilen vor Rouen, weil die Wege in einem zu schlechten Zustand waren. Darüber hinaus litten wir unter Ermüdung; das war das Ergebnis der langen Zeit im Sattel, ein gewaltiger Schmerz.

Paris von St.-Germain aus über Saint-Cloud, Suresnes, Rueil oder über Neuilly, Courbeboie, Nanterre verlassend, waren die Straßen ziemlich gut. Zwischen Poissy und Triel gab es jedoch nur Wege in schlechtem Zustand. Es wäre wohl besser gewesen das Plateau Chanteloup hochzufahren, um auf die Straße von Pontoise nach Magny und Puiseux zurückzukehren. Von Pontoise nach Meulan und Averne ist die Straße geteert und sehr angenehm: Aber auf dem Berg von Averne ist sie in einem derart beklagenswerten Zustand, dass es unmöglich ist, diesen Anstieg mit dem Fahrrad hochzuklettern.«

Ein gewisser *Monsieur* Deroisier schrieb bereits im Vorfeld der Veranstaltung an Le Vélocipède Illustré: »Mir scheint es, Sie haben einen Fehler begangen, indem Sie die Teilnehmer dazu verpflichteten, Louviers zu passieren. Es sei denn, dass Sie eine besondere Vorliebe für diesen Ort hegen.« Dann verwies er auf das schreckliche Kopfsteinpflaster, aus dem hier die Straße bestünde und das er »nur allzu gut« kenne. Die

Organisatoren befolgten den Rat, strichen Louviers und führten die Strecke stattdessen durch Pont-de-l'Arche.

325 Fahrer gingen schließlich offiziell an den Start. Der Plan war, dass die Teilnehmer zunächst zwischen sechs und sieben Uhr morgens auf der Avenue Bugeaud ihre Unterlagen einzusammeln hatten: »Alle *Coureurs* erhalten vor dem Start eine spezielle Landkarte, auf der die für sie ausgewählte Route zwischen Paris und Rouen eingezeichnet ist und auf der sie alle notwendigen Informationen finden«. Anschließend führte die Strecke entlang der Avenue Victor Hugo zum Arc de Triomphe, der 33 Jahre zuvor am Ende der Champs Elysées errichtet worden war.

Viele der Teilnehmer hatten sich schon mehrere Tage vor dem Rennen in Paris eingefunden, um sich zu entspannen und in den Fahrradläden der Avenue de Wagram mit dem modernsten Equipment einzudecken. Angst bestimmte ihre Gedanken. Schließlich lag da ja nun wahrlich eine schreckliche Reise vor ihnen. Und dann hatten die Organisatoren auch noch eindringlich davor gewarnt, zu spät zu kommen: »Der geplante Start am Place de l'Étoile erfolgt um genau acht Uhr morgens. Auf Nachzügler wird nicht gewartet. Diese dürfen das Rennen verspätet aufnehmen, falls es ihnen noch gelingen sollte.«

Niemand weiß, wie viele Menschen dem Start des Rennens beiwohnten. Manch ein Enthusiast reihte sich kurzerhand aus Spaß an der Freud ein. Die Zuschauermenge begann Applaus zu spenden. Da machte sich unter den ersten 50 Fahrern die Auffassung breit, das Rennen sei bereits gestartet worden. Sie erhöhten das Tempo, und je schneller sie fuhren, desto lauter wurde der Beifall. Da waren sie sich gleich noch sicherer, dass sich das Rennen bereits in vollem Gang befand. So jagten sie denn die Avenue de Neuilly herunter, die heutige Avenue Charles de Gaulle: Auf nach Rouen! Das Gros des Feldes war schon längst entschwunden, als endlich auch der Organisator des Rennens, einer der Gebrüder Olivier, am Start eintraf. Der »brachte äußerste Verwunderung zum Ausdruck, dass sie nicht auf ihn gewartet hatten.« Und jenen, die noch brav ausharrten, hatten die Ordner zu versichern, dass sie als Ausgleich für den Frühstart der Konkurrenz eine Zeitgutschrift von 30 Minuten erhielten.

Dank seiner Erfolge im Pferdesport konnte es sich James Moore leisten, ein paar Pfunde zuzulegen. Er kehrte später nach London zurück, wo er bei einer Prostataoperation verstarb. Niemand weiß, wo er begraben liegt. Sein Rad hingegen finden Besucher in einem Museum in Ely.

Keiner der Teilnehmer saß auf einem Rad mit luftgefüllten Reifen. Die meisten fuhren auf blanken Stahlfelgen. An James Moores Maschine war an diesen wenigstens Hartgummi befestigt, und er verfügte über ein Kugellager, so wie es sich geziemt für den Gewinner des allerersten Radrennens, das im März 1868 über 1.200 Meter durch den Pariser Parc Saint-Cloud geführt hatte – von den Brunnen bis zum Eingangstor. Sein Rad, mit Pedalen an der Nabe des Vorderrades ausgestattet, stammte von Ernest Michaux, einem Freund aus Kindheitstagen, dessen 250 Mitarbeiter in der Rue Jean-Goujon täglich zwölf Räder produzierten. Moore und einige andere Fahrer aus den Reihen von Michaux hatten eine Münze geworfen, wer mit diesem Paradestück starten durfte.

Auch andere Ausländer gingen an den Start, darunter eine Frau, die zwar Engländerin war, sich aber dennoch als Miss America ausstaffiert hatte. Wo immer sie vorbeikam: Großer Beifall war ihr sicher. Die Teilnahme unter falschem Namen war in Mode, ja sogar Notwendigkeit. Denn Radfahrer galten noch als skurril, und viele waren nicht unbedingt scharf auf den Spott ihrer Mitmenschen. So waren unter jenen 201 Startern, die das Rennen zu früh aufgenommen hatten, auch Peter der Erste und Johnson aus Brüssel. Es gab zwei Johnson im Rennen, die Startnummern 67 und 270. Der andere kam aus London, hatte sich als J.T. Johnson eingetragen und fuhr in einer Jockeyausrüstung, im seidenen Trikot, mit bunter Mütze und buntem Jacket, mit Reitstiefeln aus Ziegenleder und Gamaschen. Zudem trug er eine Reitpeitsche, »um sich die Hunde von Leib zu halten.« Um 12 Uhr 45 erreichte J.T. Johnson als zweiter Bonnières, um anschließend für seinen schnellen Start Tribut zu zahlen. Nach 95 Kilometern legte er sich hin, um zu pausieren. Ein paar örtliche Fahrradfreunde, die am Kontrollpunkt die Einschreibung zu beaufsichtigen hatten, liefen zu ihm hin.

»Wo ist das Problem, Johnson?«
»Ich bin am Ende meiner Kräfte.«
»Steig auf dein Rad.«
»Ich kann nicht.«

Also trugen sie ihn zum Haus des Bahnhofsvorstehers Duval, legten ihn ab, zogen ihn aus, rieben seine Beine ein und gaben ihm warmen Wein zu trinken. Johnson erzählte ihnen, dass er den Rat des Rennarztes in den Wind geschlagen und bisher ganze zwei Sandwiches gegessen hatte. Duval fütterte den Engländer und ließ ihn schlafen. Als sich die Neuigkeit verbreitete, bestand ein örtlicher »Geldsack« darauf, Johnson zu sich nach Hause zum Mittagessen einzuladen. Der Londoner, dem es wohl nicht schlechter ging als heute vielen Radsportlern, die auf zu langen Strecken zu wenig gegessen haben, nahm dankend an. Eine Stunde später dann, satt, gewaschen und zuversichtlich, gab Johnson dem Gastgeber zu verstehen: »Nun, vielen Dank. Ich mach mich jetzt besser auf den Weg.« Und das tat er dann auch. Er rauschte über die Straße, holte einen Konkurrenten nach dem anderen ein, gewann allmählich die verlorene Stunde zurück und kam noch als Siebter in Rouen an.

Das Ziel befand sich gegenüber der Kirche St. Paul, vor einem von Lampen im venezianischen Stil beleuchteten Café. Als Moore, einer der Spätstarter von Paris, um 18 Uhr 10 eintraf, war es schon dunkel. Im Durchschnitt hatte er elf Kilometer pro Stunde zurückgelegt. Irgendjemand klaute sein Fahrrad. André Castéra und Jean Bobillier – letzterer auf einem 35 Kilogramm schweren Bauernrad unterwegs – waren eine Viertelstunde später die nächsten und bestanden darauf, als gemeinsame Zweite gewertet zu werden. Miss America traf am nächsten Tag im Morgengrauen ein und erhielt einen Preis als einzige Frau, die es innerhalb des Zeitlimits ins Ziel geschafft hatte.

Moore gewann die gewaltige Summe von 1.000 Francs, eine Medaille und einen Pokal. Er arbeitete später wie sein Vater als Tierarzt, trainierte jedoch auch Rennpferde. Zudem soll er es im Golf zu einem 8er Handycap und zu beachtenswerter Klasse als Läufer gebracht haben. Während der Belagerung von Paris im Deutsch-Französischen Krieg diente Moore in einem Sanitätskorps und starb schließlich als *Chevalier de la Lègion d'Honneur*. Noch in Rouen aber hatte er wie alle anderen die Rückfahrt nach Paris aus eigener Tasche zu bezahlen. Dankenswerterweise gaben die Organisatoren den Hinweis, dass ein Ticket acht Francs und 40 Centimes kostete.

3

Willkommen in Henris wunderbar verrückter Welt

Paris-Rouen brachte die Organisatoren auf große Ideen. Man entwerfe doch nur vor seinem geistigen Auge einmal einen Plan von Frankreich, um ein Bild von der Distanz zwischen Bordeaux und Paris zu erhalten. Die Städte sind zumindest so weit voneinander entfernt, dass die Teilnehmer beim Radrennen Bordeaux-Paris im Windschatten von Tandems oder Autos fuhren und später dann hinter kleinen Motorrädern, den so genannten Dernys, die halb von Muskel-, halb von Motorenkraft angetrieben wurden. So bot sich Zuschauern bei Radsportereignissen Jahre lang eine willkommene Abwechslung beim Anblick aufgeblasener und übergewichtiger Derny-Fahrer mit komischen Sturzhelmen, die Rücken kerzengerade durchgedrückt, die Trikots der Sponsoren zum Bersten über imposante Bäuche gespannt, die Zehen weit ausgestellt, um maximalen Windschatten zu bieten.

Und bald schon war auch Bordeaux-Paris nicht mehr genug. Pierre Giffard, freier Journalist beim Le Petit Journal, bekundete, dass er »ein Rennen haben möchte, das bis ans Ende der Welt führt.« Also veranstaltete er kurzerhand eines von Paris nach Brest und wieder zurück. Denn die Provinz Finistère, der in den Atlantik ragende Zipfel im Nordwesten Frankreichs, deren Hauptstadt Brest ist, hat ja auch wahrlich etwas vom Ende der Welt. Wer von Giffards Plan hörte, war sich sicher, dass niemand mehr als 1.200 Kilometer mit dem Fahrrad fahren würde. Aber weit gefehlt. Es gingen 600 Anmeldungen ein. Immerhin 206 Fahrer standen am Morgen des 6. Septembers 1891 am Start. Es gewann der französische Meister Charles Terront – nachdem er unterwegs einen zu einem Nickerchen entschwundenen Polizeidirektor ausfindig machen

Pierre Giffard wollte ein Rennen bis ans Ende der Welt. Also veranstaltete er eines: Paris–Brest–Paris. Das Gebäude im Hintergrund beherbergte seine Redaktion, die später angesichts der übermächtig gewordenen Konkurrenz der Tour de France aufgeben musste.

musste, nachdem auf der Strecke seine Kette gerissen war und nachdem aus den pneumatischen Reifen, die Edouard Michelin seinem Rad der Marke Humber aufgezogen hatte, fünf Mal die Luft entwichen war. Die meisten Reifenpannen waren das Ergebnis von Nägeln, die aus Stiefelsohlen gefallen waren. Kein Wunder also, dass viele Radfahrer der Erfindung der Luftreifen zunächst sehr skeptisch gegenüber standen. Schließlich benötigte ein Michelin-Mechaniker immerhin 40 Minuten, um einen Platten zu beheben.

In Brest war Terront noch als Zweiter angekommen, er pausierte sechs Minuten und machte sich dann auf den Rückweg nach Paris, um das Ziel mit siebeneinhalb Stunden Vorsprung zu erreichen. Zehntausende feierten den Sieger bei der Ankunft am Porte Maillot am Rande der Pariser Innenstadt.

Der spätere Tour-Initiator Henri Desgrange berichtete von solchen Rennen mit Hang zur Theatralik: »Es gibt vier von ihnen«, schrieb er. »Ihre Beine werden sie wie ein gigantisches Leberpaar sechzig Stunden lang vorantreiben; ihre Muskeln werden die Kilometer pulverisieren; ihre breite Brust wird sich unter der Anstrengung des Kampfes heben; ihre Hände werden sich am Lenker festbeißen; mit ihren Augen werden sie einander voller Ingrimm beobachten; ihre Rücken werden sich im Einklang für einen barbarischen Ausreißversuch nach vorne krümmen; ihre Mägen werden gegen den Hunger kämpfen, ihre Gehirne gegen den Schlaf. Und nachts wird ein Bauer, der an einer verlassenen Straße auf sie wartet, nur sehen, wie vier Dämonen vorbeihuschen, und ihr verzweifeltes Keuchen wird sein Herz frieren lassen und mit Schrecken erfüllen.« Desgrange pflegte einen beneidenswerten journalistischen Stil, der Erwartungen schuf, ohne auch nur eine einzige Tatsache erwähnen zu müssen.

Und Desgrange war zudem selbst kein schlechter Radfahrer. 1893 stellte er bei Neuilly in Paris den ersten Stundenweltrekord auf. Die 35 Kilometer, die er in 60 Minuten zurücklegte, erscheinen heute wenig, bedeuteten aber damals eine imposante Leistung. Fotos zeigen den

Weltrekordler als langgesichtigen Mann mit zeitgemäß ernstem Blick. Desgrange wurde 1865 geboren, soll jedoch eigentlich ein eher lebhafter Kerl gewesen sein. Zumindest gerierte sich Desgrange auffällig genug, dass er als Angestellter einer Kanzlei herausgeworfen wurde: Eine weibliche Klientin hatte Anstoß daran genommen, dass er mit nackten Waden Rad gefahren war. Doch Desgrange zeigte sich auch umsichtig genug, um in eine Kette von Radrennbahnen zu investieren und so Beziehungen zur Fahrradindustrie aufzubauen. Männern wie Pierre Giffard neidete er durchaus ihre Macht. Denn der schrieb nicht nur für Le Petit Journal, sondern war auch Chefredakteur der täglichen Sportzeitung Le Vélo, die ihren Sitz in der Pariser Rue Meyerbeer hatte. Desgrange selbst war derweil für die Öffentlichkeitsarbeit der Reifenfabrik von Adolphe Clément verantwortlich. Das hieß: Er blieb auf dem Laufenden, was denn dieser Tausendsassa Giffard gerade trieb. Und als Desgrange unsicher war, welche Aufgabe er als nächstes übernehmen sollte, eröffnete ihm Giffard eher unfreiwillig die lang ersehnte Chance.

Die Angelegenheit hatte nicht im Geringsten mit Radsport zu tun, doch voll und ganz mit der Leidenschaft der Franzosen. Denn Giffard bezog offen Stellung in der Affäre um einen Hauptmann der Armee aus Mulhouse nahe der Schweizer Grenze. Dieser Alfred Dreyfus wurde 1894 zur Verbannung auf die Teufelsinsel in Französisch Guinea verurteilt, weil er als Mitarbeiter des Kriegsministeriums geheime Informationen an die Deutschen weitergeleitet haben soll. Doch der vermeintliche Verräter war Jude und Frankreich über die Frage gespalten, ob nicht vielmehr der antisemitische Major Esterhazy die Beweisstücke gefälscht habe. Le Vélo vertrat zwar die Auffassung, Dreyfus sei zu Recht verurteilt worden, doch in Artikeln für Le Petit Journal beharrte Giffard auf dessen Unschuld und forderte Esterhazys Enthauptung. Und er brachte auch den Mut auf, während einer Anti-Dreyfus-Demonstration auf der Pferderennbahn von Auteuil aufzustehen und diese Meinung lauthals kundzutun.

Unglücklicherweise war unter den anwesenden Dreyfus-Gegnern auch der Comte de Dion, der aus welchem Grund auch immer von der Polizei festgenommen wurde. Giffard kannte den Mann als Gründer des französischen Automobilclubs und besuchte ihn im Gefängnis. Die beiden stritten heftig, was Giffard dazu animierte, in Le Vélo einen Leitartikel pro Dreyfus zu schreiben. Das war ebenso mutig wie töricht. Denn der Comte de Dion selbst gehörte zwar zu den Financiers des Blattes, aber gewiss nicht zu jenen, die sich sagen ließen, sie seien im Unrecht. Also zog er seine Gelder ab und überzeugte auch andere Inserenten, seinem Beispiel zu folgen. Ein saftiger Schicksalsschlag für Le Vélo. Schließlich gab es mittlerweile ein ganzes Dutzend Sportzeitungen in Frankreich, die sich um Werbeanzeigen balgten.

Giffard war nun also der ausgemachte Feind des Comte de Dion. Und wenn Giffard nun mal Le Vélo hatte, dann würde Dion doch wohl zurückschlagen müssen. Also wandte er sich an Clément, an Michelin und an andere Dreyfus-Gegner wie den Baron Zuylen und den Comte de Chasseloup-Laubat. Gemeinsam wollten sie eine neue Zeitung auf den Weg bringen. Und sie kannten jenen Henri Desgrange bereits aufgrund seiner Artikel für La Bicyclette, für Paris Vélo und für andere Konkurrenten von Le Vélo. Zudem hatte er auch ein Trainingshandbuch mit dem Titel *La Tête et Les Jambes* geschrieben und jeden Morgen machte er sich auf zu gymnastischen Übungen sowie zu einem schnellen Spaziergang – eine Angewohnheit, die er für den Rest seines Lebens beibehalten sollte. Desgrange war offensichtlich der geborene und gesuchte Chefredakteur.

Es ist durchaus interessant, einmal zu reflektieren, dass Desgrange seine Position der Verfolgung eines Juden verdankte – Dreyfus wurde schließlich im Jahr 1906 begnadigt – und dass seine Zeitung kurz nach seinem Tod zunächst eingestellt wurde, um dann erst wieder unter den Nazis aufzuleben. Es ist zwar gefährlich, die Vergangenheit an den Maßstäben der Gegenwart zu messen. Doch auch ein Blick auf seinen Umgang mit Major Taylor, dem ersten farbigen Weltmeister, bringt etwas von Desgranges politischer Einstellung ans Tageslicht.

Desgrange hatte einen Wettkampf auf der Radrennbahn im Prinzenpark am Rande der französischen Hauptstadt veranstaltet. 30.000

Zuschauer kamen, um zu sehen, wie der Amerikaner Taylor im Sprint gegen Edmund Jacquelin antrat, den Champion jener Tage. Als Siegprämie lockten 7.500 Dollar, eine für damalige Verhältnisse immense Summe. Taylor besiegte den Favoriten klar mit 2:0 und der Historiker Peter Nye schreibt: »Sein Triumph brachte Renndirektor Desgrange so in Rage (...), dass er Taylor in 10-Centime-Stücken – in Groschen – ausbezahlte. Der Sieger benötigte eine Schubkarre, um seinen Gewinn fortzuschaffen.«

Zunächst aber bekam Desgrange seine eigene Sportzeitung. Gemeinsam mit Victor Goddet, dem Manager des Vélodrome de l'Est als Mann für die Finanzen, rief er L'Auto-Vélo ins Leben. Die beiden wählten gelbes Zeitungspapier. Schließlich ließ Giffard auf Grün drucken. Die erste Ausgabe des neuen Blattes erschien am 16. Oktober 1900 in den Schlusstagen der Weltausstellung und der Olympischen Spiele von Paris. Dann traf Desgrange eine weitsichtige Entscheidung. Er marschierte zur Redaktion von Le Vélo und bot Géo Lefèvre einen Job an, einem 26-jährigen Journalisten, der in Rugby ebenso vernarrt war wie in den Radsport und sein Studium für eine Redakteurskarriere aufgegeben hatte. Pflichtbewusst informierte Lefèvre seinen Chef über dieses Angebot, das er aber noch nicht angenommen habe. Giffard geriet in einen nicht gerade untypischen Gemütszustand: In Rage feuerte er Lefèvre. Da nahm der Geschasste halt Desgranges Offerte an.

Giffard fühlte sich auch nicht gerade wohl angesichts der Tatsache, dass der Titel L'Auto-Vélo dem Namen der eigenen Zeitung Le Vélo doch recht ähnlich war – was vermutlich auch die Intention des Henri Desgrange gewesen sein mag. Am 15. Januar 1903 gab ein Gericht der Auffassung Giffards Recht. Desgrange entschied sich notgedrungen für die Kurzform L'Auto, ergänzte jedoch – in der Furcht, Kunden würden das Blatt als reine Auto-Zeitung missverstehen – den Untertitel »Motorsport, Radsport, Leichtathletik, Segeln, Segelfliegen, Gewichtheben, Pferderennen, Bergsteigen.« Es half nichts: Giffards Auflage war dreimal so hoch.

Er sieht sonderbar aus – ob seiner Sandalen sogar etwas tuntig. Doch Henri Desgrange hielt den ersten offiziellen Stundenweltrekord. Ähnliche Härte bewies er später im Umgang mit den Fahrern der Tour de France und mit den Funktionären der Radsportverbände.

Immer wieder scheiterte Desgrange daran, mit wirklich neuartigen Ideen aufzuwarten. Véloce-Sport organisierte ein Rennen Bordeaux–Paris, Desgrange wiederholte das gleiche Spektakel drei Monate später. Die Leser wandten sich ab, die Bosse im Hintergrund zeigten sich zusehends besorgt. Doch dann kam der Moment, der Desgrange jenen Tag segnen ließ, an dem er Lefèvre angeheuert hatte. Am Morgen des 2. November 1902 saßen die beiden an einem langen Tisch im ersten Stock des Gebäudes mit der Hausnummer 10 in der Rue du Fouberg Montmartre, auf halbem Weg zwischen den Bahnhöfen Gare St. Lazaire und Gare de l'Est, direkt um die Ecke das alte Folies-Bergères. Diese Straße sollte 90 Jahre lang das Hauptquartier der Tour de France beherbergen, bis die Organisation schließlich in den Vorort Issy-les-Moulineux umzog. Doch noch war die Stimmung bei L'Auto am Tiefpunkt, bestimmt von Hoffnungslosigkeit – im Erdgeschoss, wo Goddet sein Reich hatte, ebenso wie oben in den Redaktionsfluren. Die Auflage stagnierte bei 20.000 Exemplaren. Die Besitzer verloren Geld. Giffard schien unerschütterlich zu sein.

»Wir brauchen etwas, das ihm sein Mundwerk stopft«, waren die berühmten Worte, die Desgrange sprach. Er schaute zunächst Georges Prade an, den dritten Mann, der am Tisch saß, dann Lefèvre. Der antwortete nach anfänglichem Zögern: »Lasst uns ein Rennen organisieren, das mehrere Tage dauert, länger als alles, was wir bisher kennen. Wie die Sechstagerennen auf der Bahn, nur eben auf der Straße. Die großen Städte werden die Fahrer willkommen heißen.« Der Legende nach erfüllte Stille den Raum. Desgrange, noch wenig überzeugt, sagte irgendwann: »Wenn ich dich richtig verstehe, *Petit* Géo, schlägst Du vor, eine Tour de France abzuhalten?« Die Bedeutung des Wortes Tour im Französischen ist im Deutschen eher mit »Rundstrecke« denn mit »Ausflug« verwandt.

»Warum nicht, *Patron*?«, entgegnete Lefèvre.

Doch Desgrange zweifelte weiter an der Idee. Er zögerte, sah auf seine Armbanduhr, entschied, es sei Zeit für das Mittagessen, und ging mit Lefèvre zur Taverne Zimmer am Boulevard Montmartre. Das Thema kam nicht eher wieder zur Sprache, bis der abschließende Kaffee serviert wurde. Dann ging Lefèvre die Angelegenheit noch einmal durch. Desgrange sagte nichts weiter, als dass die Sache »interessant« sei, und er sie gegenüber Goddet erwähnen würde. Schließlich wache der über das Geld. Und vermutlich würde der Schatzmeister über die Idee nur geringschätzig hinweggehen, so dass man nicht weiter darüber entscheiden müsse. Doch zur Überraschung Desgranges stimmte Goddet der Idee zu. Und in einer einzelnen Spalte kündigte L'Auto am 19. Januar 1903 das größte Radrennen der Welt an.

Alle Beteiligten heimsten den Ruhm für diese Pioniertat ein, mit Ausnahme Lefèvres, der ab 1904 wieder über andere Sportarten schrieb. Desgrange hingegen bemächtigte sich des Titels »Vater der Tour«. Und sogar das Café, in dem die Idee zur Sprache kam, erhielt seinen Anteil des Ruhms: Aus der Taverne Zimmer wurde das Madrid, später das TGI Friday's, und eine Gedenktafel an der Wand feiert heute *»la plus grande compétition sportive du monde«*: das größte Sportereignis der Welt. Und das war das neue Rennen tatsächlich. L'Auto gab bekannt, dass die erste Tour de France am 1. Juni 1903 Paris verlassen sollte, um dann über Lyon, Marseille, Bordeaux und Nantes zu führen und am 6. Juli wieder in der Hauptstadt zu enden. Mit diesen Ausmaßen, sagte Georges Conchon in einer von den Organisatoren hochgeschätzten Berkerkung, leiste »die Tour mehr für die nationale Einheit Frankreichs als alle anderen jener Großereignisse, die das Land im 20. Jahrhundert gesehen hat.«

Auch andere Zeitungen begeisterten sich für das Rennen. Doch Giffard ignorierte es schlichtweg. So spottete Lefèvre in einem Beitrag, dass »die Zeitung, die sich selbst Le Vélo nennt, dem sensationellsten Vélo-Rennen seit Erfindung des Fahrrades keine Zeile widme – man beachte, nicht eine einzige Zeile. So behandelt dieses Blatt seine Leser.« Jetzt musste Giffard Farbe bekennen. Und am nächsten Tag gewährte er dem Rennen auch einen Beitrag. Doch es waren ganze elf Wörter, und er gab darauf Acht, bloß nicht die Zeitung des Rivalen zu erwähnen.

Mehr Sorge noch bereitete die Tatsache, dass auch die Fahrer wenig Interesse zeigten. Sie waren ja auch bei Paris-Brest-Paris lang genug unterwegs. Und jetzt sollten sie ihr Zuhause gar einen Monat lang nicht sehen? Wem sollte das etwas bringen? Desgrange gab klein bei. Er verkürzte das Rennen auf drei Wochen, halbierte die Startgebühr auf zehn Francs, und stellte den ersten 50 des Klassements eine Prämie von fünf Francs pro Tag in Aussicht. Er ergänzte Toulouse auf dem Streckenplan, um den Fahrern die Strapaze zu ersparen, an einem Tag ganz Südfrankreich von Marseille bis Bordeaux zu durchqueren. Er erhöhte die Preisgelder auf 20.000 Francs. Nichts half. So hielt er am 5. Juni ein eindringliches Plädoyer. Die Fahrer würde die Teilnahme nicht mehr kosten, als wenn sie Zuhause bleiben würden, betonte er. Die Hoteliers würden sie zu Sonderkonditionen bewirten, ob der Ehre, einen Tour-Teilnehmer zu Gast haben zu dürfen. Zwischen den Zeilen war deutlich zu lesen: »Bitte, bitte, fahrt doch bei meinem Rennen mit.«

Ich hatte einmal das Vergnügen, mich mit Pierre Chany zu unterhalten, dem ersten Journalisten, der 50 Mal die Tour de France begleitet hatte, und einer der größten – und häufig auch rechthaberischsten und trinkfestesten – Reporter der Radsporthistorie. Aus Verachtung darüber, dass in der entscheidenden Fluchtgruppe bei einer Straßenweltmeisterschaft im Südwesten der Niederlande kein Franzose vertreten war, kehrte Chany dem Fernseher im Presseraum den Rücken und las stattdessen demonstrativ Zeitung. »Seit dem Moment, in dem er die Strecke verkürzt hatte und die Fahrer begannen, Interesse zu zeigen, hat Desgrange immer an die Tour geglaubt«, erzählte mir Chany: »Aber er war sich doch nicht ganz so sicher, als dass er seinen eigenen Ruf aufs Spiel setzte, indem er die Tour selbst begleitete. Er besuchte das Rennen erst, nachdem die Fahrer schon einige Tage unterwegs waren.«

Lefèvre beschrieb seinen Chef einmal als »einen harten Mann, im besten Sinne des Wortes.« Das klingt nach wohlwollendem Understatement angesichts der Tatsache, dass Desgrange ihm befohlen hatte, die Tour de France per Fahrrad und per Bahn zu begleiten – als

Organisator, Wettkampfrichter, Zeitnehmer und Statistiker in Personalunion. Doch damit nicht genug. Denn an den Abenden, so er noch einen Funken Energie aufbringen konnte, hatte Lefèvre mit dem Kollegen Olivier Margot ein Resümee des Tages zu schreiben. Es galt schließlich, eine ganze Seite von L'Auto zu füllen.

4

Die erste Tour

Über das viele Geld, das Finanzchef Victor Goddet in die allererste Tour de France investierte, konnte niemand die Nase rümpfen. Nicht einmal, wenn man einen so großen Schnurrbart sein eigen nannte, wie ihn ein gewisser George Abran trug. Der nämlich hatte an diesem ungewöhnlich warmen ersten Tag des Juli 1903 das Amt des Starters inne. Standesgemäß erschien Abran in der Uniform eines Generals vor dem Café Réveil Matin. Sein weißer Schnauz thronte majestätisch über dem Backenbart.

Goddet zahlte dem Gesamtsieger der ersten Tour 3.000 Francs, dem Zweiten 2.000 Francs, den Tagessiegern 1.000 Francs. Im Einzelnen wurden bei den sechs Etappen die folgenden Preisgelder ausgeschüttet:

Etappe 1:   Paris-Lyon (476 km):
            1.500, 700, 350, 200, 100, 100, 50, 50 Francs
Etappe 2:   Lyon-Marseille (374 km):
            1.000, 450, 250, 125, 75, 75, 50, 50 Francs
Etappe 3:   Marseille-Toulouse (423 km):
            800, 350, 200, 100, 75, 50, 50, 50 Francs
Etappe 4:   Toulouse-Bordeaux (268 km):
            700, 300, 200, 100, 75, 50, 50, 50 Francs
Etappe 5:   Bordeaux-Nantes (394 km):
            1.200, 500, 250, 125, 100, 75, 75, 75 Francs
Etappe 6:   Nantes-Paris (471 km) :
            3.000, 2.000, 1.200, 800, 500, 250,
            200, 100, 50, 50, 50, 50, 50, 15 Francs

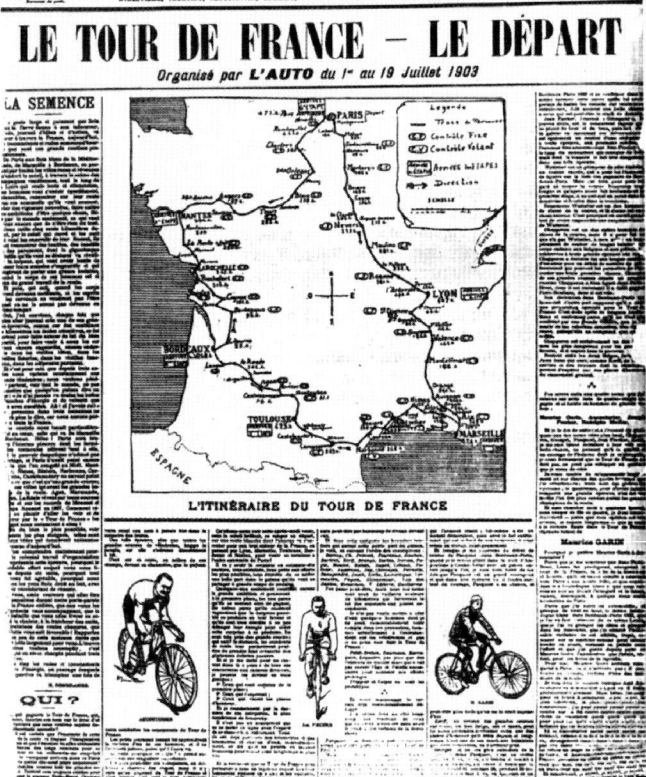

Das Abenteuer beginnt... mit einer von Hand gezeichneten Landkarte. Da es noch keine Zeitungsfotos gibt, gemahnen auch die Darstellungen von Aucouturier, Fischer und Garin an Karikaturen. Henri Desgrange hatte genug Stolz, seinen Namen neben den Zeitungstitel zu setzen, aber nicht genug Mumm, die erste Austragung seines Rennens zu begleiten.

Ein Arbeiter verdiente zu dieser Zeit ganze 25 Centimes pro Stunde, oder zweieinhalb France während eines harten Zehnstundentages. Ein Kilogramm Brot kostete 40 Centimes. Die 6.075 Francs, die Maurice Garin während der ersten Tour de France einstreichen konnte, entsprachen also 2.400 Tagesgehältern oder dem Lohn für neun Jahre Arbeit ohne freie Wochenenden und ohne jedweden Urlaub. Hinzu kam, dass die Steuer, die der französische Staat einem Maurice Garin abzog, gerade einmal 7,5 Prozent betrug. Mitte der 60er Jahre hingegen strich der Gewinner des Gelben Trikots der Tour de France eine Siegprämie ein, für die ein angelernter Arbeiter »nur« noch drei Jahre lang hätte schuften müssen. Und der Steuersatz hatte sich mittlerweile vervierfacht.

Der Vergleich mit heutigen Preisgeldern verwirrt etwas, da Frankreich bei einer Währungsreform nach dem Krieg zehn alte Francs in einen neuen umwandelte. Aber es stimmt, dass die Siegprämie zwischen Mitte der 60er Jahre und dem Beginn der 90er Jahre vor allem inflationsbedingt kräftig anzog: von etwa 52.000 auf mehr als anderthalb Millionen Dollar. Marco Pantani konnte 1998 für seinen Sieg bereits zwölf Millionen Francs einstreichen, etwa zwei Millionen Dollar.

Es war keine sonderlich befremdliche Idee, eine nicht gerade weltberühmte Touristenattraktion wie das Café Réveil Matin als Startort auszuwählen. Schließlich ging es einfach um irgendeine Tour de France. Das Rennen war längst noch nicht zu *der* Tour de France avanciert. Niemand wusste, dass es überhaupt eine zweite Auflage geben sollte, geschweige denn ahnte jemand etwas von den hundert Jahren Tourgeschichte, die noch folgen sollten.

Das Café Réveil Matin war in jenen Tagen nur deshalb von Bedeutung, weil hier die aus Lyon kommenden Postkutschen noch einmal die Pferde wechselten, bevor sie in die Hauptstadt weiterfuhren. Es gab Ställe und Zimmer für Reiter. Halunken hatten einmal zwei der Reiter umgebracht, weil sie hofften, diese würden Gold bei sich tragen. Dem war nicht so, aber die Morde lieferten immerhin den Stoff für ein Theaterschauspiel. Die Bar des Cafés war für seine hervorragenden Steaks und Pommes Frites bekannt. Zudem empfing das Réveil Matin auch Radfahrer mit offenen Armen – in einer Zeit, in der das nicht überall der Fall war. Kleinere Rennen waren bereits von hier gestartet. Deshalb war Desgrange wohl zumindest der Name des Cafés im Gedächtnis geblieben. Es ist möglich, dass er es bereits selbst besucht hatte, um über ein Rennen zu berichten. Bestimmt aber kannte er die Besitzerfamilie.

Vom Pariser Zentrum aus ist das Café Réveil Matin heute nicht ganz einfach zu finden – auch wenn es scheinbar durchaus genug Besucher gibt, um ein Hinweisschild an der Hauptstraße zu rechtfertigen. Wer den Startort der ersten Tour aufsuchen möchte, verlässt Paris am Porte Dorée auf die Umgehungsstraße *périphérique*, und passiert den Bois de Vincennes, wo Jan Janssen als erster Holländer die Tour gewann – im Jahr 1968, mit 38 Sekunden Vorsprung. Weiter geht es auf der Route Nationale 19 in Richtung Montgeron. Damals, 1903, lebten in dem Dorf gerade einmal ein paar Seelen, von denen nur wenige die 19 Kilometer entfernte Champs Elysées gesehen hatten. Heute wohnen immerhin 22.000 Menschen in Montgeron, und es ist anzunehmen, dass sie erst dann einen Gedanken an die Tour de France verschwenden, wenn diese ihnen wieder einmal den Weg versperrt. Das Réveil Matin selbst steht an einer T-Kreuzung, dort, wo sich die Straßen Richtung Melun und Corbeil treffen – noch genau so, wie es ein in Brauntöne getauchtes Foto der Speisekarte zeigt, auf dem das Café im Jahr 1903 zu sehen ist. Eine Gedenktafel an der Wand verkündet:

Ici
devant le Réveil Matin
le 1er Juillet 1903
fut donné le départ du
1er Tour de France
organisé par Henri Desgrange

Weitere Stiche künden vom Besuch der fünfzigsten Tour und einem zweiten im Jahr 1979, während der 66. Austragung. Heute ist das Réveil

Matin ein ziemlich teures Restaurant mit separater Bar. Ich beginne ein Gespräch mit einem älteren Knaben, der in jener Ecke sitzt, die der Gedenktafel am nächsten liegt. Vor ihm steht ein *Demi*, ein kleines gezapftes Bier.

»Das muss schon ein toller Tag gewesen sein«, sagt er: »Ich hätte es genossen, wäre ich dabei gewesen.« Er nimmt einen weiteren Schluck auf genau die unnachahmliche Art und Weise, in der ältere Knaben überall auf der Welt nun einmal ihr Bier zu trinken pflegen.

»Vermutlich lebt niemanden mehr, der dabei war?«, frage ich erwartungsvoll, lasse die Hoffnung aber wieder fahren, als mir die Jahreszahlen einfallen.

»Niemand, mit dem es lohnt, sich zu unterhalten«, sagt er kichernd: »Selbst Babys wären heute knapp hundert.« Eine dumme Frage.

Wir gehen durch die zweiflügelige Tür nach draußen auf die Straße. Das Ortsschild von Montgeron steht gegenüber, der Dorfkern liegt zur Rechten. Links befindet sich ein Unterstand an der Anschlussstelle zur Straße nach Paris. Entlang des gegenüberliegenden Bürgersteigs wächst eine Baumreihe, die fast genauso aussieht, als sei noch immer 1903.

»Ich welche Richtung sind sie losgefahren?«, frage ich.

Mein Freund zuckt die Achseln.

»Vermutlich in diese Richtung, *Monsieur*«, er zeigt zur Straße, die ins Pariser Zentrum führt. »Sie haben sich im Keller umgezogen, kamen aus dem Café heraus und sammelten sich hinter einer Absperrung auf der Straße. Aber ich habe nie gefragt, in welche Richtung sie gestartet sind.« Später fand ich heraus, dass sich das Feld auf der Straße nach Corbeil in Bewegung gesetzt hat. Und zwar als Ansammlung echter Typen: Kerle, die Mützen, Jacketts und lange Mäntel trugen – mehr oder weniger normale Arbeitskleidung. Die Fahrer hatten sich schließlich nicht angezogen, um mit Geschwindigkeit aufzuwarten, sondern um eine Ausdauerübung zu überstehen.

Als ich fragte, ob es noch jemand gebe, der sich erinnern möge, da schien es, als sei ich überambitioniert. Aber in Montgeron dreht sich das Rad der Geschichte immer noch so gemächlich, dass ich doch noch fündig wurde. Raymond Potteau, Besitzer der Bar als die Tour 1993 ihren 90. Geburtstag feierte, war zu diesem Zeitpunkt 79 Jahre alt. Er hatte das Réveil Matin nach dem Krieg von seinen Schwiegereltern gekauft, die es seit den 20er Jahren geführt hatten. Sein Barmann arbeitete 60 Jahre lang im Hause. Potteau war es, der das Café um ein Restaurant erweiterte, dem der Guide Michelin zwei seiner begehrten Sterne gönnte. Man kann einen Blick in den Keller werfen, der den Fahrern als Umkleidekabine gedient hatte. Man kann dort schlafen, wo ihre Geister herumspuken. Das Réveil Matin fungiert heute auch als Hotel. Das einzige, was Besucher nicht finden, ist auch nur ein einziges Souvenir. Alle Erinnerungsstücke wurden gestohlen.

Die knisternde Spannung, die am Vorabend des ersten Tourstarts die Büros von L'Auto erfüllte, muss körperlich spürbar gewesen sein – ein Durcheinander aus Kisten mit Armbändern und roten Ansteckern, aus Rennunterlagen, aus Radsportverrückten mit Strohhüten. Straßensänger und Mandolinenspieler waren am nächsten Morgen in Montgeron unterwegs, und Verkäufer, die Coco feilboten, die Coca-Cola jener Tage. Heute erinnern uns nur noch ein paar Fotos und ein Arikel von Lefèvres Kollegen Olivier Margot. Der beschrieb, was sich am 1. Juli um 15 Uhr 16 zutrug: »Die Männer winkten mit ihren Hüten, die Damen mit ihren Schirmen. Man hatte das Gefühl, als wäre ihr Vergnügen groß gewesen, wenn sie die stählernen Muskeln der couragiertesten Champions seit der Antike anfassen dürften. Ja, wahrhaftig die der Couragiertesten, denn – als eine Revolution unseres prächtigen Radsports – wird das Rennen mit Ausnahme der Schlussetappe ohne Schrittmacher ausgetragen. Ein Ende der Kombinen, rohe Kraft bei jedem Tritt. Allein Muskeln und Energie können Ruhm und Glück erringen. Wer wird den ersten Preis gewinnen und in die Ruhmeshalle eintreten, in die nur Übermenschen Einlass finden? Ich zögere nicht, Maurice Garin, die weiße Bulldogge, zu meinem Favoriten zu erklären.«

Eigentlich war Garin, der sich bereits 1897 und 1898 als Sieger von Paris-Roubaix feiern lassen durfte und 1900 noch einmal als Dritter angekommen war, eher unter dem Namen »der Schornsteinfeger« bekannt. Die Redakteure von L'Auto verpassten aber auch solchen Fahrern, die schon welche besaßen, gerne neue Spitznamen, um ihre Leser mit den Helden ihres Rennens vertraut zu machen. Besonders fruchtbar war das Jahr 1905: Louis Trousselier avancierte zu *La Fleuriste*, weil seine Familie einen Blumenladen betrieb. Réne Pottier hieß wegen der Metzgerei seiner Familie nur *Le Boucher*.

Tatsächlich gab es neben Garin noch einen zweiten Favoriten: Hippolyte Aucouturier, einen Mann im blau-roten Trikot, der mit der Statur eines Ringkämpfers die jüngsten Austragungen von Paris–Roubaix und Bordeaux–Paris siegreich beendet hatte. Die Fähigkeit, hohe Geschwindigkeiten zu fahren, war seine Stärke, während Garin durch große Ausdauer überzeugte, die er auch 1903 bereits durch den Sieg bei Paris–Brest–Paris unter Beweis gestellt hatte. Aucouturier hingegen litt kontinuierlich unter Magenproblemen. Seine Kritiker warfen ihm vor, er würde zu viel Wasser trinken.

Auch der deutsche Champion Josef Fischer trat an, ein Spezialist jener Rennen, die wir heute als Radmarathon bezeichnen. Eine Sammlung obskurer Gestalten komplettierte die Starterliste: Da war Jean Dargassies, ein Hufschmied aus Grisolles in der Nähe von Toulouse, der nur zwei Monate zuvor sein erstes Rennen gefahren war. Von der Tour hatte er nur gehört, weil sein Fahrradhändler ihm zufällig erzählte, er sei wohl stark genug, daran teilzunehmen. Es gab einen Touristen namens Jean Desvages, dessen Ziel sich primär darauf beschränkte, ein bisschen was von Frankreich zu sehen, der aber dennoch als Zwanzigster wieder in Paris ankam. Bis 1910 ging Desvages jedes Jahr aufs Neue wieder an den Start, ohne das Rennen noch ein zweites Mal beenden zu können. Andere, die heute längst vergessen sind, erlangten im Laufe der ersten Tour einen Ruf als »Meister der Zimmermänner«, als »Hackentreter«, als »Prinz der Bergarbeiter«.

76 Fahrer standen am Start, nur 21 erreichten das Ziel. Das Feld bestand aus 60 Profis und einem Haufen von *Partiels*, die lediglich an einzelnen Etappen teilnahmen. Unter ihnen waren 13 Amateure, die den

Tagesabschnitt von Toulouse nach Bordeaux in Angriff nahmen. Bevor es soweit war, entschied Desgrange, dass die Profis eine Stunde vorher auf die Strecke gehen durften – als Vorsichtsmaßnahme, damit die noch ausgeruhten *Partiels* den echten Tourhelden keine Hilfe leisten konnten.

Am Morgen der ersten Etappe nutzte Desgrange die ganze Breite der Titelseite von L'Auto, um zu verkünden:

Le Tour de France – Le Départ
Organisé par L'Auto du 1er au 19 Juillet 1903

Ein sich über vier Spalten erstreckender Plan der Rundfahrt dominierte die Seite. Unter der Schlagzeile »Die Saat« übertraf Desgrange sich wieder einmal selbst: »Mit dem ausgedehnten und kraftvollen Ausholen des Pflügers aus Zolas ›Die Erde‹ wird L'Auto, die Zeitung der Ideen und der Tat, heute jene unbekümmerten und rohen Sämänner quer durch Frankreich schleudern, die als die größten professionellen Straßenradfahrer gelten.« Es folgte jene das Rennen hochstilisierende Passage: »verrückt, unermüdlich ... von Marseille nach Bordeaux fahren sie über verträumte Straßen, die im Sonnenlicht schlummern, entlang der ruhigen Felder der Vendée, dann der Loire folgend, die unbewegt und lautlos dahinfließt.« Derlei war einfach aufs Papier zu bringen. Lefèvre aber sah sich mit anderen Realitäten konfrontiert.

»Dieses Rennen kontrollieren und organisieren?«, schrieb er. »Kein Auto für mich, nur ein Rad. Ich war 26 Jahre alt und Meister der Radsportabteilung des Stade Français. Auf jeder Etappe, die ich begleitete, tat ich mein Bestes, den Fortgang des Rennens zu kontrollieren. Ich folgte den Fahrern bis zum nächsten Bahnhof, dessen Fahrplan mir ermöglichte, einen Expresszug zu besteigen, der mich noch vor den Fahrern zum Ziel brachte.« Bei der ersten Etappe nahm er zunächst einen Zug nach Moulins, sah, wie das Feld durchkam, und bestieg dann einen zweiten nach Lyon.

»Zum letzten Mal zwingt sich das Feld in die dunkle Nacht hinaus...Bald werden sie das Ziel erreichen, das 2.500 Kilometer entfernt war, als sie in den Sattel stiegen«, schrieb Géo Lefèvre.

Man erinnere sich daran, dass die kürzeste Etappe immerhin 268 Kilometer lang war und der längste Tagesabschnitt von Paris nach Lyon gar einschüchternde 467 Kilometer. Mit 26 Stundenkilometern war Garin dabei so rasant unterwegs, dass er noch vor den Wettkampfrichtern das Ziel erreichte. »Sie fahren schneller als der Zug«, konstatierte Lefèvre. Drei Tage später ging es von Lyon aus weiter. Für 2 Uhr 30 nachts war der Start angesetzt. Und das war noch ein Luxus: In Marseille und Bordeaux ging das Feld bereits am Vorabend des eigentlichen Renntages auf die Strecke – um 22 Uhr 30 beziehungsweise um 23 Uhr 30.

Garin gewann die Eröffnungsetappe, Aucouturier beendete die beiden nächsten Abschnitte siegreich. In Toulouse hatte der bereits einen bequemen Vorsprung. Dann aber ließ Aucouturier nach, und Garin gewann – auch, weil er gelegentlich von Offiziellen bevorzugt behandelt wurde. Die reichten ihm mitunter etwas zu essen. Schließlich wussten sie genau, welchen Sieger ihr Chef favorisierte.

Über einen seiner beiden Assistenten, den Starter Abran, sagte Lefèvre später: »Seine Aufgabe bestand darin, am Start und im Ziel eine riesige gelbe Fahne zu schwenken und mit schiefem Hut, strotzendem Schnurrbart und tiefrotem Gesicht im Renncafé hinter einem Pernod zu sitzen.« Der andere, Ferdinand Mercier, reiste dem Rennen voraus, um die Zielankunft mit den lokalen Korrespondenten von L'Auto vorzubereiten.

Die erste Tour hatte begonnen. Wer einmal aufgab, konnte später wieder einsteigen und auf gute Etappenplatzierungen hoffen. Im Gesamtklassement jedoch wurde er nicht mehr geführt. Dieses sah Garin schließlich mit einem Vorsprung von zwei Stunden und 49 Minuten vorn. Der Letzte hatte einen Rückstand von zwei Tagen und 16 Stunden. Niemand wusste zu diesem Zeitpunkt, ob es eine weitere Tour de France geben würde. Doch es stand außer Zweifel, dass die Veranstaltung ein Erfolg für L'Auto war. Die Zeitung legte während der Tour eine Sonderausgabe auf. Ganze sieben Minuten nach der Zielankunft – auch nach heutigen Maßstäben eine erstaunliche Leistung – war das Blatt auf den Straßen erhältlich und sofort ausverkauft. 1903 druckte L'Auto 14.178.474 Exemplare, 1913 waren es bereits 43.641.875, umgerechnet 120.000 am Tag. Während der Tour des Jahres 1922 betrug die tägliche Auflage 600.000 Exemplare. Damit nicht genug: 1904 wurde der große Konkurrent Le Vélo eingestellt. Es war Desgrange also tatsächlich gelungen, dem Rivalen Pierre Giffard das Mundwerk zu stopfen.

5

Der Ruf der Berge

Gewaltiges Leid hatten die Teilnehmer in den ersten Jahren der Tour de France zu erdulden. 1998 hingegen erlebte ich einen Marco Pantani, der die Berge wie ein Sprinter hochfuhr, im stehenden Wiegetritt, die Hände unten am Lenker greifend, gar gezwungen, in den Kurven noch zu bremsen. Das war nicht immer so. Als Alan Gayfer einmal als Redakteur von Cycling auf dem Gipfel eines solchen Anstiegs stand, kam er mit einem älteren Mann ins Gespräch, den seine Familie für einen Tag in der freien Natur hinausgefahren hatte:

»*Wir unterhielten uns bereits eine Weile, dann erzählte er, eher schüchtern, dass er selbst 40 Jahre zuvor die Tour de France gefahren war. Nun, jetzt waren wir in den 60ern, also muss das irgendwann in den 20er Jahren gewesen sein. Ich sagte, dass die Straßen damals wohl noch ziemlich anders ausgesehen haben. ›Oui Monsieur‹, gab er zu verstehen, ›Die Wegdecken waren ziemlich uneben.‹*

Ich zeigte auf den Weg, den später die Fahrer hinaufkommen würden, erzählte ihm, dass ich den Anstieg in den Tagen von Bobet und Coppi gesehen hatte, die Straße voller Löcher, Steine und Felsen. Mittlerweile war sie natürlich in sehr gutem Zustand, mehr oder weniger genauso eben wie jede andere Straße auch. Da blickte er mich ziemlich überrascht an und sagte: ›Non Monsieur, Sie verstehen nicht. Dort sind wir nicht hergefahren!‹ Er drehte sich um, zeigte auf einen kleinen, ziemlich schmalen Ziegenpfad hinter uns, der von Felsen und Grasbüscheln übersäht war.

›Wir kamen den Weg dort drüben hoch!‹«

Roger Lapébie bestätigt, 1999 als Gast der Tour de France der Etappenankunft in Bordeaux beiwohnend, dass die Straßen »*epouvantable*« waren: schlichtweg grauenhaft. »Da waren diese Schlaglöcher, die wir Vogelnester nannten. Es gab Kieselsteine, Nebel, Schotter. Wir scheuerten uns die Hintern im Sattel wund ob all des Drecks und all des Kuhmists. Nichts war einfacher, als sich eine Entzündung einzufangen.« So wie die meisten seiner Kollegen legte er nachts Senfpflaster auf. »Die aus Amerika und England waren die besten. In Paris kauften wir Packungen mit drei oder vier Dutzend und klebten unsere schmerzenden Beine ein. Wenn das Wetter schlecht war, kamen zwei auf die Leber, eines auf unsere Brust.« Jede Nacht hätten die Fahrer zudem in mit Essig versetztem Salzwasser gebadet und sich dann die Beine mit Meeresalgen eingerieben, erzählt Lapébie.

Der erste größere Berg der Tour de France war der Ballon d'Alsace in den Vogesen. Fast 13 Kilometer und Steigungen von zehn Prozent waren zu bewältigen. Das ließ – angefacht von Henri Desgrange – eine Debatte entflammen, ob überhaupt ein Mensch einen solchen Anstieg auf anderem Wege als zu Fuß bewältigen könne. Im Endeffekt kristallisierte sich am Ballon d'Alsace dann René Pottier als erster Kletterkünstler der Tour heraus. Der jagte den »unfahrbaren« Berg mit einem Durchschnittstempo von 14 Stundenkilometern hoch und ließ Cornet, den Gewinner der Tour des Jahres 1904, fünf Kilometer vor dem Gipfel stehen. Als einzigem Fahrer gelang es Pottier, den gesamten Anstieg auf dem Rad hochzufahren. Doch dabei entzündete sich eine seiner Sehnen. Schon am nächsten Morgen musste er aufgeben. Im folgenden Jahr konnte er sein Kunststück jedoch wiederholen und die Tour gewinnen.

Traurig genug, dass Pottier, dieser seltsame Mann, von Dämonen besessen schien. Nie machte er einen Witz, nie sah man ihn lachen, nie eine Geschichte erzählen, nie einmal in Erinnerungen schwelgen. Ein Mechaniker von Peugeot fand ihn sechs Monate später, am 25. Januar 1907, an jenem Haken baumelnd, der normalerweise sein Rad trug. Pottiers Bruder André machte ein gebrochenes Herz verantwortlich, eine »sentimentale Enttäuschung«. Aber René hinterließ keinen

49

Die Straßen seien in einem furchtbaren Zustand gewesen, die Schlaglöcher so groß wie Vogelnester, erzählt Roger Lapébie. Die Tour hat ihren großen alten Mann – den ersten Sieger mit Kettenschaltung – nicht vergessen. Hier wohnt Lapébie als Ehrengast einer Etappenankunft in Bordeaux bei.

Abschiedsbrief. Sein Tod bleibt ein Mysterium. Auf dem Gipfel des Ballon d'Alsace erinnert heute ein Denkmal an seinen ersten Bezwinger – genau dort, wo im nächsten Sommer dann auch Pottiers Bruder André zusammengebrochen war und seiner Radsportkarriere ein Ende setzte.

Doch der Ballon d'Alsace blieb eine Episode. Die echten Anstiege lagen weiter im Süden. Heute gilt Henri Desgrange als Pionier, der die Radsportler erstmals durch das Hochgebirge schickte. Doch eigentlich hatte er diese Idee zunächst als schlichtweg verrückt abgetan. Es dauerte Jahre, ihn vom Gegenteil zu überzeugen. So gebührt der Ruhm vielmehr Alphonse Steines, einem eleganten Mann mit randloser Brille und einem Schnurrbart im Stil der *Belle Époque*. Steines nämlich hatte schon lange gegenüber Desgrange argumentiert, dass die Tour allmählich der Langeweile anheim falle. Immer wieder redete er auf seinen Chef ein, bis dieser ihn im Januar 1910 endlich losschickte, die Tourtauglichkeit der Pyrenäen unter die Lupe zu nehmen.

Im Januar ist dort im Hochgebirge natürlich tiefster Winter. Steines schaute sich dennoch den Aubisque an und bezahlte die Instandsetzung des Passweges. Der 2.114 Meter hohe Tourmalet aber war ob all der Schneemassen beim besten Willen nicht zu überqueren. Auch als Steines kurz vor dem Rennen zurückkehrte, lag auf dem Gipfel immer noch Schnee. Und weil der Weg, der zum Tourmalet führte, unbefestigt war, fand Steines zunächst auch niemanden, der ihn hinauffahren wollte. Kein Wunder, war doch nur eine Woche zuvor ein Mercedes beim Weg hinauf in eine Schlucht gefallen. Schließlich konnte Steines doch einen Chauffeur überzeugen, einen Mann namens Dupont. Dessen Wagen aber blieb zwei Meilen vor dem Gipfel im drei, vier Meter tiefen Schnee stecken. Es war bereits sechs Uhr abends. Doch Steines ließ sich nicht mehr stoppen. Ein ungläubiger Dupont schaute zu, wie Steines in seinen feinen Großstadtkleidern in die Finsternis entschwand. Immer wieder stürzte Steines, hatte sich schließlich verirrt. Einem von der Polizei in Barèges ausgesandten Suchtrupp gelang es glücklicherweise, den Durchgefrorenen wieder herunterzubringen und aufzutauen. Die Exkursion war ein reines Desaster gewesen. Doch das behielt Steines lieber für sich.

»Gut über den Tourmalet gekommen«, telegrafierte er an Desgrange: »Straße in gutem Zustand. Keine Schwierigkeiten für die Fahrer. Steines.«

Die übrigen Zeitungen wussten nichts von den wahren Zuständen in den Pyrenäen. Sie hatten auch keine Ahnung, dass L'Auto 2.000 Francs bezahlt hatte, um Teile des Anstiegs ausbessern zu lassen. Dennoch echauffierten sie sich über eine »gefährliche und befremdliche« Entwicklung. 26 Fahrer gaben spontan bekannt, dass sie keinerlei Interesse hätten, ein solches Abenteuer auf sich zu nehmen. Lucien Petit-Breton protestierte: »Das ist Mord...Diese Bastarde wollen unseren Skalp!« Und Gustave Garrigou berichtete später: »Ohne Witz – die Leute erzählten uns von Lawinen, von eingestürzten Wegabschnitten, von der tödlichen Bergwelt, vom Zorn Gottes!« Radsportler, die den Berg im Mai erkundeten, wollen Bären begegnet sein. Zurück in Luchon erzählten sie Journalisten: »Desgrange schickt uns in eine Todesspirale.«

Das war nicht weit gefehlt. Wie Steines vorgeschlagen hatte, führte Desgrange die Route über den Peyresourde, den Aspin, den Tourmalet und den Aubisque – stets auf unbefestigten Pfaden, wie sie der Tourveteran dem Journalisten Gayfer gezeigt hatte. Das Rennen brachte die Fahrer an Orte, an denen sich die Menschen selbst zu Fuß schon zu Genüge fürchteten. Desgrange war ebenso entzückt, wie um seinen Ruf besorgt. Er tat, was er 1903 getan hatte. Er blieb zu Hause. Offiziell führte er ein Unwohlsein für sein Fernbleiben an. Der offizielle Geschichtsband der Tour schreibt: »Die Veranstalter fürchteten, sie seien zu weit gegangen in ihrem Streben, die Grenzen der Kraft und des Mutes des Menschen auszuloten. Es kam der Punkt, an dem sie glaubten, die Pyrenäen würden zum letzten Abenteuer der Tour. Unter diesem Druck brach Desgrange zusammen und sagte ab.«

Nicht die großartigste Skulptur der Kunstgeschichte, aber immerhin ein wohlverdienter Tribut... Wer heute den Tourmalet besucht, trifft den gesamten Sommer über unzählige von Radsportlern. Als der Pass sein Debüt bei der Tour de France gab, waren die meisten Fahrer noch gezwungen, ihr Rad zu schieben.

Stattdessen schickte er seinen Stellvertreter Victor Breyer. Gemeinsam mit weiteren Offiziellen erreichte der den Gipfel des Aubisque, ohne einen blassen Schimmer zu haben, wann denn wohl die Fahrer hier auftauchen mögen. Die Männer warteten in dünner, aber ungewöhnlich warmer Nachtluft. Die Ankunft der Fahrer verzögerte sich immer mehr. Es verstrich auch der späteste für möglich gehaltene Zeitpunkt. Allmählich wuchs die Sorge. Vielleicht hatten sie sich ja doch bewahrheitet, die Geschichten von gefräßigen Bären? Vielleicht hausten in den Bergen ja tatsächlich Räuber? Und was war mit den ungesicherten Abhängen, die schnurstracks ins Tal führten?

Weiter unten jedoch kamen die meisten Fahrer nur auf den flacheren Abschnitten im Sattel voran. Ansonsten schoben sie ihre Räder, die nur über eine feste Übersetzung verfügten, den Anstieg hinauf. Allein François Lafourcade aus dem nahe gelegenen Bayonne gelang es, die gesamte Strecke auf dem Rad zurückzulegen. Als er sich dem Gipfel des Aubisque näherte, liefen ihm die Funktionäre entgegen: »Was ist passiert? Wo sind die anderen? Sind sie hinter dir? Sind sie unversehrt?«

Lafourcade, nach vier Bergen am Ende seine Kräfte, starrte sie wortlos an und fuhr weiter. Noch mehr Zeit verstrich. Vielleicht 15 Minuten. Dann tauchte eine über und über mit Staub bedeckte Gestalt auf, die langsam ein Rad den Berg hinaufwuchtete. Einen elendigen Kampf hatte Octave Lapize noch zu bestehen, bis er das Auto der Rennleitung erreichte. Als er es endlich geschafft hatte, schaute er Breyer und dessen Kollegen wütend an. »Mörder!«, rief Lapize. Sein Fluch wurde eine Tourlegende. »Noch auf der Abfahrt steige ich aus eurem Rennen aus«, schrie er noch hinterher, dann trat er wieder in die Pedale. Lapize, den seine Freunde *Frisé* nannten, den Lockenkopf, war eigentlich eher als Sprinter denn als Kletterer bekannt. Doch auf dem Weg nach Bayonne erfasste ihn frischer Mut. Es gelang Lapize noch, das Etappenziel als Erster zu erreichen. Und als er dann auch François Faber schlug, den Riesen von Colombes, hatte er auch die Tour gewonnen.

Doch sehr viel Zeit blieb Lapize nicht mehr, seinen Erfolg auszukosten. Bereits 1917 starb er als Jagdflieger bei der Schlacht von Verdun. Und auch Faber krepierte alsbald auf ähnliche Weise. Im Mai kam er bei einem Angriff der Fremdenlegion auf Gerency ums Leben. Als sich Faber, einen verletzten Kameraden auf den Schultern tragend, von den deutschen Linien zurückkämpfen wollte, streckte ihn ein Kopfschuss nieder. Warum gerade die Fremdenlegion? Nun, François Faber lebte zwar in Colombe, nahe der französischen Hauptstadt, hatte jedoch einen luxemburgischen Pass.

Schon zuvor war ihm das Unglück ein treuer Begleiter gewesen. Einmal riss ihm während einer Touretappe die Kette, so dass er sein Rad kilometerweit laufend ins Ziel schieben musste. Er gewann die abenteuerliche Tour des Jahres 1909, bei der Schnee, Regen, Frost, Wind, Schlamm, seenartige Pfützen und knietiefe Spurrillen innerhalb von nur einer Woche 50 Fahrer zur Aufgabe zwangen. Seine Mutter besuchte die zweite Etappe, obwohl sie Angst hatte, ihrem Sohn Pech zu bringen. Und das gelang ihr auch. Während der gesamten 398 Kilometer von Roubaix nach Metz ging Eisregen auf die Fahrer nieder. Faber musste die letzten 200 Kilometer ganz auf sich allein gestellt zurücklegen. Am nächsten Tag absolvierte er eine weitere Solofahrt über 100 Kilometer schlammbedeckter Landstraße, die ihn auch hinauf zum schockgefrosteten Ballon d'Alsace führte. Das Etappenziel erreichte Faber mit 33 Minuten Vorsprung auf den Zweiten. Da nannte ihn Manager Baugé »den Gott, der den Himmel hinab gestiegen kam, um Rad zu fahren.«

Genug des Leids für François Faber? Nicht doch. Denn am nächsten Tag ging es schon um zwei Uhr nachts wieder auf die Strecke. Trotzdem wohnten 3.000 Zuschauer dem Start bei. Faber bewältigte den 21 Kilometer langen Col de Porte in einer Stunde und zehn Minuten – trotz strengen Windes, zweier Stürze und der Attacke eines Pferdes, das ihn zu Fall brachte und sein Rad mehrere Meter weit in die Landschaft kickte. Es war eine Etappe der Schlaglöcher, des knietiefen Wassers und der gerissenen Ketten. Zwanzigtausend waren Zeuge, wie Faber in Alleinfahrt

Die Tour wartete in jenen Tagen noch mit besonderen Härten auf: Hier schiebt François Faber sein Rad nach einem Kettenriss ins Ziel. Zeitungen und Fans nannten den gebürtigen Luxemburger den Riesen von Colombes. Wie traurigerweise so viele andere große Radsportler jener Ära kam Faber im Ersten Weltkrieg ums Leben.

das Ziel in Lyon erreichte. Und viele unternahmen den Versuch, den Helden einmal zu berühren. Denn allein Fabers Statur war beeindruckend genug. Bei 1,88 Meter Körpergröße wog er 91 Kilogramm. Faber war der sanfte Riese des Radsports. Der Kontrahent Garrigou nannte ihn ein Naturwunder.

Henri Desgrange schien derweil am Ruf des Mörders Gefallen zu finden. Also ließ er die Fahrer auch die Alpen durchqueren. Er führte die Tour de France des Jahres 1911 über den 2.646 Meter hohen Galibier und übertraf sich wieder einmal selbst. »Oh Laffrey! Oh Bayard! Oh Tourmalet!«, schrieb er. »Ich zögere nicht, euch im Vergleich zum Galibier als bleiche, ordinäre Kleinkinder zu bezeichnen. Wenn ihr vor diesem Giganten steht, bleibt euch nichts, als euren Hut zu ziehen und euch in Ehrfurcht zu verneigen.« Nun konnten die Reporter von L'Auto also noch mehr heldenhafte Kämpfe in Gebirgswelten und Höllenstürmen feiern. Zwar sahen sie selbst eigentlich kaum etwas von dem, was auf den Bergetappen von sich ging. Aber erst recht ging es so ja all jenen, die ihre Zeitung kauften.

Im Jahr 1937 berichtet L'Auto von einem Zusammentreffen mit dem Tourveteranen Garrigou in einem Gemischtwarenladen in einer gewissen Rue Lepic – eventuell der heutigen Passage Lepic in Paris, die unweit der Pigalle auf den Boulevard de Clichy stößt. Garrigou war einer der klassischen Kletterer gewesen, hager wie ein Besen, bekannt für seine flotte Garderobe. Zwischen 1907 und 1914 war er acht Mal die Tour de France gefahren und hatte sie auch acht Mal beendet, ein Mal als Sieger, drei Mal als Zweiter, zwei Mal als Dritter und auch noch als Vierter und Fünfter.

Gegenüber L'Auto sprach er nun von »Gipfeln, die nur von Adlern zu erreichen waren. Oh la la! Die höchsten Gipfel Europas. Das war die schlechte Seite, die üblen Straßen ... nicht einmal Wege, sondern Eselspfade...und das ist noch höflich ausgedrückt. Es war nichts Übermenschliches, schließlich waren wir ja keine Übermenschen. Dafür bin ich der Beweis, ein Mann wie jeder andere, aber mit fünf Galibiers in der

Tasche und dann auch noch den Tourmalet, auf dem ich fünf Goldmünzen gewann, weil ich den ganzen Anstieg hinaufgeklettert war, ohne abzusteigen.«

Die Fahrer hatten in dieser heroischen Ära der Tour de France Verpflegungssäcke aus Segeltuch an ihren Lenkern befestigt, unten mit Löchern versehen, damit Regenwasser wieder abfließen konnte. Ihre Schutzbrillen hinterließen weiße Kreise aus verkrustetem Schweiß in Gesichtsmasken aus schierem Dreck. Um ihre Schultern hatten sie Ersatzschläuche gewickelt, in Form einer Acht. Die Brillen sollten die Fahrer wohlgemerkt nicht vor der Sonne schützen, sondern vielmehr Viehdung, Steine und Staub abwehren. »Es war unser Job«, sagte Garrigou. »Die Preise, die Prämien, die Verträge. Ich war Profi. Es war das ganz normale Leben.»

6

Unglück im Tal

Nicht immer war Henri Desgrange persönlich für die Leiden seiner Fahrer verantwortlich. Mitunter sprang ihm auch das Schicksal zur Seite. 1920 etwa stieß Napoléon Paoli auf der Straße nach Bayonne mit einem Esel zusammen, landete schließlich auf dessen Rücken und galoppierte jenen Weg zurück, den er gerade gekommen war. Er klammerte sich an das Geschöpf, bis sich dieses schließlich an einem Bein verletzte und vorerst kollabierte. Da ließ Paoli den Esel einen Esel sein, rannte zu seinem Rad zurück und setzte das Rennen fort – wenn auch mit einigem Bauchweh. Wenige Momente sah es so aus, als würde es nun wieder gut laufen für Paoli. Doch dann stürzte ein Stein von einem Felsen am Wegesrand herab, um den unglückseligen Fahrer direkt am Kopf zu treffen. Der ließ sich zunächst nicht weiter beirren und kämpfte sich noch bis zum Fuße des Tourmalet. Die Schmerzen wurden jedoch immer unerträglicher. Paoli gab das Rennen auf und schlief sofort in einer nahen Hütte ein.

Manchmal jedoch gab sich Henri Desgrange besondere Mühe, die Dinge noch ein bisschen schlimmer zu gestalten. Léon Scieur, der im belgischen Floreffe zuhause war, gehörte zu den ganz besonderen Pechvögeln: Einmal brachte er es auf den Rekord von acht Reifenschäden während eines einzigen Tagesabschnitts. 1921 brachen ihm auf der vorletzten Etappe von Metz nach Dünkirchen elf Speichen. Er konnte zwar ein Ersatzrad auftreiben. Unglücklicherweise durfte er dieses jedoch erst dann einsetzen, nachdem sich auch die Rennkommissare von der Notwendigkeit des Materialwechsels überzeugt hatten. Im anderen Falle musste er sein Rad selbst reparieren. Doch das war bei elf gebrochenen

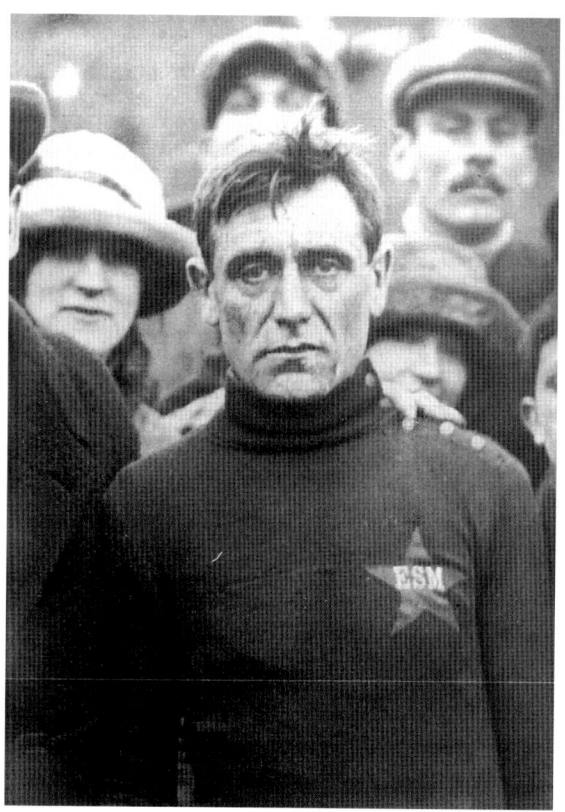

Er schaut etwas unglücklich aus der Wäsche und hat auch allen Grund dazu. Eugène Christophe war einer der großen Pechvögel der ersten Tour de France-Jahrzehnte. Sein riesiger Schnauzbart ließ ihn zunächst wie einen alten Gallier aussehen. Als der abrasiert war, verlieh ihm die Rennleitung das erste Gelbe Trikot, damit ihn die Zuschauer am Straßenrand besser erkennen konnten.

Speichen ein Ding der Unmöglichkeit. Und jetzt war weit und breit nichts von der Rennleitung zu sehen. So blieb Scieur nur die Möglichkeit, sein Rad bis nach Metz zu tragen. 300 Kilometer weit. Der Zahnkranz grub sich dabei so tief ins Fleisch, dass man es noch 15 Jahre später sehen konnte.

Ein ähnliches Schicksal hatte Eugène Christophe zu erdulden. Der kleinwüchsige Franzose hatte einmal einen großen Schnauzbart getragen, der durchaus einen Gallier der Antike hätte schmücken können. Also nannte ihn die Presse *Le Vieux Gaulois*, den alten Gallier – selbst wenn seine Anhänger das lautmalerische »Cri-Cri« bevorzugten. Die Fans liebten Christophe für seine Unabhängigkeit und sein wildes Aussehen mit den weit auseinander liegenden, etwas verdeckten Augen über einem schmalen, breiten Mund und einem geradezu quadratischen Kiefer. Heute mag ihn so mancher vor allem wegen der Rennhaken kennen, die nach ihm benannt sind. Im Jahr 1913 aber war Eugène Christophe nichts weiter als der große Favorit der Tour, die zum ersten Mal entgegen des Uhrzeigersinns führen und sich bei der Gesamtwertung anstatt an vergebenen Punkten wieder stärker an gestoppten Zeiten orientieren sollte. Mit Peugeot und Alcyon hatten zwei Mannschaften bereits vier Toursiege für sich verbuchen können. Der Tour des Jahres 1913 fiel also der Charakter eines Tie-Breaks zu. Die Hauptkontrahenten waren der Vorjahressieger Odile Defraye auf Seiten Alcyons und eben Eugène Christophe, 28 Jahre alt, für Peugeot startend und 1912 als Zweiter angekommen.

Als Ort für die entscheidende Schlacht hatten die Organisatoren die sechste Etappe von Bayonne nach Luchon auserkoren, bei der Aubisque, Gourette, Soulor, Tourmalet, Aspin und Peyresourde zu erklimmen waren. Peugeout attackierte gleich vom Start weg, um das Team von Alcyon zu demoralisieren. Und das funktionierte bestens. In Oloron-Sainte-Marie lag Defraye elf Minuten zurück, in Eaux-Bonnes schon 14. In Argelès-Gazost, auf der anderen Seite des Aubisque, war der Rückstand gar auf eine Stunde angewachsen. Und in Barèges am Fuße des Tourmalets stieg Defraye schließlich entnervt vom Rad. Denn da lag er schon zwei Stunden hinter Christophe und seinem Teamkameraden Philippe Thys. Die beiden waren den übrigen Konkurrenten am Tourmalet davon gefahren. Jahre später, längst alt und krumm geworden, kehrte Christophe auf jenen Berg zurück, zeigte in das von Nebel erfüllte Tal und berichtete von einem der abenteuerlichsten Dramen der Tourgeschichte.

»Urplötzlich, noch knapp zehn Kilometer von Sainte-Marie-de-Campan unten im Tal entfernt, fühlte ich beim Griff an den Lenker, dass irgendetwas nicht mehr stimmte. Ich zog an der Bremse, hielt an. Da sah ich, dass meine Gabel gebrochen war. Heute kann ich Ihnen das erzählen, damals hätte ich geschwiegen. Schließlich wäre das nicht gerade eine gute Werbung für meinen Sponsor gewesen. Da stand ich also, mutterseelenallein auf der Straße. Und wenn ich Straße sage, meine ich doch eher Weg. Mir kam der Gedanke, dass mich vielleicht einer jener steilen Packeselpfade direkt nach Sainte-Marie-de-Campan führen würde. Nur leider habe ich so gotterbärmlich geweint, dass ich nicht das Geringste sehen konnte. Mit dem Rad auf der Schulter marschierte ich die ganzen zehn Kilometer hinunter.

Als ich unten im Dorf ankam, traf ich auf ein kleines Mädchen, das mich zum Hufschmied auf der anderen Seite des Dorfes brachte. Sein Name war Lecomte, ein netter Mann, der mir gern helfen wollte. Nur durfte er nicht. Die Regeln waren streng. Ich musste mein Rad ganz allein reparieren. Nie in meinem Leben habe ich eine so erbärmliche Zeit durchmachen müssen wie in jenen grausamen Stunden in der Schmiede von *Monsieur* Lecomte.«

Die Wettkampfrichter und die Offiziellen konkurrierender Mannschaften wachten darüber, dass Eugène Christophe tatsächlich die ganze Arbeit allein fertig brachte. Irgendwann sah der jedoch, dass die Flammen zu erlöschen drohten. Den Hammer in der einen Hand, die gebrochene Gabel in der anderen, erlaubte er also einem sieben Jahre alten Knaben namens Corni, das Feuer mit einem Blasebalg anzufachen. Das brachte ihm dann eine Zeitstrafe von zehn Minuten ein, die später auf drei verkürzt wurde.

Schon seit drei Uhr morgens saß Cri-Cri im Sattel, er hatte einen Haufen Berge erklommen, war neuneinhalb Kilometer mit einem

Hier kehrte Eugène Christophe mit seinem zerstörten Rad zurück in die Zivilisation – verfolgt von Offiziellen der Rennleitung und Bewohnern des Dorfes. Die Schmiede, in der er sein Rad reparierte, steht nicht mehr. Am Gebäude, das an ihre Stelle trat, erinnert jedoch noch eine Gedenktafel an Christophes Heldentat.

fahruntauglichen Rad durchs Gelände gelaufen, um es dann drei Stunden lang zu reparieren. Und jetzt schaffte er es auf der etwas wackligen und wenig sicheren Maschine tatsächlich auch ins Ziel. Um 20 Uhr 44 kam er als 29. in Luchon an, erstaunlicherweise noch vor 15 anderen.

Heute hängt eine Gedenktafel an dem Haus, das anstelle der besagten Schmiede errichtet wurde. Christophe und der mittlerweile natürlich längst erwachsene Corni kamen hier 1951 noch einmal zusammen, um der Enthüllung der Inschrift beizuwohnen und den längst legendären Vorfall aus dem Sommer 1913 nachzuspielen. Auch der kleine Platz in Sainte-Marie-de-Campan trägt heute den Namen Eugène Christophes.

Überraschend genug ist, dass die Geschichte ein Faible dafür hat, sich selbst zu wiederholen. Über 468 Kilometer führte die längste Etappe der Tour des Jahres 1919. Christophe lag an der Spitze des Klassements. Es war der 18. Juli, der vorletzte Tag der Rundfahrt. Christophe schickte sich an, einen Angriff von Firmin Lambot zu kontern. Da brach ihm auf der vom Krieg zerstörten Straße erneut die Gabel. Diesmal fand er eine kleine Fahrradfabrik – nur eine Meile entfernt in Valenciennes. Doch erneut hatte er seine Gabel allein zu reparieren. Christophe verlor zwei Stunden und fiel vom ersten auf den zehnten Platz zurück. Er war nun Vorletzter, alle anderen waren ausgeschieden. Viele Leser von L'Auto schickten Geld, damit er jene Prämien erhalte, die er ohne sein Missgeschick sicherlich gewonnen hätte. Und dann im Jahr 1922 befand sich Eugène Christophe erneut in rasender Abfahrt: Auf der D902 fuhr er vom Galibier in nördlicher Richtung zum Télégraph, als er einen Steinblock rammte. Da ging er nach Valloire, ins nächste Dorf, wo ihm der Pastor ein Rad mit morschen Bremsen andiente.

»Nimm es«, sagte er. »Es ist deins.« Christophe lehnte dankend ab. Der Herr möge zwar einem *Curé* mit schlechten Bremsen beistehen, er selbst aber könne sich wohl kaum auf besondere Bande mit Gott verlassen.

»Dieser Unfall hat mich nicht mehr so aufgeregt wie die anderen«, kommentierte Christophe trocken: »Schließlich war ich ja längst Fachmann in solchen Dingen.«

Am Tourmalet brach Eugène Christophe die Gabel seines Rades. Er benötigte Stunden, um sie eigenhändig zu reparieren. Hier kehrt er, mittlerweile in seinen Sechzigern, nach Sainte-Marie-de-Campan zurück, um das Drama von 1913 noch einmal nachzuspielen.

Victor Fontan, ein anderer Franzose, hatte sich beinahe schon damit abgefunden, seine Radsportkarriere ohne eine Tourteilnahme beenden zu müssen – kein Wunder bei einem Mann, der im Ersten Weltkrieg zwei Beinschüsse davongetragen hatte. Er war erst spät zum Radsport gekommen. Nur selten war er außerhalb seiner Heimat im Südwesten Frankreichs Rennen gefahren. Geradezu entzückt war Fontan deshalb, als er schließlich doch noch im Alter von 36 Jahren für die Tour ausgewählt wurde. Und im Jahre 1929 gelang ihm ganz in der Nähe seines Zuhauses das Unglaubliche: In den Pyrenäen übernahm Fontan das Gelbe Trikot. So startete er also im *Maillot Jaune*, begierig es all jenen Nachbarn so richtig zu zeigen, die ihn als viel zu alt verspottet hatten. Auf den 363 Kilometern gen Luchon legte er ein immenses Tempo vor. Doch dann ereilte ihn ein Sturz, bei dem auch ihm die Gabel seines Rads brach.

Zu allem Unheil war es auch noch mitten in der Nacht. Im schwachen Licht des Mondscheins hatte Fontan ein neues Rad aufzutreiben. Endlich kam er in ein Dorf, ging von Haus zu Haus, hämmerte an die Türen und weckte die überraschten Bewohner. Die blinzelten in der Dunkelheit herum, was denn da wohl vor sich gehe, und waren hochgradig erstaunt, den Führenden der Tour de France auf ihrer Türschwelle vorzufinden. Irgendwer lieh Fontan schließlich ein Rad. Der stieg auf, fuhr in die Nacht hinaus und holte sogar etwas der verlorenen Zeit wieder auf. Aber es war zu spät. Aller Illusionen beraubt, gab Fontan auf.

Unter all dem Pech sticht ein Missgeschick besonders heraus. Es hatte bis zur zwölften Etappe der Tour 1951 gedauert, bis mit Wim van Est erstmals ein Holländer das Gelbe Tikot überstreifen durfte. Ich treffe van Est viele Jahre säter in seinem Haus in St. Willebrord, nahe der belgischen Grenze. Er erzählt mir eher beiläufig, was damals im Sommer 1951 geschah, während er mit einem Auge ein Fußballspiel im Fernsehen verfolgt und in der Hand eine Zigarette hält, deren Rauch er vorgibt, nicht zu inhalieren.

»An diesem Tag«, berichtet van Est, »saß ich in einer Ausreißergruppe mit 13 oder 14 Fahrern. Darunter ein sehr schneller Mann, der Franzose Louis Caput. Ein guter Sprinter. Einen Kilometer vor der Ziellinie griff er an, aber wir konnten ihn wieder stellen. Und dann kamen wir ins Stadion, auf eine alte Aschebahn, auf eine Pferderennbahn, auf ein Geläuf, auf dem ich quasi unschlagbar war. Ich war diese Art von Zielankünften so oft gefahren. Ich gewann und übernahm das Gelbe Trikot.«

Am nächsten Tag jedoch war auf dem Weg von Dax nach Tarbes eine ganze Reihe von Bergen zu erklimmen. Und van Est, nicht gerade als guter Kletterer bekannt, sah der Angelegenheit mit wenig Zuversicht entgegen. Die Fahrer überquerten den Soulor, nahmen die leicht abfallende Straße zum Fuße des Aubisque, und begannen wieder zu klettern.

»*Neun oder zehn Fahrer waren davon gefahren. Wir bissen auf die Zähne, um sie zurückzuholen. In der ersten Kurve der Abfahrt waren lediglich Stan Ockers und Fausto Coppi noch voraus, nur ein paar hundert Meter. Nun, diese erste Biegung war ziemlich nass, noch rutschig vom Schnee. Und dann lag noch all der von den Autos aufgewirbelte Rollsplitt am Rand. Ich geriet mit meinem Vorderrad in einen solchen Haufen hinein und ging über den Lenker.*
Ich fiel den Anhang herunter, zwanzig Meter in die Tiefe. Mittlerweile steht dort eine Leitplanke. Damals gab es nichts, was dich am Absturz hinderte. Ich fiel zwanzig Meter, ich purzelte und purzelte und purzelte. Meine Füße hatten sich aus den Schlaufen der Pedale gelöst, mein Rad war verschwunden. Es gab nur ein einziges flaches Stück im ganzen Abhang, so groß wie die Sitzfläche eines Stuhls. Genau dort landete ich mit meinem Hinterteil. Einen Meter nach rechts, einen Meter nach links, und ich wäre auf harten Fels aufgeschlagen, sechs- oder siebenhundert Meter weiter unten. Meine Fußgelenke waren verletzt, meine Ellbogen kaputt. Ich war überall verschrammt, mein Körper einmal komplett durchgeschüttelt. Ich wusste nicht, wo ich mich denn wohl befand, nur, dass nichts gebrochen war. Ich lag einfach da. Ich konnte sehen, wie die anderen Fahrer vorbeifuhren. Und dann machte ich oben rechts meinen Teamkollegen Gerrit Peeters aus, der auf mich runterschaute. ›Du sahst aus wie eine Butterblume‹, erzählte er mir hinterher, ich in meinem Gelben Trikot.«

Kees Pellenaars, der sportliche Leiter des holländischen Teams, fuhr den Mannschaftswagen an den Rand des Abhangs, und warf van Est ein Seil entgegen. Das aber war viel zu kurz.

»Sie nahmen 40 Schläuche und knoteten sie zusammen, befestigten sie an dem Seil und warfen sie zu mir herunter. Alle Schläuche, die Pellenaars für das gesamte Team hatte. Nach einer Weile hatten sie es geschafft, mich hochzuziehen. Die Schläuche waren allesamt ausgeleiert. Keine Chance, dass sie noch einmal auf einer Felge bleiben würden. Vierzig Schläuche! Ich wollte wieder auf mein Rad steigen und weiterfahren. Einer der Journalisten gab mir ein Fläschchen Cognac. Ich sagte nur: ›Ich will weiterfahren. Ich will weiterfahren.‹ Aber ich konnte nicht. Pellenaars nahm unsere ganze Mannschaft aus dem Rennen. ›Wir kommen im nächsten Jahr wieder‹, sagte er. Das brachte natürlich eine Menge guter Publicity. Als ich nach Hause kam, war die ganze Nachbarschaft da, um mich zu begrüßen.«

Ein Schweizer Uhrenhersteller gab van Est sogar einen Werbevertrag. Das Motiv zeigte ihn arg ramponiert nach seinem Sturz. Und darunter stand der legendäre Spruch: »Mein Herz hörte auf zu schlagen, aber nicht meine Pontiac.«

7

Tour im Zwielicht

Als seien die Berge, die Distanzen, die nächtlichen Starts noch nicht genug: Ein Henri Desgrange war immer kreativ genug, sich einige Zusatzregeln einfallen zu lassen, um den Fahrern den letzten Funken Freude zu rauben. Mitunter schien sein Faible für Gesetzgebung ausgeprägter zu sein als sein Interesse für das Rennen. So konnte etwa Henri Alavoine seine Schwächen am Berg mehr als einmal ausgleichen, indem er über eine geringfügige Ungerechtigkeit einen großen Disput entfachte. Denn er wusste, dass sich Desgrange zu sehr in jedweden Streit vertiefen würde, um noch zu bemerken, dass sich ein zeternder Fahrer Kilometer um Kilometer an seinem Wagen festgeklammerte. Nicht, dass es sich bei Alavoine um einen Drückeberger gehandelt hätte. Auf den letzten zehn Kilometern der Tour des Jahres 1906 schleppte auch er sein Rad auf der Schulter ins Ziel.

Mit Vorliebe sprach Desgrange vom Fahrrad als einem göttlichen Fortbewegungsmittel, von »der unbeschreibbaren und kostbaren Freude, die es den Menschen bringt.« Gleichzeitig stellte er jedoch sicher, dass das Gegenteil der Fall war. Der berühmteste Anfall seiner Reglementierungswut traf die Gebrüder Pélissier, Francis und Henri. Letzterer war eine Art Kasernenhofadvokat. Viel von dem was er vortrug, war gerechtfertigt. Im Endeffekt hätten die Fahrer der Tour nur zwei Rechte: im Sattel zu sitzen und zu schlafen. Henri Pélissier war aber auch ein Großmaul. Nachdem er einmal eine Etappe gewonnen und gleich die nächste als Zweiter beendet hatte, spottete er: »Die anderen sind Ackergäule, ich aber ein Vollblüter.« Das mißfiel den Ackergäulen. Als Pélissier am nächsten Tag eine Reifenpanne erlitt, rauschte das gesamte

Die Tour führte erst dann durch das Hochgebirge, als die Autos genauso robust waren wie die Fahrer. Hier duellieren sich Fontan und Frantz am Tourmalet. Der Fahrer am Straßenrand dürfte ein Zuschauer sein: Er hat keine Trinkflasche. Derweil sieht der Fahrer am Wagen verdächtig danach aus, als würde er sich ziehen lassen.

Feld wie eine Sternschnuppe davon, und ließ den Vollblüter samt Bruder Francis mit einer halben Stunde Rückstand zurück.

Desgrange hatte auch die kleinliche Regel eingeführt, dass Fahrer weder mehr noch weniger ins Ziel bringen dürfen, als sie beim Start mit sich geführt hatten. Einmal halste er Pélissier zwei Strafminuten auf, weil der bei der Tour 1920 einen platten Reifen am Straßenrand zurückgelassen hatte. Henri, der Betriebsrat, verließ die Rundfahrt unter Protest. Anschließend gewann er Rennen um Rennen. Der Tour de France aber blieb er fern.

Desgrange höhnte: »Pélissier kann jedes Rennen gewinnen, mit Ausnahme der Tour.« Und der fühlte sich genauso getroffen, wie Desgrange vermutet hatte. 1923 ging Henri Pélissier wieder an den Start der französischen Landesrundfahrt. Doch weder er noch Desgrange hatten sich in der Zwischenzeit geändert. Ob der kühlen Temperaturen zu Beginn des zweiten Tagesabschnitts der Tour 1924 ging Pélissier mit zwei Trikots auf die Strecke. Eines warf er jedoch unterwegs weg, als es langsam wärmer wurde. Unausweichlich war der Streit zwischen dem Autokraten Desgrange und jenem Mann, den der einen »starrsinnig arroganten Champion« nannte.

Einige Kilometer weiter saß derweil der Journalist Albert Londres, um zu erleben, wie die französischen Favoriten vorbeikamen. Er harrte vergeblich der Gebrüder Pélissier. Stattdessen schrieb er einen Artikel für Le Petit Parisien, der zu den stimmungsreichsten Beiträgen gehört, den die Tourgeschichte je produziert hat – »Les Forçats de la Route«, die Verdammten der Landstraße:

Schon früh morgens sind wir dem Feld vorausgefahren. Wir erreichen Granville, die Kirchturmglocke schlägt sechs Uhr. Einige Fahrer kommen durch. Voller Zuversicht skandieren die Zuschauer: »Henri! ... Francis!« Doch Henri und Francis sind nicht dabei. Wir warten.
Wir sehen, wie die Fahrer der zweiten Kategorie vorbeifahren – die dunklen Gestalten, die Touriste-Routiers, jene mutigen kleinen Kerle, die keiner Werksmannschaft angehören und auf eigene Faust unterwegs

sind, ohne Ersatzreifen, dafür mit viel Feuer im Leib. Doch weder Henri noch Francis tauchen auf.

Gerüchte machen die Runde: »Die Pélissiers haben das Rennen aufgegeben.«

Wir laufen zu unserem Renault und ohne auch nur einen Gedanken an unsere Reifen zu verschwenden, jagen wir zurück Richtung Cherbourg. Die Pélissiers sind durchaus einen Satz Reifen wert.

Wir erreichen Coutances. Eine aufgeregt durcheinander diskutierende Horde Kinder erzählt uns, was passiert ist.

»Habt ihr die Pélissiers gesehen?«

»Gesehen? Ich hätte sie auch anfassen können«, sagt eine der Rotznasen.

»Wisst ihr denn wo sie sind?«

»Die sitzen im Bahnhofscafé. Alle sind sie da.«

Und tatsächlich, alle waren sie gekommen. Nur unter Ellbogeneinsatz können wir uns ins Bistro durchschlagen. Die Menge schweigt. Niemand sagt ein Wort. Alle blicken gebannt in eine Ecke des Raumes. Dort sitzen drei Trikots an einem Tisch vor drei Schüsseln heißer Schokolade. Henri sitzt da. Auch Francis. Und der dritte im Bunde ist niemand anderes als der Zweite: Maurice Vielle, der diesen Platz auf Etappen nach Le Havre und Cherbourg belegt hatte.

»Ist euch was zugestoßen?«

»Nein«, entgegnet Henri. »Es ist nur so: Wir lassen uns nicht mehr behandeln wie Hunde.«

»Was ist passiert?«

»Es geht um die Trikots. Heute Morgen in Cherbourg kam dieser eine Rennkommissar auf mich zu, ohne ein Wort zu sagen, schiebt er einfach mein Trikot hoch. Er wollte prüfen, ob ich nicht zwei Trikots übereinander tragen würde. Was würden Sie denn sagen, wenn ich Ihre Weste zur Seite schiebe, nur um zu sehen, ob Sie auch ein sauberes Hemd darunter anhaben? Solche Manieren schätze ich gar nicht. Das ist alles.«

»Klären Sie mich auf: Was wäre denn passiert, wenn Sie zwei Trikots getragen hätten?«

»Ich hätte auch 15 Stück tragen dürfen. Nur habe ich nicht das Recht, mit zwei Trikots auf die Strecke zu gehen und mit nur einem ins Ziel zu kommen.«
»Warum das?«
»So steht es nun einmal im Reglement. Denn es genügt nicht, dass wir uns im Rennen wie Tiere abrackern. Wir sollen auch frieren oder ersticken. Das alles gehört scheinbar zu diesem Sport. Also wandte ich mich an Desgrange. ›Dann habe ich also nicht das Recht mich auf der Straße meines Trikots zu entledigen?‹, fragte ich. Doch der entgegnete nur: ›Nein, du darfst kein Eigentum der Tour wegwerfen.‹
›Euer Eigentum? Mein Trikot gehört immer noch mir selbst.‹ – ›Ich werde mit dir nicht hier auf der Straße diskutieren.‹ – ›Gut, wenn du das nicht willst, dann lege ich mich halt wieder ins Bett.‹ – ›Lass uns die Sache in Brest klären.‹ – ›In Brest? Da werden wir nicht mehr dabei sein. Denn ich wasche meine Hände in Unschuld.‹ Und so ist es ja auch.
Also bin ich zurück ins Feld gefahren und habe meinem Bruder zugerufen: ›Los Francis, wir packen ein.‹«
»Der Vorschlag kam mir gerade recht«, sagt Francis: »Denn heute Morgen litt ich unter furchtbaren Bauchschmerzen.«
»Und Sie, Ville?«
»Ich?«, antwortet der mit dem Lachen eines riesigen Kleinkindes: »Sie haben mich am Straßenrand aufgesammelt. Meine schmerzenden Knie hinderten mich daran weiterzufahren.«
Die Pélissiers aber haben nicht nur Beine, sondern auch Köpfe. Und in diesen Köpfen, da rumort der Schrei nach Gerechtigkeit.
»Ihr alle habt doch nicht die geringste Ahnung, was wirklich bei der Tour de France passiert«, erzählt Henri. »Es ist ein einziger Leidensweg. Jesus hatte nur 14 Stationen auf seinem Weg zum Kreuz, doch wir haben 15. Wir leiden gotterbärmlich auf der Landstraße. Und? Wollt ihr sehen, was uns am Leben hält? Wartet...«
Er holt eine Ampulle aus seiner Tasche.
»Hier, seht her, das ist Kokain für unsere Augen, und Chloroform für unser Zahnfleisch...«

»Und hier«, sagt Ville, der seine Schultertasche ausleert: »mit dieser Pferdesalbe wärme ich meine Knie.«
»Und Pillen? Wollt Ihr auch unsere Pillen sehen?«
Jeder der drei kramt ebenso viele Schachteln hervor.
»Kurzum«, sagt Francis, »wir funktionieren nur auf Dynamit.«
Und Henri ergänzt: »Habt ihr uns einmal gesehen, wie wir nach der Zielankunft in der Badewanne liegen? Das solltet ihr euch nicht entgehen lassen. Befreit von all dem Schlamm, sind wir so blass wie Leichentücher. Der Durchfall höhlt uns aus. Und nachts in unseren Zimmern, fallen wir dem Veitstanz anheim, anstatt zu schlafen...«
»Schaut euch diese Riemen an. Das ist nichts für die Ewigkeit. Sie reißen ständig.«
»Und denkt daran, was mit unserer Haut passiert.«
»Und mit unseren Fußnägeln«, ergänzt Henri. »Sechs von zehn habe ich verloren. Nach jeder Etappe fehlt wieder ein Stück. Nun gut! Aber wartet erst einmal auf die Pyrenäen. Da beginnt die richtig harte Arbeit. Natürlich werden wir für alles bezahlt. Solange sich eine Strecke nicht ausschließlich von Maultieren bewältigen lässt, sind wir zur Stelle. Wir sind keine Drückeberger. Aber hört in Gottes Namen auf, uns weiter zu drangsalieren. Wir akzeptieren die Qualen, aber wir brauchen keinen zusätzlichen Ärger. Ich heiße Pélissier, nicht Atlas. Wenn ich mit einer Zeitung vor der Brust starte, muss ich sie auch noch tragen, wenn ich ins Ziel komme. Falls nicht, kassiere ich Strafminuten. Um etwas zu trinken zu bekommen, muss ich selbst am Brunnen pumpen. Es wird der Tag kommen, an dem sie uns die Taschen mit Blei voll stopfen, um zu beweisen, dass Gott den Menschen zu leicht erschaffen hat.«

Die Reportage des Albert Londres bot sicherlich eine großartige Momentaufnahme der Dramen, die sich auf der Landstraße abspielten, und des Unmutes, der im Fahrerfeld herrschte. Und doch hat die Sache einen kleinen Haken. Londres war zwar ein viel gefeierter Autor, aber nicht unbedingt ein Kenner des Sports. Er schrieb vor allem des farbenprächtigen Eindrucks wegen, den seine Artikel versprühen sollten.

Als Francis Pélissier später sportlicher Leiter von La Perle wurde, berichtete er über jenen Tag in Coutances: »Londres war ein berühmter Reporter. Nur wusste er nicht allzu viel vom Radsport. Wir haben ihn ein bisschen auf den Arm genommen mit unseren Geschichten vom Kokain und von all den Pillen. Aber auch so war die Tour de France des Jahres 1924 natürlich alles andere als ein Ausflug ins Grüne.« Aber war das nun die Wahrheit oder auch nur die geschönte Erinnerung eines Rebellen, der längst die Seiten gewechselt hatte und Teil des Establishments geworden war?

Drei der insgesamt vier Brüder Pélissier trugen in ihrer Karriere das Gelbe Trikot der Tour de France. Aufgewachsen waren sie im vornehmsten Vorort der französischen Hauptstadt. Regelmäßig sah man Henri, Jean, Francis und Charles auf der Buffalo-Radrennbahn und auf den Trainingsrundkursen im Bois de Boulogne im Pariser Westen. Francis nannten sie ob seiner imposanten Statur *Le Grand*. Später wurde er Manager eines aufstrebenden Achtzehnjährigen, der auf den Namen Jacques Anquetil hörte. Charles, der Dandy der Familie, hieß für alle nur Brummel, nach Beau Brummel. Jean ließ im ersten Weltkrieg sein Leben.

Nie liebten die Pélissiers die Tour de France und all die Malheure, die sie mit sich brachte. Henri gewann die Tour zumindest einmal, 1923, dazu drei Mal die Lombardeirundfahrt und zwei Mal Paris-Roubaix. Francis beendete Bordeaux-Paris zwei Mal siegreich, Charles brachte es dreimal zum französischen Querfeldeinmeister. Mit Henri, unter Anflügen von Geisteskrankheit leidend, nahm es jedoch ein trauriges Ende. Léonie, seine erste Frau, erschoss sich 1933 aus lauter Verzweiflung. Und im Mai 1935 griff dann Camille Tharault, seine zwanzig Jahre jüngere Geliebte, zum selben Revolver, um nun auf Henri zu schießen. Fünf Schüsse streckten ihn in ihrem gemeinsamen Haus in Fourcherolles vor den Toren Paris nieder.

Henri liebte seine Camille abgöttisch, nannte sie zärtlich *Miette*. Es war aber so, dass ausdauernde Streitigkeiten ihre Beziehung prägten. Einmal hatte Henri die Geliebte mit einem Messer bedroht. Und jetzt traf ihn selbst eine der Kugeln zielgenau in die Halsschlagader, sein Blut spritzte wild umher. Im folgenden Gerichtsverfahren plädierte Camille auf Notwehr. Am 26. Mai 1936 wurde sie zu einem Jahr Gefängnis auf Bewährung verurteilt.

Ganz Frankreich war vom Tode Pélissiers schockiert. Denn auch acht Jahre nach seinem Karriereende war Henri noch ein Nationalheld. Der Präsident des französischen Radsportverbands nannte ihn den größten Fahrer aller Zeiten. Und auch heute noch gibt es genug Franzosen, die sich nichts sehnlicher wünschen, als einen neuen Henri Pélissier, der von den Toten aufersteht.

8

Mauscheleien

Selbst wenn die Gebrüder Pélissiers gegenüber Albert Londres mächtig aufgebauscht haben mögen, so gibt es doch keinen Zweifel, dass Doping von Anfang an Teil des Radsports war. Ihr erstes Opfer forderte die Einnahme leistungssteigernder Substanzen bereits im 19. Jahrhundert. Die frühen Sechstagerennen waren eine reine Drogenhölle. Fahrer blieben so lange im Sattel, bis sie kollabierten. Die Trainer beträufelten die Zungen der Fahrer mit Kokain, während sie deren Beine mit Butter massierten. Ein Zuschauer, dem derlei Unglück gänzlich unbekannt war, fragte einmal, warum sich einer der Radfahrer denn in jeder Runde an genau derselben Stelle ducke.

»Der Narr glaubt, dort sei eine Brücke«, lautete die Antwort.

1967 schrieb die belgische Radsportlegende Rik van Steenbergen in einer Brüsseler Tageszeitung: »Manchmal war es so, dass ich direkt nach dem Ende eines Rennens in Paris ins Auto springen musste, in zehn Stunden nach Stuttgart jagte, um dort sofort wieder in den Sattel zu steigen. So etwas passierte jede Woche. Wir konnten nichts dagegen machen. Ein Veranstalter wollte nun einmal diesen und jenen berühmten Fahrer im Programm haben. Für die Stars ließ er dann auch ein hübsches Sümmchen Geld springen. Doch am nächsten Tag wollte ein anderer Veranstalter genau die gleichen Fahrer... Die Spitzenakteure waren quasi verpflichtet, überall frisch an den Start zu gehen. Das aber war ohne Stimulanzien ein Ding der Unmöglichkeit. Niemand konnte das. Niemand wird jemals dazu in der Lage sein. Ganz einfach, weil es keine Übermenschen gibt. Ohne Doping kein Radsport.«

Der Journalist Willem van Wijnendaele berichtete 1954 über einen Verfolger, der »vor seinem Rennen gegen den großen Favoriten in einem entsetzlichen Zustand war... Seine hitzigen Augen lagen tief im Gesicht, ständig versuchte seine Zunge, die trockenen Lippen zu befeuchten – ganz so als sei er durstig, könne aber nichts zu Trinken auftreiben. Das waren eindeutige Anzeichen [Anm.: von Doping mit Amphetaminen], die kein Arzt übersehen konnte. Wir alle wussten, dass er etwas genommen hatte. Ich wies mehrere Kollegen auf den armen Kerl hin. Im Nu war er von Pflegern, Journalisten, Managern umringt, die sich das Schauspiel nicht entgehen lassen wollten. Einer rief in die Runde: ›Steckt euch bloß keine Zigarette an. Es könnte eine Explosion geben!‹«

Tony Hewson, einer der ersten englischsprachigen Fahrer, die nach dem Krieg auf dem Kontinent Karriere machten, erzählte Richard Yates in *On The Wheel*: »Die meisten Fahrer, die ich kannte, nahmen gelegentlich Amphetaminpräparate, die man ohne Rezept in jeder Apotheke bekam. Manchmal wurden diese Pep-Pills dann noch mit Sherry oder starkem Kaffee heruntergespült, um die Wirkung zu steigern.«

Und jener Kees Pellenaars, der van Est mit 40 Schläuchen aus dem Abhang am Aubisque gezogen hatte, berichtet in seiner Autobiografie *Daar was't* über einen Fahrer seiner Mannschaft:

»Ich nahm ihn mit in ein Trainingslager nach Spanien. Dort verwandelte sich der Junge in einen wilden Löwen. Er fuhr, als hätten seine Beine einen Raketenantrieb... Ich ging zu ihm hin, um mich mit ihm zu unterhalten. Er war echt glücklich, so stark zu fahren. Ich könne mich noch auf was gefasst machen, sagte er. Als ich ihn dann fragte, ob er nicht vielleicht ›irgendetwas nehmen‹ würde, sprang er unvermittelt auf einen Stuhl und kramte hinten aus einem Wandschrank eine Plastiktüte voller Tabletten hervor.
Ich merkte, wie mein Herz einen Schlag lang aussetze. Nie im Leben hatte ich so viel Feuerwerk auf einem Haufen gesehen. Gemeinsam mit einem Pfleger und einem anderen Fahrer zählten wir die Pillen. Es

waren fünftausend Stück. Dazu noch Hormonpräparate und Schlaftabletten. Zu seiner eigenen Sicherheit nahm ich ihm die fünftausend kleinen Bomben weg. Die Hormonpräparate und die Schlaftabletten ließ ich ihm da. Kurz darauf schien er zu viele davon auf einmal genommen zu haben. Er schlief mehrere Tage am Stück. Keiner bekam ihn wach. Also brachten wir ihn in ein Krankenhaus, wo sie ihm den Magen auspumpten. Damit nichts mehr schief gehen konnte, haben sie ihn auch noch an sein Bett geschnallt. Doch irgendwie kam er doch an Aufputschmittel und es gelüstete ihn nach einem Spaziergang. Als ihm eine Krankenschwester über den Weg lief, marschierte er gerade über den Flur. Und mit ihm das Bett, das mit Riemen an seinem Rücken befestigt war.«

Der französische Manager Marcel Bidot sagte einmal: »Ich bin sicher, dass Dreiviertel aller Fahrer gedopt sind. Ich stecke gut genug in der Sache drin, um derlei behaupten können. Schließlich sehe ich sie während der Tour jeden Abend auf ihren Zimmern. Nach solchen Besuchen beschleicht mich stets die Angst.« Tourarzt Pierre Dumas sprach von einer »Medizin, die aus dem tiefsten Afrika stammt...Wunderheiler, die Fahrern die Hand auflegen oder lindernde Strahlungen aussenden, die Füße eingetaucht in unglaubliche Mixturen, die Hautausschläge zur Folge haben könnten, vermeintlich magnetisierte Ernährung und alles andere, was man sich nur vorstellen kann.«

Sogar die Fahrer selbst fürchteten sich mitunter. Einige Jahre lang war die Tour überschattet von ihrem kleinen, auch für Amateurfahrer offenen Bruder, der Tour de l'Avenir. Ein französischer Fahrer geriet während dieser Rundfahrt in einen solch desolaten Zustand, dass seine Kollegen ihn zur eigenen Sicherheit vom Rad stießen. Ärzte fanden den armen Kerl vor Wut schäumend am Straßenrand. Sogar sein sportlicher Leiter bestand auf einer Dopingkontrolle, die, welch Wunder, positiv ausfiel. Und der holländische Fahrer Theo Sijthoff erzählte Theo Koonen im Rahmen der Recherchen für *25 Jaar Doping*, wie ihn einmal ein Kollege fragte, ob er »vorbereitet« sei:

»*Ich zeigte ihm mein Rad, ließ ihn meine Reifen prüfen. Zu meiner Überraschung schüttelte er aber nur den Kopf. Er meinte etwas ganz anderes. Er wollte wissen, ob ich etwas genommen hätte.*
›*Wie meinst du das? Genommen?*‹
›*Mein Gott, du Dummkopf*‹, *antwortete er, nahm mich mit in seine Umkleidekabine und öffnete eine Kiste.*
›*Was glaubst du, was das hier ist?*‹, *fragte er. Es sah aus, wie in einer Apotheke. Tabletten, Puder, alles.*
›*Hier*‹, *sagte er.* ›*Stenamine*‹, *stand auf der Packung.*
›*Nimm das.*‹
Ich trank einen Schluck und fand mich schlagartig im Himmel wieder. Ich fühlte, dass ich fliegen könnte. Ich hätte nur meine Flügel ausbreiten müssen, schon wäre ich abgehoben. Ich fuhr fantastisch. Wenn Ärzte heute sagen, dass dieses Zeug nichts bringe, muss ich einfach nur lachen...Die Zuschauer waren völlig aus dem Häuschen, ich bekam einen Vertrag über 15 Rennen.
Stenamine, dass war der richtige Stoff. Als Amateur hatte ich nur davon gehört. Profis aber mussten sich auf diese Weise vorbereiten. Ich kaufte mir eine kleine Kiste und stopfte eine vollständige Apotheke hinein. Methedrin, bester Stoff, Dexedrine, Pervitin, einen noch stärkeren Leckerbissen namens Maxiton.«

Ein anderer Fahrer erinnert sich: »Wer die Fahrer ein paar Stunden vorher gesehen hatte, konnte sie direkt vor einem Rennen nicht mehr wieder erkennen ... Was nehmen wir denn heute? Methidrin? Hurra! Wir spritzten uns das Zeug selbst, ohne auch nur einen Gedanken an Hygiene zu verschwenden. 15 mg in den rechten Oberschenkel, 15 mg in den linken, 10 mg Ephedrin in den Rücken, damit du leichter atmen kannst, und dann noch eine Dosis Solucamphor, um die Muskeln zu lockern. Das war nett. Mit einer Ausnahme: Du konntest nachts nicht mehr schlafen. Stundenlang hast du an die Decke geglotzt, im Hotel oder wenn du zu Hause neben deiner Frau lagst. So ging es zu in der Gilde der Zimmerdeckenanstarrer.«

Das war alles andere als ungewöhnlich. Niederländische Ärzte gaben 1961 zu verstehen, dass »die Daten, die wir gesammelt haben, den Schluss nahe legen, dass es kaum einen Radfahrer (Profi, Amateur, Nachwuchsfahrer) gibt, der kein Doping nimmt.« Die Dinge wurden immer befremdlicher. Tour-Arzt Dumas schwor: »Ich habe Fahrer gesehen, die sabbernd am Straßenrand standen, mit Schaum vor dem Mund. Außer sich vor Wut traten sie wild gestikulierend auf ihre Räder ein. Ein anderer malträtierte seinen Schädel mit einer Flasche Mineralwasser, die man ihm gerade gereicht hatte. Wieder ein anderer schmiss sich gegen eine Absperrung und durchbrach sie... Was soll man von einem Fahrer halten, der auf einer vollkommen geraden, 20 Meter breiten Straße vom Weg abkommt und in eine Absperrung kracht...und das kurz nachdem er aus seiner Trikottasche ein *Petit Bidon* herausgekramt hat?«

Zwei Vorfälle trieben das Problem auf die Spitze. Hauptdarsteller des ersten Vorfalls war Knut Enemark Jensen, Mitglied des dänischen Teams beim 100-Kilometer-Mannschaftszeitfahren bei den Olympischen Spielen von Rom. Der fuhr plötzlich nur noch in Schlangenlinien über die Straße. Seine Autopsie im Krankenhaus Santa Eugenio ergab, dass er Ronicol eingenommen hatte, ein Mittel, das die Venen weitet. Der zweite Vorfall, der den Radsport in Zugzwang brachte, war der Tod des Briten Tom Simpson.

Den Profiradsport der 60er Jahre dominierten Franzosen, Italiener, Belgier. Die Reglements begrenzten die Startplätze für ausländische Fahrer. Es gab kein Team außerhalb Kontinentaleuropas. Vermutlich war der Druck auf die wenigen ausländischen Fahrer deshalb umso größer. Sie mussten stark fahren, um überhaupt einen Startplatz zu ergattern. Der Reiz der leistungssteigernden Stimulanzien war enorm. Zudem hatte Simpson nie bei mehrwöchigen Etappenrennen wirklich überzeugen können. In Eintagesrennen hatte er seinen Mut unter Beweis gestellt. Doch Tom Simpson war zu wenig robust für die langen Rundfahrten.

»Unter der Dusche haben wir ihn immer wegen seiner Hühnerbrust auf die Schippe genommen«, erinnert sich der englische Profi Vin

Denson, ein enger Freund Tom Simpsons und dessen Teamkollege in der fatalen Tour des Jahres 1967.

Nur wenige englischsprachige Fahrer hatten bis dato in der Tour de France überzeugt. Das *Maillot Jaune* war ihnen ein Fremdwort geblieben. Der Ire Shay Elliot hatte es 1963 zwischen Jambes und Roubaix übernommen und drei Tage lang behalten. Bei der Straßenweltmeisterschaft des Vorjahres war er als Zweiter hinter seinem Schwager angekommen, dem Franzosen Jean Stablinski. Und Simpson selbst fuhr 1962 einen Tag lang in Gelb durch die Pyrenäen von Pau nach St.-Gaudens.

Am 13. Juli 1967 machte die Tour de France Station in Marseille. Das auf 120 Fahrer geschrumpfte Feld stand am Hafen, bereitete sich darauf vor, über den Mont Ventoux nach Carpentras zu fahren. Simpson hatte zu der Zeit Ärger mit seinem Sponsor Peugeot. Entsprechend dankbar war er, dass die Tour 1967 nicht von Werkteams, sondern von Nationalmannschaften bestimmt wurde. Simpson konnte nicht auf viel Unterstützung zählen, aber er musste auch nicht um die Führungsposition kämpfen. Eigentlich verfolgte er vor allem ein Ziel: so viel verdienen wie eben möglich, 80.000 Dollar investieren und dann sein Leben als Privatier genießen.

Simpson besaß ein Haus in Belgien, in dem er lebte. Und er war zuversichtlich genug gewesen, noch ein neues Auto zu bestellen, das er jedoch vorerst gemeinsam mit seiner Frau in Gent zurückzuließ. Wenn er mit dem Zug von der Tour nach Hause kommen würde, bliebe ja noch genug Zeit, die Investition auszukosten.

Die Tour kann den Ventoux aus zwei Richtungen erklimmen. 1967 nahm sie den Weg von Bedouin. Das hieß: 16 Kilometer mit einer durchschnittlichen Steigung von zehn Prozent, erst noch durch einen Wald, dann durch das unwirkliche Lavafeld, hinauf zur Sternwarte auf dem Gipfel. Der Mont Ventoux ist einer der schlimmsten Anstiege, den die Tour de France kennt. Laut Alan Gayfer »gab es keinen Zweifel, dass Tom Simpson Angst vor dem Ventoux hatte. Schließlich hatten alle Angst vor dem Ventoux. Selbst ein Eddy Merckx. Alle wissen, wie schwer dieser Berg zu fahren ist. Also schicken sie die Fahrer hinüber.«

»Hallo mein Freund, ich habe mich für Peugeot entschieden«, schrieb Tom Simpson auf seine Autogrammkarte: »Mach es mir nach.« 1967 starb Simpson am Mont Ventoux. Nach seinem Tod fand man Amphetamine in seinem Körper und in den Taschen seines Trikots. Das war der Anfang vom Ende und der Beginn einer neuen Ära der Tour.

Es ist nicht so, dass der Mont Ventoux mit seinen 1.900 Metern besonders hoch wäre. Aber der Anstieg beginnt beinahe auf Meeresniveau, die Temperaturen steigen quasi mit jedem Höhenmeter, er gibt den Fahrern kaum eine Chance, sich zu erholen. Der Schweizer Ferdi Kübler – den Simpson wegen einer Nase, die so großzügig dimensioniert war wie die eigene, nur »*Uncle Ferdy*« nannte – plante bei der Tour 1955 einen Angriff am Ventoux. Der Franzose Raphaël Géminiani warnte ihn: »Das ist kein Berg wie jeder andere.« Doch Kübler, dem das Französische nicht immer leicht von der Zunge ging, antwortete nur: »*Ferdy aussi coureur pas comme les autres. Ferdy grand champion gagner à Avignon*«: Ferdy kein Fahrer wie die anderen. Großer Meister Ferdy gewinnt in Avignon. Also attackierte er neuneinhalb Kilometer vor dem Gipfel. Nur Louison Bobet und Géminiani selbst konnten folgen. Doch schnell geriet Kübler in einen deliriumartigen Zustand, quälte sich in Schlangenlinien den Berg hinauf, stürzte noch mehrfach auf der Abfahrt und stieg am nächsten Tag aus dem Rennen aus.

1967 soll die Hitze am Ventoux so groß gewesen sein, dass das Thermometer im Châlet Reynard zersprungen sei – dem Café von Bernard Bebière und Roger Viau, das sechs Kilometer vor dem Gipfel den Beginn der Mondlandschaft ankündigt. Der Asphalt rann in kleinen Bächen talwärts. Simpson kam als einer der ersten aus dem Schatten des Waldes heraus, das Observatorium auf dem Gipfel jetzt in Sichtweite. Doch plötzlich schwächelte Simpson, musste fünf Fahrer passieren lassen. Anderthalb Kilometer kämpfte er sich hinauf durch die graue Ödnis. Sein Teamkollege Colin Lewis erzählte mir: »Niemand, der an diesem Tag nicht auf dem Mont Ventoux war, kann sich vorstellen, wie heiß es war.«

Dann begann Simpson, »wie ein Amateur zu fahren«, wie sein Mechaniker es ausdrückte. Sein Weg führte im Zickzack immer wieder vom steinernen Schutt am rechten Straßenrand hinüber zum tiefen Abgrund, der sich auf der Linken auftat, und wieder zurück. Dann stürzte Simpson auf seine rechte Schulter, dort wo sich der kleine Union Jack befand, der ihn als Mitglied des britischen Teams auswies. Harry Hall, heute Besitzer eines Fahrradladens in Manchester, damals einer der Mechaniker der Mannschaft, befreite seine Füße aus den Pedalriemen und sagte ihm, es sei genug. Doch Simpson, immer noch bei Bewusstsein, entgegnete nur: »Setzt mich aufs Rad, setzt mich aufs Rad. Ich will weiterfahren. Setzt mich aufs Rad, schiebt mich an.« Hall und Alec Taylor, der englisch-belgische Teammanager, taten wie ihnen befohlen und schoben Simpson den Berg hinauf – Hall im verzweifelten Versuch, die Pedalriemen wieder anzuziehen. Taylor sagte später, er habe nur Angst gehabt, dass Simpson vielleicht auf der Abfahrt zu große Risiken in Kauf nehmen würde, um seinen Rückstand wieder aufzuholen.

»Um Himmels Willen, konzentrier dich«, schrie er Simpson nach. Der schaffte weitere 300 Meter. Ein UPI-Fotograf übermittelte derweil bereits ein Foto mit der Bildunterschrift, Simpson sei gestorben. Später befragt, wie man derlei von einem Mann behaupten könne, der noch auf seinem Rad saß, gab er zu verstehen: »Ich sah es, als ich vorbeikam: Der Tod stand ihm ins Gesicht geschrieben.«

Simpson fand noch einmal seinen Rhythmus wieder, doch anderthalb Kilometer vor dem Gipfel verfiel er erneut in Schlangenlinien. Er brach zusammen, seine Füße an die Pedale gefesselt. Simpson war sofort tot, weder die Mund-zu-Mund-Beatmung von Mechaniker Hall, noch der Sauerstoff von Tourarzt Dumas halfen. Ein Helikopter flog Simpson zu einem Hospital ins nahe gelegene Avignon. Dort fand man drei Röhrchen in seinen Trikottaschen. Zwei waren leer. In der dritten befanden sich Stenamine und Tondrone – Amphetamine. Noch mehr solcher Substanzen fanden sich am Abend in seinem Gepäck. Darüber hinaus ergab die anschließende Untersuchung des Vorfalls, dass Simpson Alkohol getrunken hatte.

Hewson hatte ja vom besonderen Effekt berichtet, wenn man Amphetamine mit Sherry mische. Und Raymond Poulidor erinnert sich, dass Simpson am Fuße des Mont Ventoux gemeinsam mit dem Franzosen Jean-Pierre Genet in einer Bar eingekehrt sei. Die Untersuchungskommission kam zu dem Urteil, dass Tom Simpson durch eine unerträgliche Kombination aus Erschöpfung und Hitze gestorben sei und

Eine der meist besuchtesten Pilgerstätten der Radsportwelt: der Gedenkstein für Tom Simpson am Mont Ventoux. Profis und Hobbyfahrer aus aller Herren Länder bekreuzigen sich, wenn sie die Stelle passieren. Viele legen Blumen ab oder hinterlassen Teile ihrer Ausrüstung – seien es Trinkflaschen oder Ritzel.

die Höhe sowie die Einnahme von Drogen die Belastung seines Körpers noch verstärkt hätten. Simpson, so der medizinische Bericht, habe genug eingenommen, »um die Grenzen seiner Ausdauer zu überschreiten und so einer exzessiven Erschöpfung zum Opfer zu fallen.« Tour-Organisator Jacques Goddet ergänzte: »Wir haben uns oft gefragt, ob er irgendeinen Fehler in seiner Vorbereitung gemacht hat.«

Viele Jahre später sagte Raymond Poulidor mit Blick auf die Herzschwäche Simpsons und auf den Dopingaspekt seines Todesfalls: »Erst als Simpson starb, kam die Sache ins Laufen. Aber jetzt, im Jahr 1999, wäre Simpson nicht mehr gestorben. Denn man hätte ihm erst gar nicht erlaubt, an den Start zu gehen. Damals schaute man vorher kurz beim Arzt vorbei, der fragte dich, ob du gesund seiest. Man musste nur ja sagen, in einen Apparat pusten und schon war man wieder draußen und tauglich geschrieben.«

Ein Fahrer erzählte mir: »Wir hatten damals einfach keine Ahnung. Wir wussten einfach nicht, was wir einnahmen und dass es sich dabei um Dopingmittel gehandelt hat.«

Das klang nicht gerade glaubwürdig.

»Nein, ernsthaft«, beharrte er.

»Also hast du nie in einen Blick in die Zeitung geworfen?«

»Doch, natürlich.«

»Aber du hast nie bemerkt, wie viel Aufhebens um nationale Gesetzgebungen gemacht wurde, die dem Doping im Radsport und in anderen Sportarten Einhalt gebieten sollten?«

Auf eine Antwort wartete ich vergeblich. Dabei waren Dopingtests bei der Tour de France bereits seit 1965 vorgeschrieben. Frankreich hatte sein erstes Anti-Doping-Gesetz im November 1964 verabschiedet. Es konnte nicht sein, dass gerade die Fahrer dieses Thema einfach verschlafen hatten. Es war ihr Job, sich mit diesen Dingen auszukennen. Der frühere Profi Erwann Menthéour erzählte 1999 in seinem Buch *Secret Défonce*, dass die Fahrer ihre Abende damit verbringen, über genau zwei Dinge zu reden: Mädchen und Doping. Kaum vorstellbar, dass es dreißig Jahre vorher sonderlich anders aussah. Die Anti-Doping-Gesetzgebung war im

Feld zumindest so gut bekannt, dass einige Fahrer, insbesondere Jacques Anquetil, vehement gegen deren vermeintliche »Unfairness« zu Felde zogen. Anquetil argumentierte, dass Radsportler genau das gleiche Recht haben sollten, ihre Leiden zu mildern, wie ein Lehrer mit Kopfschmerzen.

Der niederländische Journalist Jean Nelissen, der sich Jahrzehnte lang mit der Doping-Problematik beschäftigt hat, betonte: »In diesem Geschäft war es ein Allgemeinplatz, dass die großen Champions genau wussten, was sie taten. In den Etappen gegen Ende einer Rundfahrt nahmen sie 10 bis 15 mg von Präparaten wie Tonderin, Maxetonforte oder Pervitin. Das waren relativ bescheidene Dosen. Denn jeder wusste, dass größere Mengen weitaus länger brauchten, um sich abzubauen. Und warum sollte jemand das Risiko eingehen, während einer Tour de France eine zu hohe Dosis einzunehmen und sich so um den Schlaf zu bringen? Das war stets ein wichtiger Faktor, der dem exzessiven Einsatz von Amphetaminen Einhalt gebot.«

Pierre Chany hingegen berichtete darüber, wie sich Jacques Anquetil und der italienische Verfolger und Straßenfahrer Ercole Baldini vor dem Zeitfahrwettbewerb Grand Prix de Forli trafen:

»Sie waren die beiden Favoriten. Und sie hatte eine Menge Bewunderung füreinander übrig. An diesem Abend jedenfalls dinnierten sie zusammen mit mir und ein paar weiteren engen Freunden. Ich weiß nicht mehr, wer es gesagt hat, aber einer der beiden wandte sich zum anderen und meinte: ›Weißt du was? Wir beide wissen, dass wir die Favoriten sind, dass einer von uns beiden das Rennen gewinnen wird. Lassen wir diesmal doch einfach die Mühe mit l'amphet sein. Lass uns morgen einfach nur mit Mineralwasser fahren. Nur um es einmal zu testen.‹
Der andere stimmte zu, die beiden gingen zu Bett. Am nächsten Tag bewiesen sie dann, dass sie Männer sind, die zu ihrem Wort stehen. Sie fuhren nur mit Mineralwasser. Natürlich schafften sie es auch so, die beiden ersten Plätze zu belegen. Aber sie litten wie zwei Verdammte, um überhaupt eine Durchschnittsgeschwindigkeit zu erreichen, die immer

noch anderthalb Stundenkilometer langsamer war, als das Tempo, das sie normalerweise gefahren wären. ›Nie wieder!‹, sagten mir beide, als sie vom Rad stiegen.«

Außergewöhnlicher noch mutet jedoch jene Geschichte an, die sich am 28. Juli 1950 zutrug – in einem Sommer, der so heiß war, dass das Fahrerfeld die Rennleitung dadurch in Rage brachte, dass es zur Abkühlung ein gemeinsames Bad im Meer nahm. Die Tour de France befand sich auf dem Weg von Perpignan nach Nîmes. Die Hitze war unerträglich für all die Europäer, die das Gros des Pelotons ausmachten. Nicht aber für zwei Nordafrikaner, die dem Rennen bisher nicht im Geringsten ihren Stempel hatten aufdrücken können und deren Bestimmung es eigentlich sein sollte, dass man nie wieder etwas von ihnen hören würde. 200 Kilometer vor dem Ziel machten sich Mercel Molines und Abdel-Khader Zaaf auf und davon. 20 Minuten hatten sie rasch auf das große Feld herausgefahren – genug, damit Zaaf sich virtuell bereits das Gelbe Trikot hätte überstülpen können. Plötzlich aber, als nur noch 19 Kilometer zurückzulegen waren, kam der nur noch in Schlangenlinien voran. Ein Rennkommissar stoppte seine Fahrt. Zaaf probierte, wieder in den Sattel zu steigen, nur um jetzt noch dramatischer zu schwanken als zuvor. Also legte er sich irgendwann einfach unter einen Baum am Straßenrand und schlief ein. Molines fuhr derweil weiter und gewann die Etappe in Nîmes.

Als Zaaf unter seinem Baum wieder zu sich kam, starrte er von Panik getrieben die Zuschauermenge an, stieg wieder auf sein Rad und fuhr weiter – allerdings in die falsche Richtung. Betrachter der Szenerie riefen gleich einen Krankenwagen. Die Legende will, dass der arme Kerl mittels Rotwein wiederbelebt worden sei. Den aber hatte Zaaf als Muslim in seinem ganzen Leben nicht angerührt. Weniger nachsichtige Berichte sprechen von Doping, von Hitze, von Dehydrierung und schlichtweg von Verwirrtheit. Die Sache mit dem Rotwein mag eine nette Geschichte sein, aber es ist kaum anzunehmen, dass Zaaf eine lebenslange religiöse Überzeugung einfach über Bord geworfen hat – und dann auch noch gleich soweit, dass ihn diese Sünde betrunken gemacht hätte. Jedenfalls war Zaaf zutiefst bestürzt und fragte die Rennleitung, ob er die fehlenden 19 Kilometer vor der nächsten Etappe nachholen dürfe. Die Offiziellen lehnten ab.

Der Vorfall hatte trotzdem sein Gutes: Er machte Zaaf über Nacht prominent. Sein Startgeld stieg schlagartig von 200 auf 2.000 Francs. Doch dann verschwand er urplötzlich wieder von der Bildfläche. Zaaf war nur noch eine weitere Tourlegende, der Akteur einer unbeantworteten »Was macht eigentlich heute...?«-Geschichte. Doch dann schleppte sich am 27. Januar 1982 ein älterer Herr beschwerlich durch einen Pariser Bahnhof. Ein Radsport-Fan erkannte den alten Knaben sogleich, und der Fortgang jenes Märchens um Abdel-Khader Zaaf kam doch ans Tageslicht. Eines Nachts in den 50er Jahren nämlich hatte ein Soldat an die Tür von Zaafs Haus in Algerien geklopft und dessen Ausweispapiere verlangt. Der aber entgegnete nur, er sei gerade aus Frankreich zurück und jetzt viel zu müde, um mit auf die Polizeiwache zu kommen. Als Zaaf sich gerade anschickte, die Tür wieder zu schließen, schoss ihm der Soldat ins Bein.

Ohne dass irgendwer nach ihm gesehen hatte, verbrachte Zaaf den Rest der Nacht in einem Krankenhaus. Am nächsten Morgen wurde er dann für zwei Jahre ohne Bewährung ins Gefängnis von Baroughia gesteckt. Denn man verdächtigte ihn des Schmuggels zwischen Algerien und Frankreich. Er verlor seine gesamte Habe bis auf etwas Geld, das er versteckt hatte. In der Haft hatte sich Zaaf eine Zuckerkrankheit einfangen, die nach und nach sein Augenlicht zerstören sollte. Jetzt war er nach Frankreich gereist, um sich operieren zu lassen.

Nun plagt die *Grande Nation* noch heute ein nicht unbedingt reines Gewissen wegen des Algerienkrieges, der in der Auseinandersetzung um die schwierige Frage der Unabhängigkeit bei wechselseitigen Gräueltaten Tausende von Opfern beider Nationen gefordert hatte. Erneut erwärmte sich das Land also für jenen seltsamen Afrikaner, der einmal in die falsche Richtung gefahren war. Die Menschen schicktem ihm zahllose Telegramme, auch Blumen und Geschenke. Vier Jahre später starb Zaaf dann daheim in Algerien, als Held der wohl schwärzesten Komödie der Tourgeschichte.

9

Mannschaften und Maultiere

Bei der ersten Tour de France von 1903 spielte Taktik noch keine Rolle. Man konnte am Straßenrand stehen, sich ansehen, wie ein Fahrer vorbeikam, um sich dann erst einmal eine Mahlzeit zu kochen, bis dann endlich der nächste auftauchte. Einzelne Teilnehmer mögen zwar bereits eigene Sponsoren gehabt haben, aber Mannschaften – als Kollektive von Fahrern mit demselben Geldgeber – gingen erst im folgenden Jahr an den Start. Die ersten waren La Française mit Maurice Garin, dessen Bruder César und Lucien Pothier, dem zweiten der Premieren-Tour, und Peugeot mit Aucouturier an der Spitze.

Diese *Groupé*-Fahrer hatten Sponsoren und hielten sich vom Rest der Bande fern. Denn darauf bestand das Reglement. Mitglieder der Teams durften nicht mit den auf sich gestellten *Isolés* fahren. Desgrange versuchte gar zu unterbinden, dass sie miteinander in Kontakt traten oder in denselben Zimmern übernachteten. Doch auch wenn die Abstände schmolzen und die Teilnehmer häufiger in kleinen Gruppen unterwegs waren, glich die Tour de France vorerst weiter einem Langstreckenlauf: Der Beste stellte alle anderen Konkurrenten auf die Probe, ob sie denn wohl Schritt halten konnten.

Die Erfindung der Kettenschaltung machte das Rennen schneller. Und je höher das Tempo wurde, desto wichtiger wurde es, in Gruppen zu fahren und am Rad des Vordermanns zu kleben. Die Mannschaften beschäftigten Stars und dann andere, die in deren Dienst standen und ihnen buchstäblich ihre Körper liehen. Zwei Stars in einer Mannschaft konnten schon zu viel sein. Aber mit der Zeit erlaubten es sich die Teams durchaus, zusätzlich noch einen Kletterer und ein Sprintspezialisten zu beschäftigen – ohne dass diese jedoch die Führungsrolle des Mannschaftskapitäns in Frage stellten. Ein Cartoon in Cycling brachte diese Rollenverteilung einmal auf den Punkt: Der selbstverliebte Star betrachtet sich selbst im Spiegel, sein Trikot trägt die Aufschrift »*Le perfect fit*«, ein weiterer Pfeil zeigt auf »*Les legs bronze*«. Ein Fahrer mit schmaler Stirn und den Armen eines Gorillas heißt »*Le tough-guy sprinter*«, ein spindeldürrer Kerl »*Le eagle*«, nach Federico Bahamontes, dem Adler von Toledo. Und dann stand da noch ein Haufen deprimierter, muskulöser Mitläufer mit stupidem Gesichtsausdruck und dem Etikett »*Les Domestiques*«.

Viele waren dennoch geradezu entzückt, wenn sie nur als Domestiken mittun durften – wenn sie denn überhaupt eine Rolle spielen durften. Auch sie hatten im Laufe ihrer Karriere den ein oder anderen Tag, an dem sie ihr Rennen gewinnen konnten. Zwar verdienten sie nicht viel, aber die Guten unter den Domestiken konnten sich ihres Lebensunterhaltes sicher sein: Ihr Kapitän nahm sie mit von Team zu Team. Henri Desgrange, der den Begriff des Domestiken geprägt hat, meinte ihn eigentlich als Beleidigung. Sein Zorn hatte Maurice Brocco aus Paris getroffen, weil der seine Dienste an andere Fahrer verkauft hatte. »Er ist des Rennens unwert«, fluchte Desgrange: »Er ist ein Domestike«, ein Sklave. Das wollte Brocco nicht auf sich sitzen lassen. Am nächsten Tag gewann er die Etappe mit 21 Minuten Vorsprung auf Garrigou. Er hatte gehofft, jetzt würde er bei Henri Desgrange wieder einen Stein im Brett haben. Das Gegenteil war der Fall. Desgrange sah Broccos Sieg nur im Vergleich zu dessen anderen Ergebnissen. Also kam er zu dem Schluss, Brocco habe seine Hilfe ganz sicher an anderen Tagen verkauft. »Er verdient seine Strafe«, schrieb Desgrange: »Umgehende Disqualifikation.«

Einmal als ich von der holländischen Grenze in Richtung Oostende fuhr, pausierte ich in einer Bar zwischen Gent und Brügge. An der Wand fiel mir ein Bild auf, das einen Mann in einem beschrifteten Trikot zeigte. »*Bent u dat?*«, fragte ich den Mann hinter dem Tresen: »Sind Sie das?« »*Ja, lang geleden, meneer, zeke*r«, gab er zur Antwort: »Ja, sicher, vor langer Zeit«. Er lachte und erzählte, überall in Belgien würde es Kneipen wie die seine geben. »Heutzutage scheint das nichts Ungewöhnliches zu sein. Mit ein paar Tausend Francs kann jeder seine eigene Bar aufmachen. Aber in den 50er Jahren da war man noch jemand, wenn man ein Unternehmen hatte, egal welches. Ich hätte wohl auf dem Acker schuften müssen, wäre ich nicht ein *Renner* geworden. Das war unsere Motivation. Du bekamst deinen Anteil an den Preisgeldern, du bekamst dein Gehalt und vielleicht hattest du das Glück, einmal ein kleines Rennen zu gewinnen oder gar eine Etappe bei der Tour de France. Wenn dir das gelang, hattest du einen Namen. Dann konntest du einiges fordern, viel mehr als zuvor, und in Belgien warst du ein ein kleiner Star. Alle Fahrer träumten davon, ihre Touretappe zu gewinnen. Mit einem solchen Sieg kletterte man die soziale Leiter herauf, man konnte sich eine Kneipe oder eine Werkstatt leisten. Für mich hat sich dieser Traum nie erfüllt.«

Überzogene Ambitionen waren den Fahrern fremd, selbst den Gewinnern der Tour de France. Jean Robic, der Sieger von 1947, hatte eine Bar nahe des Bahnhofs Gare Montparnasse in Paris. Der belgische Weltmeister Stan Ockers betrieb eine in der Gemeentestraat in Antwerpen. All seine Pokale waren hinter dem Tresen aufgereiht, die Fotos an der Wand zeigten Ockers gemeinsam mit Rik van Steenbergen nach einem Sechstagerennen sowie Impressionen vom Eintagesklassiker Flèche Wallone und von der Weltmeisterschaft 1955

Der Brite Vin Denson – ebenfalls Barbesitzer in Gent – fuhr in der Rolle des Maultieres für den Belgier Rik van Looy. Er erinnert sich: »Als Mannschaftshelfer machtest du, was immer er wollte. Dazu gehörte beispielsweise, dass du ihm ein Bier holtest, nach dem es ihn in der Mitte des Rennens stets gelüstete. Domestiken waren dazu degradiert, Kilometer lange Aufholjagden zu bestreiten, nur damit der Mann sein Stella zu trinken bekam.« Den Durst des Imperators lernte Vin Denson kennen, als van Looy einmal während eines Rennens rief: »Denson...Café! Café!«. Der tat wie ihm befohlen, sprang beim nächsten Café vom Rad, füllte seine Flasche und hetzte dem entschwundenen Feld hinterher. Als er sich ins Peloton zurückgekämpft hatte, reichte er van Looy die

Trinkflasche. Der Belgier fühlte eine ungewöhnliche Wärme, roch kurz am Deckel, zog dann eine verächtliche Grimasse und kippte den Inhalt unvermittelt wieder auf die Straße. Denson, damals noch ohne Erfahrung als Kneipier, lernte an diesem Tag, dass sie in Frankreich ihren Café nicht nur trinken, sondern auch ihre Bars so nennen.

Ich habe keine Ahnung, ob er van Looys Kaffee auch brav bezahlt hat. Vermutlich nicht. Schließlich gab es die Tradition, an Kneipen einen Halt einzulegen, um dann die Regale und den Kühlschrank zu plündern. Der Legende nach waren die Besitzer solcher Läden hoch erfreut, dass die Stars des Radsports für einen Raubzug vorbeischauten. Üblicherweise wurden sie jedoch von den Namenlosen im Peloton beklaut. Es gibt Fotos, die zeigen, wie diverse *Patrons* mit einem Lächeln der Plünderung ihrer Läden zusehen. Und dazu hatten sie auch guten Grund: Denn schon am nächsten Tag würden sie eine Rechnung an die Tourdirektion schicken. Und die wird mitunter mit Überraschung festgestellt haben, wie viel Bier sich selbst im kleinsten Café entwenden lässt.

Das System der Mannschaften setzte jäh dem bravourösen Individualismus ein Ende, den die Tour de France in ihren Anfangsjahren hervorgebracht hatte. Ein gewisser Baron Pepin de Gontond aus Toulouse verpflichtete beispielsweise 1911 die beiden Fahrer Jean Dargassies und Henri Gauban als seine persönlichen Schrittmacher. Die kleine Mannschaft kam jedoch nur in recht gediegenem Tempo voran. Die Nächte aber verbrachte das Trio in teuren Hotels. Nach vier Tagen entschied der Baron, dass es eine nette, wenn auch ziemlich ermüdende Zeit bei der Tour gewesen sei. Er hätte ein Einsehen: Die Zeitnehmer müssten nicht länger auf ihn warten. Denn auf einer Etappe war er einen halben Tag nach dem Sieger im Ziel angekommen. Also begab sich die kleine Gesellschaft nun zum Bahnhof, und der Baron steckte den Dreien (einen weiteren Helfer hatten sie unterwegs erschöpft am Straßenrand aufgelesen) mehr Geld zu, als diese für einen erfolgreichen Abschluss des Abenteuers Tour de France bekommen hätten. Dann trennten sich die Wege.

Es gab weitere schillernde Persönlichkeiten. Marcel Dozol hatte die Gewohnheit, überall Fotos von sich zu verteilen. Ali Neffati, ein Tunesier von gerade einmal 18 Jahren, ging 1913 an den Start, nachdem er sich erst am Nachmittag des Vortags ein Fahrrad zugelegt hatte. Zur Freude der Reporter und Fotografen war Neffati dann mit einem roten Turban unterwegs und beklagte sich bitterlich über die Kälte, während die gesamte Konkurrenz furchtbar schwitzte. Desgrange gab dem Jungen später einen Job bei L'Auto. Dort soll Neffati auch in den 50er Jahren noch gearbeitet haben, als aus der Zeitung die heutige L'Équipe geworden war.

Die britische Zeitung Daily Star sandte einmal einen Reporter ab, um »sich der Tour anzuschließen und zu berichten, wie es dort zugeht«. Und das war einst tatsächlich möglich. *Touriste-Routiers* – die dunklen Gestalten, die Albert Londres erwähnt hatte – konnten von 1909 bis 1938 an den Start gehen, wenn sie ihr Abenteuer auf eigene Faust organisierten. Nachts schliefen sie im Freien, wenn es keine Hotels und keine mitfühlenden Dorfbewohner gab, die sie aufnahmen. Ihre Koffer schickten sie mit dem Zug voraus. Und manche dieser Einzelkämpfer brachten durchaus erstaunliche Leistungen zustande. Der Italiener Mario Vicini beendete die Tour des Jahres 1937 als Zweiter, 7 Minuten und 17 Sekunden hinter dem Sieger Roger Lapébie. Im folgenden Jahr wurde er noch einmal Sechster. Und Ambrogio Morelli gelang es 1935, die Etappen nach Pau und Caen zu gewinnen. Im Gesamtklassement wurde auch er Zweiter, 17 Minuten und 52 Sekunden hinter dem Belgier Romain Maes. Die *Touriste-Routiers* waren einfach harte Kerle, die eine Mühsal für eine andere Plackerei eintauschten. Sie hätten auch zehn Stunden am Tag in einer Fabrik arbeiten können und noch länger in der Landwirtschaft. Oder sie konnten auf einem Fahrrad schuften – in der Hoffnung, in einem Sommer das Gehalt von zehn Jahren einzustreichen. Die *Touriste-Routiers* entschieden sich für die Arbeit im Sattel.

Die Fahrer folgten Trainingsplänen, die damals als hochwissenschaftlich galten, um sich dann im Laufe der Zeit als kompletter Nonsens zu entpuppen. Manch einer wartete mit charmanten

Kostümen auf, und trug etwa unter seiner Mütze ein großes Blatt eines Kohlkopfes, um den eigenen vor der Sonne zu schützen. Andere saßen den ganzen Tag auf einem Steak, das sie auf den Sattel gelegt hatten, um den Schmerz von Furunkeln an ihren Hintern zu lindern. Und zwischen November und Januar rührte keiner sein Rennrad auch nur an. Denn es galt als ausgemachte Sache, dass jeder Körper kollabieren müsse, der zwölf Monte im Jahr Rad zu fahren habe. Dann trainierten sie mit um die Taille gewickelten Handtüchern, damit sich das überschüssige Fett verflüssige. Ein Fahrer erinnerte sich einmal an eine Trainingsausfahrt, bei der er auf einem Rad mit starrer Nabe, also ohne variable Übersetzung, so lange in die Pedale trat, bis 370 Kilometer bewältigt waren: »Die letzten 50 Kilometer fuhr man quasi wie unter Narkose. Aber weil es halt die großen Fahrer auch so gemacht haben, wagte keiner, nach dem Warum des Ganzen zu fragen.«

Es gab weitere, selbst auferlegte Leiden: Trinke niemals während eines Rennens, lautete eine der eisernen Regeln. Wer gewinnen wollte, der sollte sein Wasser doch besser einem Rivalen reichen. An den Flaschen, die in Käfigen aus Draht am Lenker hingen, galt es höchstens einmal zu nippen. Erst am Ziel standen dann große Fässer voller Wasser, auf die sich die Fahrer direkt nach der Ankunft gierig stürzten. So verwundert es kaum, dass einige der größten Qualen die Folge von Dehydrierung waren. Die Fahrer waren sich des Problems bewusst, aber sie nahmen es einfach als Teil eines Sports hin, der nur den härtesten Männern Erfolg versprach. Marcel Kint, der Weltmeister von 1938, soll bewusst auf den nassen Straßen Flanderns trainiert und dabei gesalzenen Fisch verzehrt haben, um sich für den Durst zu wappnen, der ihn im Süden Frankreichs erwarten würde. Die Zeiten haben sich gewandelt. Doch es bleibt zu vermuten, dass auch Berichte über die hochwissenschaftliche Trainingsmethodik, mit der sich die Fahrer heute auf die Tour vorbereiten, schon in 50 Jahren als skurrile Geschichten von verschrobenen Macken gelten, deren Wahrheitsgehalt so mancher bezweifeln wird.

10

Gelbe Gefahr

Einige Riten hielten schon früh Einzug in die Tour. Es dauerte nur drei Jahre, dann hing kurz vor jedem Ziel die *Flambe Rouge*, jener rote, dreieckige Lappen, der den letzten Kilometer einer Etappe markiert. Aber es bedurfte immerhin 16 Jahre des Wartens, bis sich die Tour 1919 jenes Symbol aneignete, für das sie heute überall auf der Welt bekannt ist.

Bis dahin war es für Journalisten und Rennleitung nicht immer leicht gewesen, den Spitzenreiter im Fahrerfeld auszumachen. Auch für die Leser von L'Auto war ihr Held zumeist nur als eine weitere staubige Gestalt zu erkennen, die sich auf der Landstraße krumm machte. Etwas Neues musste her. Am Ruhetag nach der zehnten Etappe hatte jemand den zündenden Einfall: Der Erste im Klassement könnte ja ein Gelbes Trikot tragen. Die Legende will, dass die Idee aus Reihen der Journalisten und der Rennleitung kam. Angesichts der Tatsache, dass ein Henri Desgrange selbst nur selten mit Novitäten aufwartete, klingt das durchaus glaubwürdig. Es heißt, Desgrange habe die Farbe Gelb gewählt, weil L'Auto auf ebensolchem Papier gedruckt wurde. Eine andere Version der Geschichte lautet hingegen, er sei einfach in einen Fahrradladen marschiert, in dem gerade nur gelbe Trikots in ausreichender Stückzahl vorrätig waren. Doch das ist eher unwahrscheinlich. Es sei denn, die Tour wäre in jenen weniger auf Hygiene bedachten Tagen tatsächlich dermaßen genügsam gewesen, trotz all des Drecks und all der Tränen mit einem einzigen Trikot über die Runden zu kommen. Selbst heute aber dürfte kaum ein Radsportgeschäft so viele Trikots derselben Farbe auf Lager haben, um den Bedürfnissen eines großen Etappenrennens zu genügen.

Wahrscheinlicher klingt die dritte Version der Geschichte. Demnach hat Desgrange, von der Idee eines Führungstrikots gleich fasziniert, umgehend einen Hersteller in Paris mit der Produktion beauftragt. Der Fabrikchef entgegnete, er könnte die Trikots durchaus so schnell liefern wie gewünscht. Dann aber müsste sich Desgrange mit Gelb anfreunden. Die Farbe sei zwar nicht gerade angesagt, aber jetzt, nur ein paar Monate nachdem in Europa wieder die Waffen schwiegen, wäre nun einmal nur gelber Stoff in der erforderlichen Menge aufzutreiben.

Wie sich die nette Geschichte auch wirklich zugetragen haben mag, als Erster durfte das Gelbe Trikot angeblich ein alter Bekannter überstreifen. Eugène Christophe, der alte Gallier, trug das vermeintlich allererste *Maillot Jaune*, als er sich am 18. Juli 1919 mit dem ausgedünnten Fahrerfeld auf den Weg von Grenoble nach Genua machte. Aber kann man sich wirklich sicher sein, dass Christophe damit eine Premierenvorstellung gegeben hatte?

Zwischen den beiden Weltkriegen hatte nämlich eine gut laufende Spedition ihren Sitz an einer Hauptstraße der belgischen Hauptstadt Brüssel. Besitzer des Transportunternehmens war Philippe Thys, ein bedächtiger Herr, dem jegliche Angeberei fern lag. Dabei hätte er Anlass genug gehabt, zu prahlen. Denn Thys war dreifacher Toursieger, hatte die Rundfahrt 1913, 1914 und 1920 gewonnen. Und da er wegen des Krieges zwischenzeitlich keine Chance zu weiteren Siegen hatte, war Thys quasi der erste, der die Rundfahrt drei Mal in Folge gewann. Der Belgier hatte genug Klasse, um nur Monate, nachdem er dem Weltkrieg lebendig entkommen war, einen Toursieg einzufahren. So braucht es nicht viel Phantasie, um sich vorzustellen, dass die Rundfahrt ohne kriegsbedingte Pause schon lange vor Anquetil, Merckx, Hinault und Induráin einen fünffachen Sieger hätte feiern können.

Und es ist auch nicht zu viel verlangt, durchaus ernst zu nehmen, was ein solcher Mann zu sagen hat. Und was Philippe Thys sagte, richtet nicht mehr und nicht weniger an, als die offizielle Tourgeschichte in Frage zu stellen: Man hätte ihm selbst lange vor Eugène Christophe ein Gelbes

Trikot ausgehändigt. Mittlerweile 67 Jahre alt berichtete Thys der belgischen Zeitschrift Champions et Vedettes, er hätte vorne gelegen im Klassement der Tour de France 1913, als Henri Desgrange ihn gebeten habe, zum Zeichen seiner Führungsposition ein farbiges Trikot zu tragen. Doch er, sagte Thys, habe den Vorschlag abgelehnt. Er stünde doch bereits jetzt im Zentrum der Aufmerksamkeit anderer Fahrer, habe er argumentiert, sich noch sichtbarer zu machen, sei nicht unbedingt zu seinem Vorteil.

Thys erzählte: »Er wechselte dann seine Taktik. Einige Etappen später, war es dann mein Teamleiter bei Peugeot, der unvergessene Baugé, der mich drängte, doch bitteschön einzulenken. Das Gelbe Trikot sei schließlich Werbung für das Unternehmen und ich, so sein Argument, sei einfach verpflichtet, in dieser Angelegenheit nachzugeben. Also haben sie ein gelbes Trikot gekauft, im ersten Laden, an dem wir vorbeikamen. Die Größe war richtig. Wir mussten den Ausschnitt nur ein bisschen größer machen, damit mein Kopf durchpasste.«

Thys berichtete dem belgischen Magazin auch von der Tour des folgenden Jahres, bei der »ich die erste Etappe gewonnen habe und bei der zweiten zeitgleich einkam, nur um eine Reifenbreite von Bossus geschlagen. Bei der nächsten Etappe verlor ich das *Maillot Jaune* dann nach einem Sturz an Georget.« Das klingt nicht unbedingt wie die Geburt einer schwächelnden Erinnerungsgabe und auch nicht nach einer frei erfundenen Geschichte eines Schwindlers. Die Details, die Thys vortrug, sind zu überzeugend. Und was hätte er persönlich davon gehabt, mit 40 Jahren Verzögerung gegen die offizielle Geschichtsschreibung zu intervenieren. Vielleicht war die erste Auflage des *Maillot Jaune* ja nur ein Experiment, eine kurzlebige Idee, die bei ihrer Wiedergeburt sechs Jahre später schon längst wieder vergessen war. Die Wahrheit wird wohl nicht mehr ans Tageslicht kommen. Die Tourorganisation selbst nennt Thys »einen tapferen Fahrer..., der für seine Intelligenz bekannt war« und sagt, seine Behauptung »scheint über jeden Verdacht erhaben«. Doch sie fügt auch hinzu: »Keine Zeitung hat vor dem Krieg ein Gelbes Trikot erwähnt. Da es an Zeugen mangelt, können wir dieses Rätsel wohl nicht mehr lösen.«

Das *Maillot Jaune* hat magische Qualitäten. In seiner Farbe und seinem Grundprinzip ist es weltweit kopiert worden, bei der Spanienrundfahrt mit ihrem Amarillo und bei zahllosen Wochenendrennen abseits des großen Medienrummels. Der Giro hat sein Rosa Trikot, die Tour de l'Avenir ein gelbes mit zwei weißen Streifen. Nur das Original aber verfügt über die besondere Kraft, seinem Träger zu ungeahnter Klasse zu verhelfen oder ihn zu verdammen. Das Gelbe Trikot fordert heraus, jede Attacke zu neutralisieren. Die Konkurrenten warten nur darauf, wie die Domestiken des Führenden all die harte Arbeit machen. Das Peloton weiß nur zu genau, dass diese dazu verpflichtet sind. Es ist kein Segen, wenn ein Mannschaftskollege in Gelb fährt – insbesondere nicht zu Beginn der Rundfahrt.

Einige Fahrer haben das Gelbe Trikot abgelehnt, weil es ihnen nur durch das Pech eines anderen in die Hände fiel. Eddy Merckx ignorierte es 1971 einen Tag lang, nachdem Luis Ocaña am Col de Mente gestürzt war. Der Holländer Joop Zoetemelk tat es ihm 1980 gleich, weil eine Sehnenentzündung den Favoriten Bernard Hinault zur Aufgabe gezwungen hatte. Und niemand trug ein Gelbes Trikot an jenem Morgen, nachdem Gino Bartali 1950 bei der ersten Pyrenäenetappe von einer Horde Betrunkener zu Sturz gebracht und mit einem Messer im Gesicht verletzt wurde. Ferdy Kübler erbte es erst zwei Tage später.

Jacques Goddet ergänzte später des Tourgründers Initialien »HD« auf der linken Brust des begehrten Kleidungsstücks, um jenen Mann zu ehren, den selbst Tour-Archivare als »herrlich verrückt« bezeichnet haben. Die Ehrenbekundung verschwand erst 1983, um Platz für Logos von Werbepartnern zu machen. Als ich Goddet einmal fragte, ob ihm derlei leicht gefallen sei, antwortete der mit einem typisch französischen Achselzucken.

»Macht es Sie traurig?«, hakte ich nach. Im Endeffekt konnte ein Achselzucken nun mal alles und nichts bedeuten.

»Ja«, sagte er dann: »Ich bin traurig. Aber die Zeiten ändern sich nun einmal und mit ihnen die Ansichten. Wir leben in der Gegenwart, nicht in der Vergangenheit.« Ein wahrer Diplomat.

Das *Maillot Jaune* hat sich Jahrzehnte lang kaum gewandelt – sieht man einmal vom Auftauchen und Verschwinden der Schlappohrkragen und Brusttaschen ab. Das Gelbe Trikot gab es nur in einer Größe. So nahm es sich auf dürren Kletterern aus wie ein schlaffer Luftballon, während es sich auf der Brust eines Sprinters merklich spannte. Wenig kleidsam verkündete es so den Ruhm des größten Radrennens der Welt. Es wäre nicht sonderlich kostspielig gewesen, verschiedene Größen zu produzieren. Auch das hätte nur einen Tag gedauert. Aber in Paris stieß derlei auf taube Ohren. Stattdessen verwandelte man das Gelbe Trikot in eine Zwangsjacke. So muss der Gewinner nur noch seine Arme in die Luft strecken, während hilfreiche Hände das Leibchen über seine Schultern zerren und den Reißverschluss auf dem Rücken schließen. Das ist ein netter Akt gegenüber den ermüdeten Schultern am Ende einer Etappe, aber es entbehrt doch der Romantik, die ein Sieger ausstrahlt, der sich selbst bekränzt.

Einen Bergpreis schrieb die Tour de France erstmals 1933 aus. Seit 1975 trägt der Führende dieser Wertung ein weißes Trikot mit roten Punkten. Als Erster brachte der Belgier Lucien van Impe dieses markante Jersey nach Paris. Sechs Mal heimste er den Bergpreis ein. Und vermutlich hätte er ihn noch öfter gewonnen, hätte er – wie seine Frau nicht müde wurde zu klagen – noch mehr Zeit in den Radsport investiert und weniger mit seinen Wellensittichen vergeudet. Nur dem Spanier Bahamontes war es vergönnt, van Impes Rekord zu egalisieren.

Spanien brachte wundervolle Kletterer hervor, doch kaum einmal einen Mann für das Gelbe Trikot. Erst 1959 hatte das Land mit eben jenem Bahamontes einen ersten Toursieger. Das französische Team war in jenem Jahr heillos zerstritten, während der kleine Spanier in den Bergen bei extremen Witterungsbedingungen Akzente setzen konnte. Charly Gaul brach derweil in der Hitze der Pyrenäen zusammen, bevor das Rennen weiter in eisig kalte und verregnete Alpen führte, die der Luxemburger so sehr mochte. Bahamontes aber sicherte seinen Vorsprung mit einem Sieg beim Zeitfahren hinauf zum Puy-de-Dôme und fuhr im Gelben Trikot in Paris ein.

Federico Bahamontes war der erste Spanier, der die Tour gewann – hier auf der Ehrenrunde im Pariser Prinzenpark. Der Adler von Toledo brillierte im Hochgebirge und litt auf den Flachetappen.

Ohne Berge war Federico Martin Alejandra Bahamontes ein Niemand. Ein Herz zerreißendes Foto von der Tour de France 1960 zeigt ihn, wie er nach nur drei Flachetappen wieder den Zug ins heimische Toledo bestieg. Das war noch in jenen Zeiten, als die Räder gerade einmal zehn Gänge hatten, und das Feld bei solchen Tagesabschnitten in viele kleine Gruppen mit großen Abständen zerfiel.

Das kleine Kettenblatt hatte in den Zeiten Bahamontes noch stets mindestens 40 Zähne. So quälten sich die Fahrer mit weitaus größeren Übersetzungen als heute die Berge hoch. Pierre Chany ist deshalb der Auffassung, die damaligen Spezialisten wären unvergleichlich besser geklettert als die heutigen Bergkönige. Archivaufnahmen aus der Mitte der 50er Jahre vermitteln jedoch eher den Eindruck, dass die Inangriffnahme der Berge selbst für Fahrer wie Fausto Coppi eher eine reine Überlebensübung und Kraftprobe gewesen ist. Keine Spur von einem geschmeidigen Temporitt. Doch man sollte bei solchen Vergleichen auch nicht vergessen, dass die Passstraßen bis in die 70er Jahre hinein in miserablem Zustand waren – übersät mit Steinen und Löchern.

»Wenn es an Abhängen vorbeiging oder starker Seitenwind blies, musste man stets ein Auge auf die Kletterer haben«, sagt Stephen Roche. Bahamontes jedenfalls hasste Abfahrten, seit er als Amateurfahrer bei einer solchen Gelegenheit mit einem Kaktus kollidiert war. Einmal stoppte er bei der Tour oben auf der Passhöhe, die er als Erster erklommen hatte, und aß genüsslich ein Eis, bis die Verfolger ihn eingeholt hatten. Das war ihm lieber als das Risiko, ganz alleine abzufahren. Seine Karriere endete 1965 dort, wo sie begonnen hatte: in den Pyrenäen. Baha, mittlerweile schon ziemlich alt für eine solche Rundfahrt, lag aussichtslos zurück, als Felice Gimondi das Gelbe Trikot übernahm und Raymond Poulidor auf einen sicheren zweiten Platz fuhr. Also stieg er ab, streifte den blauen Trainingsanzug seines Teams Margnat-Paloma über und setzte sich zu den überraschten Namenlosen hinten in den *Voiture Balai*, den Besenwagen, der die Ausgestiegenen ins Ziel kutschiert.

Nur sehr wenige Fahrer konnten in den Bergen beeindrucken. Die meisten Teilnehmer der Tour de France fanden sich stets damit ab, recht gemächlich in Gemeinschaft anderer Angeschlagener zu klettern. Die Franzosen nennen diese Ansammlungen *l'Autobus*, die Italiener sprechen vom *Grupetto*. Dort ist das Tempo schnell genug, um den Ansprüchen der Rennleitung zu genügen, und langsam genug, um die Strapaze zu überleben.

Der Däne Brian Holm berichtet: »Du fährst in den Berg hinein, und alle finden sich im *Grupetto* ein. Jeder weiß, wen er hier zu erwarten hat. Manchmal macht sich wegen des Zeitlimits Panik breit, und die Gruppe explodiert. Ansonsten reicht man Essen und Trinkflaschen an andere Fahrer weiter – aber nur, weil man erwartet, etwas zurückzubekommen. Und wenn einer der Kerle in Schwierigkeiten kommt, denkt man daran, dass man ihn später vielleicht noch braucht. Schließlich kann noch der Moment kommen, in dem man auf einem Flachstück zwischen den Bergen jede Hilfe benötigt.« Der Holländer Jelle Nijdam ergänzt: »Du versuchst im Flachen ein bisschen härter zu fahren, so dass du die Berge ziemlich langsam angehen kannst. Und dann auf den Abfahrten gibst du richtig Gas, um wieder etwas Zeit aufzuholen.«

Motorräder fahren zwischen den einzelnen Gruppen hin und her. Männer auf den Rücksitzen jonglieren mit schwarzen Tafeln, auf die sie mit Kreide die Nummern aller Fahrer in Ausreißergruppen und deren Abstand kritzeln. Erreicht ein solcher Kreidemann einmal den Autobus, gilt hier Alarmstufe rot, heißt das doch, dass die Gruppe ihrem Ausschluss schon gefährlich nahe gekommen ist. Denn wer mehr als 15 bis 20 Prozent länger bis ins Ziel benötigt als der Gewinner, fliegt raus. Nur selten macht die Rennleitung eine Ausnahme. Panik macht sich breit, der Autobus zersplittert. Die Namen jener, die sich machtlos ihrem Schicksal fügen müssen, werden später im Presseraum in der Liste der *Eliminés* verkündet.

Je schneller das Rennen, desto größer ist der Spielraum für Nachzügler. Fünf Prozent mehr als die Gesamtzeit des Siegers bleiben ihnen bei Flachetappen, die langsamer als mit 34 km/h gefahren werden,

12 Prozent bei solchen, in denen der Erste mit einem Stundenmittel von 46 km/h ins Ziel kommt. Bei mittelschweren Tagesabschnitten reicht das Spektrum von sechs Prozent bei weniger als 31 km/h bis hin zu 13 Prozent bei mehr als 37 km/h. Ähnliche Limits gelten im Zeitfahren.

Wenig Wissenschaft und viel Emotion sind hingegen die Zutaten bei der Klassifikation der einzelnen Anstiege. Nicht nur Länge und Steigungsprozente spielen eine Rolle, sondern auch die Lage im Etappenverlauf und die Qualität des Straßenbelags. Der Col de Borderes in den Pyrenäen war schon einmal ein Berg der dritten Kategorie, als er früh im Etappenprofil auftauchte, aber auch bereits als Anstieg der ersten Kategorie klassifiziert, als es ihn am Ende eines Tagesabschnitts zu bewältigen galt. Erklimmt das Feld den Col de Madélaine von Norden her, variiert die Bergwertung zwischen erster Kategorie und *Hors Categorie*, also dem härtesten, was die Tour zu bieten hat. Der Anstieg nach Alpe d'Huez hingegen ist zwar mit 1.200 Höhenmetern vergleichsweise kurz, darf sich jedoch stets als Berg *Hors Categorie* rühmen. Schließlich wird er immer als Bergankunft gefahren. Mit durchschnittlich neun Steigungsprozenten hat er sich schon für so manchen als wahrer Knochenbrecher erwiesen.

Die 21 durchnummerierten Haarnadelkurven hoch nach Alpe d'Huez gaben ihr Tour-Debüt 1952. Fausto Coppi war der erste, der hier einen Etappensieg feiern durfte. Steht Alpe d'Huez im Streckenplan der Tour, dann campieren holländische Fans schon Tage vorher entlang der Spitzkehren: stets gut auszumachen zwischen den geschätzten 500.000 Zuschauern, die dem Etappenfinale beiwohnen. Entsprechende Mühe geben sich die holländischen Fahrer, derlei Enthusiasmus zu honorieren und die prestigeträchtige Etappe zu gewinnen. Hennie Kuiper hatte die Euphorie losgetreten, mit der Alpe d'Huez zum Berg der Holländer wurde. Joop Zoetemelk und Gert-Jan Theunisse ließen weitere Etappenerfolge in Oranje folgen. 1992 errang der Amerikaner Andrew Hampsten hier den wichtigsten Sieg seiner Karriere: Er war den Anstieg in neuer Rekordgeschwindigkeit hinauf geklettert. Noch schneller war dann 1998

Alpe d'Huez gilt als Berg der Holländer. Hunderttausende bilden ein dichtes Spalier, wenn die Fahrer der Tour sich die 21 durchnummerierten Spitzkehren hoch quälen.

Marco Pantani. Um dessen entfesselten Ritt einmal ins rechte Licht zu rücken: Im folgenden Jahr benötigte Toursieger Lance Armstrong viereinhalb Minuten länger.

Der Tourmalet war bereits zur Tourlegende geworden, als sich Eugène Christophe 1913 die Gabel seines Rades gebrochen hatte. Aber auch der Belgier Lucien Buysse lernte hier das Wort Todeskampf zu buchstabieren. Bei Sturm und Minustemperaturen benötigte er 17 Stunden für eine Etappe, die von Bayonne nach Luchon führte – mit dem Tourmalet als Scharfrichter. Um Mitternacht hatten an jenem Tag rund 30 Fahrer das Ziel noch nicht erreicht.

Niemand sollte sich auch die Gelegenheit entgehen lassen, einmal den Izoard hinaufzufahren. Denn auf der Südseite kurz unter der Passhöhe liegt die abenteuerliche Gebirgslandschaft der Casse Déserte: Spitze Felsen ragen aus grauer Ödnis empor. Die Grenze zu Italien ist nah. Und nicht nur bei der Tour, sondern auch beim Giro d'Italia war der Izoard schon Schauplatz manch denkwürdiger Etappe. Am Rande des Casse Déserte feiern Gedenktafeln jene beiden Männer, die sich am meisten darum verdient gemacht haben, dass am Izoard französisch-italienische Heldenepen geschrieben wurden: Fausto Coppi und Louison Bobet.

1922 führte die Tour erstmals über den Pass. Den Bergpreis erkletterte sich Jean Alavoine, mit 34 Jahren nicht unbedingt ein Greenhorn. Fausto Coppi und Gino Bartali hatten sich 1949 über fünf Pässe zu kämpfen, bevor Coppi sich dann in Alleinfahrt den Sieg am Izoard sichern konnte. Bobet wies die Konkurrenz 1953 und 1954 in ihre Schranken, Bernard Hinault fuhr 1982 auf den Spuren Coppis über fünf Gipfel zum Sieg.

Der unwirklichste Berg der Tour ist jedoch der Puy-de-Dôme. Das Kuriose dieses Anstiegs: Vier Kilometer lang führt er über eine Privatstraße in eine Sackgasse. Besucher bezahlen eine Maut, um auf den erloschenen Vulkankegel hinauf zu gelangen. Oben auf dem Puy-de-Dôme gibt es jedoch nichts für sie zu tun, als gleich wieder zurückzufahren. Viele Fahrer haben für den Berg nichts als Abscheu übrig, hassen seine Kürze und extreme Steigung. Denn der Puy-de-Dôme lässt niemandem die Zeit, seinen Rhythmus zu finden oder sich an den Schwächen der Rivalen

Früher fürchteten sich die Menschen hier vor Bären. Heute stellen sich im Sommer tagtäglich unzählige Radtouristen der Herausforderung, einen der legendären Pyrenäenpässe zu erklimmen. Fremdenverkehrsbüros stellen Schilder auf, die alle Wagemutigen frühzeitig warnen, worauf sie sich einlassen.

aufzurichten. Am Puy-de-Dôme gewinnt, wer als Letzter einbricht. Im Streckenplan der Tour tauchte der Berg erstmals 1952 auf, gleichzeitig mit Alpe d'Huez und dem Anstieg zum italienischen Skiressort Sestriere. Fausto Coppi gewann in jenem Jahr auf einen Schlag alle drei Bergpreise.

Seine legendärsten Schlachten erlebte der Puy-de-Dôme jedoch erst später: 1964 kämpften sich Poulidor und Anquetil Rad an Rad die steilen Rampen hinauf. Poulidor schüttelte den Konkurrenten zwar auf dem letzten Kilometer ab, musste Anquetil aber dennoch den Toursieg überlassen. Und 1971 fuhr Luis Ocaña selbst einen Eddy Merckx am Puy-de-Dôme in Grund in Boden – nur um dann kurz darauf in den Pyrenäen spektakulär zu Fall zu kommen. Das aber sind Geschichten, die erst später erzählt werden wollen.

11

Vorsicht, Tourkarawane kreuzt!

Henri Desgrange hasste alle Fahrradfabriken voller Inbrunst. Dreißig Jahre lang bekämpfte er sie vehement – im Glauben, ihre Präsenz bei der Tour de France würde sein Rennen um das rein sportliche Kräftemessen bringen. Schon in den späten 20er Jahren war er der festen Überzeugung, dass der Mammon wohl weit mehr Macht habe, die Fahrer zu motivieren, als die Aussicht auf Ruhm. Ein Henri Desgrange bevorzugte aber nun einmal eine ganz andere Verteilung der Mittel: viel Ehre für die Teilnehmer der Tour, noch mehr Geld für L'Auto. So trug er maßgeblich dazu bei, dass Radfahrer die kleinsten der Großverdiener in der Welt des Sports werden sollten.

1930 schloss Desgrange alle Werksmannschaften von der Teilnahme an der Tour de France aus. Die Fahrer hatten fortan die Farben ihres Landes zu vertreten. Ihn machte krank, dass die Mannschaften stets ausschließlich nur für ihre Stars funktionierten. Desgrange hatte genug von Sponsoren wie Alcyon, die sich die besten Fahrer zusammenkaufen konnten. Er konnte sie nicht mehr ertragen, jene Werksmannschaften, die wie durchorganisierte Kombinate auftraten und scheinbar nicht mehr in der Lage waren, sich von diesem Korsett zu befreien. Mit dem neuen Reglement sollten die Zuschauer die Chance bekommen, nicht nur ihre Lieblinge anzufeuern, sondern auch ihr Land.

»Warum [nur] fünf Nationalmannschaften?«, schrieb Desgrange: »Weil nur fünf Länder in der Lage sind, ein solches Team zu stellen: Belgien, Italien, Spanien, Deutschland und Frankreich. Luxemburg hat nur einen Fahrer, die Schweiz lediglich drei. Österreich nur einen. Die übrigen Länder verfügen nicht über einen einzigen.«

So schloss das neue System einige sehr starke Fahrer aus – etwa den Luxemburger Nicolas Frantz. Und Desgrange nutzte seine Macht, weitere erfolgreiche Profis um die Tourteilnahme zu bringen. Die belgische Mannschaft ließ er wissen, dass er auf keinen Fall den ihm persönlich unliebsamen Maurice De Waele bei seinem Rennen sehen wolle. Die Folge der Regeländerung war, dass sich nun auch die bisher unorganisierten *Touriste-Routiers* zu Mannschaften zusammenzufinden hatten. Das bahnte französischen Regional-Teams ebenso den Weg wie internationalen Teams, die nun auch Briten oder Australiern eine Tour-Teilnahme ermöglichten.

Vielleicht ist einem Henri Desgrange nicht einmal bewusst gewesen, dass seine Argumentation nicht unbedingt schlüssig war: Er machte Teamrennen den Garaus, indem er Teamrennen einführte. Möglicherweise waren es vor allem Sorgen wegen der zusätzlichen Kosten, über die er sich damals den Kopf zerbrach. Denn wenn die Fahrradfabriken die Tourteilnahme ihrer Fahrer nicht mehr bezahlen sollten, musste wohl oder übel er selbst einspringen. Nun würde er es sein, der für die Hotels der Fahrer aufkommen musste, für ihre Verpflegung und ihre Ausrüstung. Zwar lief L'Auto mittlerweile gut, so gut dann aber doch wieder nicht. Also tat Henri Desgrange neue Geldquellen auf: Er begann den Etappenstädten Geld abzuknöpfen. Und er öffnete das Rennen für Werbung. Die Tourkarawane nahm nun auch Firmen auf, die mit Radsport nichts zu tun hatte. Die neuen Sponsoren bezahlten, machten ihre Werbung, verschenkten Produktproben. Besonders populär wurde die Schokoladenfabrik Menier. Die war dem Rennen bereits seit einiger Zeit hinterhergefahren, nur um festzustellen, dass bei ihrem Auftauchen die meisten Zuschauer längst wieder verschwunden waren. Nun aber, als Teil der offiziellen Parade, konnte Menier vor dem Fahrerfeld die Menge beglücken. Binnen kürzester Zeit war die Werbekarawane so groß geworden, dass ihre Prozession länger dauerte als das eigentliche Rennen. Erster Höhepunkt war eine Truppe von Motorradakrobaten, in der sich der Sage nach Pariser Polizisten in ihrer Freizeit verdingten.

Heute ist die Werbekarawane noch länger, aber nicht mehr ganz so aufregend: 150 Autos und Lkws schleudern Rasierklingen in die Zuschauermenge, Mützen, Karten, leere Plastiktüten, Werbebroschüren, die niemand will, und rote Metallanstecker, die sich um mehr Bewusstsein für AIDS bemühen. Die Versicherung GAN hat ausgerechnet, dass sie allein bei der Tour 1994 insgesamt 170.000 Mützen, 80.000 Anstecker, 60.000 Plastiktüten und 535.000 Exemplare einer achtseitigen Zeitung verteilt habe. Werbemittel mit einem Gesamtgewicht von 32 Tonnen. 1998 verschenkte ein Team von 40 Coca-Cola-Mitarbeitern 600.000 kleine Coke- und Minute Maid-Büchsen.

Der Großteil der freigiebig um sich Werfenden sind Studenten. John Graat blickte für Eindhovens Dagblad hinter die Kulissen:

»Die meisten haben nicht das geringste Interesse an dem Sport an sich«, sagt Angélique von Maison du Café, einer Handelsmarke von Douwe Egberts. »Für mich ist die Tour vor allem eine Möglichkeit, Geld zu verdienen, mit einer Truppe netter Leute herumzureisen und Spaß zu haben.« Die Verdienstmöglichkeiten unterscheiden sich deutlich. Bei Lustucru Eggs erhalten sie knapp 3.000 Gulden; bei Maison du Café bleiben nach Abzug der Steuern kaum 1.000 Gulden übrig. Die meisten der Studenten sind über Arbeitsvermittlungen zu dem Job gekommen. Die wichtigste Anforderung an Bewerber: ein bisschen »repräsentativ« auszusehen. Für AGF, eine Versicherung, waren solche Qualitäten geradezu essenziell. Um potenzielle Kunden anzusprechen, hat AGF zwölf angespannt grienende Mädchen – allesamt in blauem Hemd und weißem Rock – auf geländegängige Motorräder gesetzt. Alle hundert Meter haben sie gemeinsam aufzustehen. Und stets sollen ihre schneeweißen Zähne gut zu sehen sein.

»Wir müssen uns zum ständigen Lachen zwingen. Ich bin mir nicht sicher, ob mein Gesicht wohl wieder normal aussehen wird, nachdem die Tour am Sonntag zu Ende gegangen ist«, erzählt eines der AGF-Mädchen nach der Zieleinfahrt in Morzine. Auch die Girls in den PMU-Autos agieren auf Autopilot, wenn sie den Zuschauern zuwinken. Das gehört

zu ihren Pflichten. Auch in diesem Peloton beginnt die Tour allmählich, gnadenlos ihren Tribut einzufordern. Bei der Ankunft in Paris werden sie zwölf Millionen Menschen zugewunken haben.
»Ich mag es, all diese Menschen zu sehen«, sagt Renée, eine Medizinstudentin aus Paris. »Aber es ist verdammt ermüdend. Tag für Tag muss ich 10.000 Ferngläser verteilen.«

Rund 10.000 Dollar lassen sich die Werbepartner der Tour de France die Teilnahme jedes ihrer Fahrzeuge kosten. Und nicht ein einziges dieser Vehikel erreicht das Ziel, ohne von Daniel Mangeas, dem altgedienten Sprecher der Frankreichrundfahrt mit enthusiastischen Werbekaskaden begrüßt zu werden.

Die Karawane dünnt sich nur dann mitunter aus, wenn die Tour ins Ausland geht, insbesondere wenn dort nicht viel Französisch gesprochen wird. Die meisten Werbepartner blieben einfach zu Hause, als das Rennen 1974 einen Abstecher nach Großbritannien machte. Und auch als die Tour dieses Abenteuer zwanzig Jahre später wiederholte, verhielten sich die französischen Sponsoren des Rennens merkwürdig ruhig.

Der Abstecher von 1974 war ein einziges Desaster, eine vergebliche Übung in der Disziplin: Der Geist der Ökonomie diktiert den Sport. Hinter der Etappe in England stand die Idee, das Augenmerk der Öffentlichkeit auf Artischocken zu lenken und auf die Fähre von Roscoff, die diese über den Ärmelkanal schipperte. Aber weder war Großbritannien bereit für die Tour, noch war es das Fahrerfeld für Großbritannien. Alle meckerten über die lange Passage. Der britische Zoll zeigte sich wenig erfreut, so viele Fahrräder abwickeln zu müssen. Zu allem Überfluss hatte auch noch Jacques Goddet seinen Pass vergessen. Angeblich durfte er sich den ganzen Tag nur unter strikter Polizeibewachung bewegen. Auch die Zuschauerzahlen blieben deutlich hinter den Erwartungen zurück. So boten die Fahrer nicht mehr Spektakel, als mürrisch einem Massensprint entgegen zu radeln. Am nächsten Morgen titelte der Daily Mirror: »TOUR DE FRANCE: KÖNNEN SICH 40 MILLIONEN FRANZOSEN IRREN?«

Die Werbekarawane bereicherte den etwas billigen Charakter des Radsports um eine weitere wenig exquisite Note: die des Kommerzes. Als erstes sportfremdes Unternehmen wagte es Nivea, Fahrer zu beschriften. Der Hersteller platzierte einen Werbeaufnäher auf dem Trikot von Fiorenzo Magni. Das sorgte für Erheiterung im Fahrerfeld – auch weil der kahlköpfige, ziemliche hässliche Magni nicht unbedingt der erste Mensch war, den man mit einer Schönheits-Creme assoziieren würde. Bald folgten weitere Unternehmen dem Beispiel: erst der Zahnpastaproduzent Chlorodont, dann eine Chianti-Marke. Im Jahr 2000 waren vermutlich alle nur denkbaren Branchen bei der Tour präsent – bis hinunter zum Hersteller von Schnürsenkeln.

Es war Raphaël Géminiani, der das langfristige Sponsoring in die Welt des Radsports einführte: Mitte der 50er Jahre bandelte er mit der Apéritif-Brennerei St.-Raphaël an. Die Aufregung war groß. So mancher klagte, der Radsport würde seine Seele dem Kommerz opfern. Auch die Tourdirektion konnte sich mit dem Gedanken zunächst wenig anfreunden. Schließlich würden durch solche Vereinbarungen weitere starke Kräfte ihren Einfluss auf das Rennen nehmen. Und dann konnte St.-Raphaël mit dem Budget, das in die Trikotwerbung floss, ja auch keine Anzeigen mehr in L'Équipe schalten. Magni aber war natürlich auf Géminianis Seite.

Sogar Streiks und Demonstrationen standen ob des ausufernden Konflikts bereits zur Debatte. Es gab die raffinierte Behauptung, der Schriftzug »Raphaël« auf den Trikots hätte nichts mit dem Schnapsproduzenten zu tun. Géminianis Vorname sei ja der gleiche. Schließlich musste sich die UCI, der internationale Radsportverband, mit dem Fall befassen. Es nahte der Frühjahrsklassiker Mailand–San Remo, der erste Anlass, zu dem die Mannschaften in ihren neuen Trikots anzutreten hatten. Noch immer war keine Entscheidung gefallen, aber ein Kompromiss lag in der Luft. Denn während die Funktionäre gegen ein sichtbares Sponsoring waren, stand UCI-Präsident Achille Joinard hinter der Idee. Glaubt man Géminiani, habe ihm Joinard im Vorfeld des Rennens gesagt: »Begebt euch mit normalen Trikots an den Start. Die könnt ihr dann, bevor es losgeht, ausziehen und eure St. Raphaël-Trikots tragen. Ich schicke ein Telegramm, das jedem verbietet zu starten, der ein sportfremdes Unternehmen repräsentiert. Aber ich versichere euch: Das kommt erst an, wenn ihr längst unterwegs seid.« Warum Achille Joinard seinen eigenen Verband unterwanderte? Nun, ganz sicher sah er in *Le Sponsoring* eine Zukunft für seinen Sport. Vielleicht bereitete es ihm auch insgeheim Freude, einmal der mächtigen Tourdirektion einen Stock in die Speichen zu werfen. Die nämlich, wir erinnern uns, feierte sich nach der massiven Kritik der Skandaltour von 1904 als etwas, das weit größer und bedeutender war, als der Radsport an sich – und vor allem als seine Verbände.

Zunächst tasteten sich die Sponsoren nur vorsichtig voran. Der Radsport war Neuland, es fehlte noch an Fernsehübertragungen, die Werbeeffekte multiplizierten. Die ersten Geldgeber waren mitunter in obskuren Milieus zu Hause. Zu ihnen gehörte auch die Nachtclubtänzerin Myriam de Kova, die Witwe eines Griechen, der in New York ein Vermögen gemacht hatte. Die Dame ging zwar mittlerweile stramm auf die 70 zu, war aber dennoch wild entschlossen, sich noch einen Namen als Revuestar zu machen. Als ein Pariser Nachtclubbesitzer namens Jean-Marie Rivière die angehende Diva dann Raphaël Gèminiani vorstellte, verlor Myriam de Kova ihr Herz an die Romantik des Radsports. So heuerte sie Fahrer an, rosa Trikots zu tragen und so ihre Tanzbeine zu vermarkten.

Auch in Italien, wo die neue Form des Sponsorings ihren Anfang genommen hatte, hagelte es Kritik. Einer der Financiers wehrte sich gegen die Vorwürfe, er interessiere sich eh nur für Geld, indem er ein zweites, werbefreies Team gründete. Das mag nur ein weiterer Reklamegag gewesen sein – schließlich wusste jeder, wer die neue Mannschaft finanzierte. Aber es zeigt, dass es auch im Radsport Akteure gab, denen der wachsende Einfluss der Wirtschaft Bauchschmerzen bereitete. Es dauerte seine Weile, um sich mit den neuen Abhängigkeiten zu arrangieren. Die ersten sportfremden Sponsoren firmierten nicht einmal als Teams. Offiziell hießen sie zunächst Sportgruppen: Den Namen des

Kühlschrankproduzenten Ignis oder der Wermut-Brennerei Carpano stand stets das Kürzel »G.S.« voran: *Groupé Sportif.*

Eine Zeit lang traten dann fast ausschließlich branchenfremde Geldgeber als Sponsoren auf den Plan, beispielsweise Ford oder der spanische Limonadenabfüller Kas. Erst später folgten Fahrradfabriken wie Gitane und schlussendlich mit Campagnolo auch ein Hersteller von Fahrradkomponenten. Bis in die 70er Jahre hinein waren die Unternehmen der Branche höchstens mit ihrem Schriftzug auf den Rahmen präsent.

Nicht wenigen der Sponsoren haftete etwas Sonderbares an: Zu den Geldgebern gehörten ein belgischer Seifenhersteller, ein französischer Kreditverleih, ein holländischer Produzent von Kartoffelchips, ein katholischer Radiosender. Spirituosenherstellern hingegen wies das Rennen die Tür, als Frankreich begann, sich Sorgen um die Volkskrankheit Alkoholismus zu machen. Zigarettenhersteller waren die nächsten, deren Geld nicht mehr gefragt war. Der Möglichkeit beraubt, in Frankreich als Tabakkonzern aufzutreten, versuchte das belgische Unternehmen Boule d'Or sich mit einem französischen Schokoladenhersteller zu verbrüdern, der zufälligerweise unter dem gleichen Namen firmierte.

Anfänglich hatte L'Auto alle anderen Zeitungen von ihrem Rennen ferngehalten, bemerkte jedoch alsbald, dass dies ein Fehler gewesen war. 1922 erlaubte Desgrange deshalb, dass 15 Presseautos der Tour de France folgen durften. Nur mehr ein Drittel davon repräsentierte die eigene Zeitung. 1929 reihte sich das Radio in den Tourtross ein. Damals versuchten sich Jean Antoine, der Chef von L'Intansigeant und dessen Kollege Alex Virot an einer primitiven Außenübertragung, die über Kurzwelle auf Radio Cité laufen sollte. Doch kaum waren sie auf Sendung, setzte sich das Fahrerfeld in Bewegung und ihr Wagen steckte fest. Virot vertrieb sich die Zeit, indem er Karikaturen zeichnete. Antoine schilderte den Hörern die entschwindenden Fahrer und die Klänge des erwachenden Paris.

Jahrelang duldete Desgrange nicht einmal andere Zeitungen bei seinem Rennen – geschweige denn andere Sponsoren. Doch nachdem er auch die Fahrradfabriken von der Tour de France ausgeschlossen hatte, musste er andere Geldquellen auftun. Mittlerweile gibt es kaum noch einen Quadratzentimeter glatter Oberfläche, der nicht an einen Werbepartner verkauft ist. Selbst die Straße bleibt nicht verschont.

1932 wiederholten die beiden ihren Versuch. Diesmal hatten sie die französische Post verpflichtet, die notwendigen Überlandtelefonverbindungen zu stellen – eine Aufgabe, die das Staatsunternehmen damals noch nicht als Teil seines normalen Jobs erachtete. Mit einem Jeep und einem speziell ausgerüsteten Lastwagen unterwegs, schilderten sie einer gebannt lauschenden Nation die Ereignisse auf Frankreichs Landstraßen. Noch galten bezahlte Urlaubstage als Utopie. Noch bedrückten harte Sechstagewochen die Franzosen. Und so wird es die Sensation des Jahres gewesen sein, zuhören zu können, wie die Tour de France am 12. Juli 1932 den Aubisque überquerte. Auf der Passhöhe zeichnete das Reporterduo auf, wie die Fahrer vorbeikamen, anschließend begaben sich die beiden auf die Abfahrt, um ihren Bericht eine Stunde später aus dem Tal über den Äther zu schicken.

Das Fernsehen entdeckte die Tour 1952. Das Filmmaterial wurde per Zug nach Paris transportiert, um es von hier aus am kommenden Tag zur Mittagszeit auszustrahlen. Die erste Liveübertragung erreichte Frankreich am 8. Juli 1958 vom Aubisque, im Jahr darauf war der Puy-de-Dôme Schauplatz des TV-Spektakels. Einen großen Fortschritt machte die Fernsehübertragung 1960: Dank des Einsatzes von Hubschraubern waren auch Livebilder vom Peyresourde und vom Izoard möglich. 1962 schlug die Geburtsstunde der täglichen Berichterstattung von den finalen Kilometern jeder Etappe. Heute zählt die Rundfahrt 1.000 Journalisten zu ihrem Gefolge, die einfach daran zu erkennen sind, dass sie in der Regel die am schlechtesten angezogenen Menschen im Tourtross sind.

Bis zu 20 Millionen Menschen, ein Drittel der französischen Bevölkerung, stehen im Juli am Straßenrand. Dort werden sie jedoch nicht Zeuge, wie sich allmählich ein Drama entfaltet. Die Zuschauer sehen nur einen ebenso rasanten wie kurzen Wirbel der Farben und des Chroms. Sie können kaum einen der Fahrer erkennen. Sie gleichen den Bürgern früherer Jahrhunderte, die aufgerufen waren, am Straßenrand zu stehen, wenn der König in all seiner Pracht vorbeizog. Sie brauchen nicht zu wissen, warum sie sich das antun. Es ist ihnen ganz gleich, wo sie stehen. Es genügt ihnen, dabei gewesen zu sein und mit einem peinlichen Hut nach Hause zu kommen.

Pierre Ballester, Reporter bei L'Équipe, betont, dass die auserwählten Landstraßen vorübergehend in den Besitz der Tour übergehen:»Qua Gesetz gehören ihr all die Straßen für drei oder vier Stunden«, sagt er:»Das demonstriert die Bedeutung der Tour de France.« Es ist erst wieder alles beim Alten, wenn der Besenwagen vorbeigefahren ist. Jahrelang machte der *Voiture Balai* seinem Kosewort alle Ehre und führte tatsächlich einen Besen auf dem Dach mit sich. Erst 1992 entschieden die Bosse der Tour, dieses Symbol ins Feuer zu werfen. Friede seiner Asche. Doch man hat mir erzählt, dass die Tradition noch nachklingt: Unter des Sitzen der Ausgestiegenen soll noch heute ein Besen liegen.

Der *Balai* ist stets fast das letzte Fahrzeug der Karawane. Nur ein Polizeiwagen fährt noch hinter ihm. Doch er fängt nur die kleinen Fische. Die fette Beute ruft lieber einen Teamwagen herbei oder wartet an der Verpflegungskontrolle, um sich ins Ziel kutschieren zu lassen. Ein Motorradfahrer bringt ihre erbeuteten Startnummern dann zu den Rennkommissaren. Die übrigen müssen den Balai nur berühren, schon verkündet Radio Tour ihre Namen, bevor sie auch nur Platz genommen haben.

Jedes Jahr sollen weltweit hundert Millionen Fernsehzuschauer die Tour de France verfolgen. Damit gilt das Rennen als das drittgrößte aller TV-Ereignisse. Die Übertragungsrechte hält der öffentlich-rechtliche Sender France 2, der sich die Sportberichterstattung mit France 3 teilt. Patrick Chêne und der frühere Toursieger Bernard Thévenet, das Reporterduo von France 2, arbeiten in einem zweistöckigen Studiocontainer, der jeden Tag aufs Neue direkt am Ziel aufgebaut wird. Die beiden kommentieren jeweils die letzten drei Stunden, bei manchen Bergetappen auch den ganzen Tag. Wenn sie sich zu Beginn der Sendung dem TV-Publikum vorstellen, tragen sie Hemd und Krawatte. Chêne hält dann ein Mikrofon in der Hand, Thévenet hat sich ein Headset übergestülpt. Während der frühere Tourheld im Laufe des Rennens genau dasselbe Bild sieht wie die Fernsehzuschauer, blickt Chêne auf einen viergeteilten Monitor.

»Ich kann weniger erkennen als der durchschnittliche Zuschauer, aber neben dem Bild, das wir übertragen, sehe ich gleichzeitig auch die Perspektive der Motorräder und des Hubschraubers«, erzählt der.

Die Motorräder sind mit Jean-Paul Ollivier und Jean-René Godart besetzt. Chêne nennt die beiden »die einzigen wahren Augenzeugen des Rennens.« Wenn sich Ollivier während der Übertragung gelegentlich meldet, hören die französischen Fernsehzuschauer ein »*Oui*, Jean-Paul?« Und stets ist es ein höchst vergnügtes »*Oui*, Jean-Paul...«

»Ich kann Miguel Indurain nicht sehen«, hörte ich Ollivier einmal schreien, als die Führungsgruppe durch die Berge pflügte: »Bringt die Kameras nach hinten, schickt sie zurück!« Und wenige Momente später konnten wir dann alle sehen, was bisher nur Jean-Paul Ollivier mitgekriegt hatte: Der einstige Favorit fiel geschlagen zurück, so als sei er nur ein weiterer Durchschnittsfahrer. Ollivier ist auch eine Koryphäe, wenn geschichtliches Wissen gefragt ist – sei es zur Historie der Tour oder zu der jener Landstriche, die gerade durchquert werden. Kaum ein *Chateau* fliegt lautlos vorbei, ohne dass Ollivier dessen Geschichte detailgetreu rezitieren könnte.

Früher begleiteten auch all die Journalisten die Tour auf Motorrädern, in kurzen Hosen und Unterhemden, ihren Notizblock und eine Flasche Wein unter den Arm geklemmt. Die Zeiten sind vorbei. Nur noch Ollivier und eine Reihe Fotografen begleiten das Peloton auf zwei Rädern. Die Reporter aber sehen nicht mehr als die TV-Zuschauer – auch wenn ihre Berichte mitunter anderes suggerieren. Die Journalisten im Tourtross sitzen in geräumigen Pressezentren und schreiben ihre »Augenzeugen«-Reportagen auf Grundlage der Fernsehbilder, des Rennradios, der ausgeteilten Unterlagen, einigen vagen Vermutungen und dem ein oder anderen Interview.

Die siegreichen Fahrer besteigen das Podium zu Klängen, die an den Bombast eines Edward Elgar erinnern. Und wenn sie wieder herunterklettern, laufen sie direkt in die Fänge des Vélo Club, einer Fernsehshow von France 2/3, die aus einem offenen TV-Studio ein Stück weiter an der Zielgeraden gesendet wird. Einst hielten sie sich dort mit Banalitäten auf: »Es war ein harter Tag. Ich freue mich für meine Mannschaftskollegen, dass ich gewonnen habe. Ich glaube, ich habe eine Chance auf eine gute Platzierung in Paris. Ich widme diesen Sieg meinen Eltern, meiner Frau und meiner Tochter.« Heute glänzen sie hier mit größerer Auskunftsbereitschaft, versorgen Fernsehen und Radio mit einer detaillierten Schilderung der Etappe und lassen die Zeitungsreporter mit dem Problem zurück, noch irgendetwas Neues schreiben zu müssen.

Früher empfingen die Fahrer so manchen Journalisten bereitwillig auf ihren Hotelzimmern. Die Archive sind voll von Berichten über Fahrer, die sich im Bett liegend, ihre Arme, Köpfe und Beine tief gebräunt, ihr Rumpf verblüffend weiß, mit jedem unterhielten, der den Mut hatte, hineinzuplatzen. Jean-Paul Brouchon von Nachrichtenradio France-Info erzählt: »Als ich angefangen habe, suchten wir die Fahrer einfach auf, ohne vorher unser Kommen angekündigt zu haben. Man musste nur an die Tür klopfen, das war alles. Jean-Pierre Danguillaume besuchte mich regelmäßig auf meinem Zimmer, um eine Zigarette zu schnorren. 1970 bin ich zu Rik van Looy, um ihn zu seinem Ausstieg zu interviewen. Da lag er ausgestreckt auf seinem Bett, eine Kippe im Mund. Alle übernachteten noch im Zentrum der Tourstädte. Die Etappen gingen auch viel früher zu Ende. Hinterher auf dem Weg zum Abendessen, trafen wir die Fahrer in Alltagskleidung und wechselten ein paar Worte. Noch hatten sie nicht all diese PR-Menschen, Trainer und Manager um sich geschart, die sie heute komplett abschirmen. Ich konnte die Fahrer damals sogar während des laufenden Rennens interviewen, was mittlerweile von der UCI offiziell untersagt ist. Die Beziehungen haben sich grundlegend geändert. Ein Laurent Jalabert gibt niemandem seine Telefonnummer, und er hat es sich zum Prinzip gemacht, diese regelmäßig zu wechseln, damit ihn auch ja keiner stört. Ein Merckx hingegen war jederzeit zu sprechen, wann immer du etwas von ihm wolltest. Und wenn er gerade unterwegs war, dann stand dir seine Frau Claudine Rede und Antwort.« Fahrer wie Jalabert, glaubt er, würden die Pflichten ihres Berufes nicht mehr respektieren.

Manchmal war es diese besondere Nähe, wegen der Dinge im Dunkeln blieben, die eigentlich ans Licht der Öffentlichkeit gehörten. Es ist nie gut für einen Journalisten, allzu freundschaftliche Bande mit jenen zu pflegen, über die er zu berichten hat. In einer solchen Situation brachte schon so mancher durcheinander, wem er eigentlich von Berufs wegen verpflichtet ist. Andererseits sind die meisten Tourreporter selbst Fans. Zwar mögen sie nicht dem Starkult verfallen sein, aber stets brennt doch genug Leidenschaft in ihnen, um sich verdächtige Fakten und bestimmte Fragen zu verkneifen, die ihren Sport in ein schlechtes Licht rücken könnten. René Latour erinnert sich, wie sich die anwesenden Journalisten wohler fühlten, ihre Notizblöcke stecken zu lassen, als Fausto Coppi begann, sein Herz über Doping im italienischen Amateurradsport zu öffnen. Das ist der Grund, warum im Tourtross bis zum heutigen Tag die Alarmglocken läuten und so mancher Akteur richtig ärgerlich werden kann, wenn fachfremde Journalisten nur des Nachrichtenwerts wegen bei einem Rennen auftauchen, und über dieses mit – wie Insider glauben – einfach viel zu wenig Respekt berichten.

Mitunter steigert sich die Diskretion zur Geheimhaltung. Die Fahrer achten behutsam darauf, nichts zu kommentieren, wenn die Gefahr besteht, dass eine Bemerkung auf sie zurückfällt. Robert Millar, in den 80er Jahren als starker Kletterer bekannt, sagt: »Es ist eine kleine Welt, deren Regeln du zu lernen hast. Das ist normal, wie bei jeder anderen Arbeitsstelle auch. Wenn du die Regeln nicht kennst, halte lieber deinen Mund. Denn, wenn du die Regeln brichst, wird dich keiner mehr mögen. Wenn du die Fahrer verärgerst, macht das schnell die Runde unter den Sportdirektoren. Das könnte dich den Job kosten. Sie verpflichten nur den, der sich einfügt, selbst wenn er weniger Klasse hat.« Millars Stoik war legendär. Mitunter konnte er ziemlich brüsk schweigen. Manche Journalisten waren von seinem Taktgefühl ausdrücklich ausgenommen: »Diese Kerle sehen das Rennen am Fernsehen und fragen dich hinterher, was gelaufen ist. Du siehst sie, wie sie während der Etappe pennen, weil sie sich die Nacht vorher besoffen haben. Halte ich einen dieser Typen für nutzlos, sage ich es ihm ins Gesicht.«

Bei der Tour 1999 galt der Franzose Christophe Bassons als einer der wenigen Fahrer, bei denen man sicher sein konnte, dass sie die Tour ohne EPO bestritten. Bassons führte für eine Zeitung ein Tourtagebuch, in dem er sein eigenes Rennen kommentierte. Schließlich kam er jedoch zu dem Schluss, dass es ohne Doping unmöglich sei, auch nur eine Etappe zu gewinnen. Zwar hatte er seine Ansicht etwas verklausuliert zum Ausdruck gebracht, doch das machte wenig Eindruck auf die übrigen Kollegen im Fahrerfeld – insbesondere nicht auf die Etappensieger und auf Lance Armstrong, den Träger des Gelben Trikots. Bassons war plötzlich ein Ausgestoßener, auch innerhalb der eigenen Mannschaft. Das kostete ihn den letzten Nerv, Basson packte seine Sachen und fuhr nach Hause. Manchmal kann der Radsport verdammt grausam sein.

Doch zunächst einmal war der Verdruss des Henri Desgrange über die Fahrradfabriken noch so groß, dass er darauf bestand, alle Fahrer müssten fortan auf gelben Fahrrädern ohne jeden Herstellerschriftzug antreten. Das war zwar nicht von langer Hand geplant, aber auch die Sponsoren waren über ihren Ausschluss dermaßen verärgert, dass sie dem Rennen auch kein Material mehr geben wollten. Da engagierte Desgrange einen ungenannten Hersteller und ließ seine eigenen Räder fertigen. Als – ohne Zweifel mit Zutun der eigentlich geheimen Radfabrik – heraus kam, auf welchem Material die Tourhelden unterwegs waren, steckten die Sponsoren jedoch in der Zwickmühle. Sie hatten ihre Unterstützung komplett zurückgezogen. Und jetzt gewann auch noch einer ihrer Stars auf einer Rennmaschine der Konkurrenz. Im nächsten Jahr erlaubten sie den Teilnehmern der Tour de France wieder, auf ihren Rädern anzutreten.

Die Ära der Nationalmannschaften dauerte länger als die der gelben Räder. Doch Fahrer, die sich das ganze Jahr über als Gegner zu betrachten hatten, verspürten ziemlich wenig Lust, urplötzlich zu kooperieren, nur weil sie in der Tour gemeinsam die Farben ihres Landes vertraten. Das Gehalt zahlten ja weiterhin die Sponsoren. So kam es vor, dass ein Belgier das Tempo verschleppen konnte, während es eigentlich seine Aufgabe gewesen wäre, einen französischen Fahrer zu verfolgen. Aber der war nun einmal den Rest der Saison sein Teamkollege. Oder ein Holländer hielt es für eine gute Idee, den Schrittmacher für einen Italiener zu mimen. Es gab zahllose Nebenschauplätze.

In den 50er Jahren gewannen die mannschaftsinternen Rivalitäten immer mehr an Brisanz: Für die Tour war es besonders tragisch, dass dies insbesondere die französischen Teams betraf. Einige Fahrer weigerten sich schlichtweg mit bestimmten Rivalen zusammenzufahren. Manch Teamleiter war vor allem damit beschäftigt, Waffenstillstandsvereinbarungen auf den Weg zu bringen. Binnen kurzer Zeit hatten französische Sponsoren die *Association Française de Constructeurs et Associés Sportifs* gegründet, um die Tourdirektion von ihrer strikten Haltung abzubringen. Gemeinsam argumentierten sie, dass Fahrradfabriken angesichts der wachsenden Konkurrenz der Auto- und Motorradindustrie zunehmend von der Schließung bedroht seien. Die Branche ihrer größten Publicity zu berauben, hieße: Über kurz oder lang gäbe es keine Radsportsponsoren mehr. Und damit keine Tour. 1962 hatten sie sich schließlich durchgesetzt: Das Fahrerfeld der Tour bestand fortan wieder aus Werksmannschaften.

12

Die goldenen Jahre

Jean Paul-Ollivier, der rasende Tourreporter, lässt keinen Zweifel gelten: »Die besten Jahre waren die 50er. Damals erreichte der Radsport nicht nur seinen Höhepunkt, sondern war auch außerordentlich reich an großen Persönlichkeiten. Nach dem Krieg war Europa auf der Suche nach eigenen Heroen. Der Radsport produzierte sie. Und genau diese Qualität ist es, die von den Sponsoren und den Mannschaften im Laufe der Zeit geopfert wurde: Die Fahrer, die Teams, heute ist doch alles austauschbar.

In den 50er Jahren und bis hinein in die 60er war die Tour ein *Phénomène*. Die Fahrer konnten noch sagen: ›Ich mache die Sache auf meine Weise, ich gehe meinen Weg.‹ Und dann gab es angesichts des Wandels, den Europa durchlief, auch eine große Rivalität zwischen den einzelnen Ländern – eine positive Rivalität: Frankreich, Belgien, Spanien, Italien, alle hatten ihre eigenen Champions. Die Fahrer verkörperten den Traum dieser Nationen. Heute hat es den Anschein, als kämen sie direkt aus der Fließbandproduktion.«

Jean-Paul Ollivier berichtet seit Anfang der 60er Jahre über Radrennen, beginnend mit Reportagen über Fausto Coppi. Er sah, wie Anquetil, Merckx, Hinault und Indurain die Tour jeweils fünf Mal gewannen. Doch er glaubt nicht, dass es jemandem gelingen könne, diesen Rekord noch zu überbieten. Eine Radsportkarriere dauere einfach nicht lang genug. Ollivier ist ein freundlicher, entspannter Herr, der mit seinem grauen Haar noch wie 50 aussieht, aber in Wirklichkeit ein paar Jahre älter ist. Er sitzt in einer grauen Freizeithose und einem hellblauen Hemd am Ende eines mit Zeitungen und Zeitschriften übersäten Tisches, der im zweiten Stock eines per Panzerglas gesicherten Gebäudes steht –

mitten im *Haute Couture*-Distrikt der Pariser Avenue Montaigne. Draußen vor der Tür treffen sich Mademoiselle Model und Monsieur Millionär. Hinter ihm in den Regalen stehen derweil seine eigenen Bücher über Roger Rivière, Louison Bobet, Jean Robic, Gino Bartali und andere Radsportgrößen.

Ohne Nachzuschauen zählt er mir die Namen der britischen Tourmannschaft von 1955 auf: »Bedwell, Steel, Mitchell, Kreps, Maitland, Wood, Hoar – der Letzte im Klassement...« Er kommt bis zu Brian Robinson, und ich, im Gefühl, wenigstens etwas dagegen halten zu müssen, werfe ein, dass Robinson sogar Etappensieger war. Ollivier weiß, wo und in welchem Jahr. Er vermag es, Ruhm und Versagen in den Zusammenhang einzuordnen. Und wenn einmal nichts passiert im Rennen, weiß er mit Wissenswertem über die Schlachten oder Gastronomie der durchquerten Landstriche zu brillieren. Jean-Paul Ollivier kann nichts vergessen. Als wir über den Tod von Tom Simpson sprechen, kann er im Nu dessen Mannschaftskameraden aufzählen. Es verärgert ihn zutiefst, dass ihm ein Name nicht einfallen will.

»Es war Michael Wright«, springe ich ein, nicht weil ich auch alle anderen im Kopf habe, sondern nur weil ich gemerkt habe, dass der noch fehlt.

»Oh, ja«, entgegnet Ollivier: »der Engländer, der kein Englisch sprach.« Wright war bereits als Kind mit seinen Eltern aus einem Kuhkaff namens Bishop Stortford nach Belgien gezogen. Er beherrschte kaum mehr seiner Muttersprache als »*Hello*« und »*Goodbye*«. Aber auf seinem Trikot prangte der Union Jack und er hatte eine englische Profilizenz.

»Ich wurde in Concarneau geboren, in Finistère«, berichtet Ollivier. »Dort wuchs man quasi mit dem Fahrrad auf. Hinault, Robic, Bobet stammen aus der Region. Und so entdeckte auch ich früh mein Herz für den Radsport. Anfangs fuhr ich selbst ein paar Rennen, dann fing ich an, über mein Hobby zu schreiben. Erst später bin ich dann der Tour gefolgt. Zum ersten Mal 1965. Als Radsportjournalist hatte ich mich erstmals 1961 betätigt. Dann nahm ich jedoch das Angebot an, als Korrespondent nach Afrika zu gehen. Das bedeutete für mich vorübergehend ein Ende des

Radsports. Aber früher oder später kehren wir ja alle zu unserer ersten Liebe zurück, oder? Meine erste Radioreportage sprach ich an meinem zwanzigsten Geburtstag, am 22. Mai 1964.«

Die 50er Jahre waren die Ära, in der die Trikots der Fahrer mit Kragen und mit zuknöpfbaren Brusttaschen aufwarteten und mit einem Korken verschlossene Trinkfaschen aus Metall in Halterungen am Lenker steckten. Wie Hugo Koblet hatten die Fahrer Schutzbrillen an ihren Ärmeln befestigt. Vor allem aber gab es in den 50er Jahren noch ein immenses Defizit an Kommunikation. Reisen waren den Wohlhabenden vorbehalten, Fernseher kaum verbreitet, Liveübertragungen sehr rar gesät.

Die 50er Jahre hatten ein Herz für moderne Märchen, sie verehrten Radsportler als Stars, die eine menschliche Dimension bewahrt hatten. Coppi war Botenjunge gewesen, Bobet ein Bäckerlehrling, Anquetil ein Metallarbeiter und Sohn eines Erdbeerzüchters. Die Zuschauer standen in Regenmänteln am Straßenrand und warteten darauf, schlicht und ergreifend einfach nur staunen zu dürfen. Zugegebenermaßen gab es auch nicht viel anderes, womit sich die Zeit vertreiben ließ. Doch nicht nur Ollivier schwelgt in Erinnerungen an die gute alte Zeit. Auch Francesco Moser, der Eddy Merckx den Stundenweltrekord abnehmen konnte, glaubt:

»Heute gibt es keine echten Champions mehr. Früher wurden Mannschaften um einen einzigen Fahrer herum aufgebaut. Jetzt fährt jeder nur noch für sich selbst. Die Rennen sind heute individueller. Es ist für die vermeintlichen Mannschaftskapitäne schwerer geworden. In den Tagen von Bartali und Coppi zählte nur die jeweilige Nummer 1. Als ich anfing, hatte jedes Team noch echte Domestiken. Als ich aufhörte, gab es sie längst nicht mehr.

Früher schob ein Domestike seinen Kapitän den Berg hinauf und stellte ihm sein Material zur Verfügung. Aber das gibt es heute nicht mehr. In den Zeiten von Coppi hatte der Domestike noch Bedeutung. Er sorgte dafür, dass der eigene Leader zum richtigen Zeitpunkt am richtigen Ort war, so dass er sich im passenden Moment einen entscheidenden Vorteil verschaffen konnte. Damals gab es eine strenge Hierarchie, die mittlerweile längst aufgehoben ist. Der gesamte Sport ist schneller geworden, jeder kann länger am Hinterrad bleiben. Es ist verdammt schwer geworden, entscheidende Akzente zu setzen.

Die Fans aber sind allesamt Traditionalisten. Sie wollen auch heute Rennen sehen, wie sie früher gefahren wurden. Doch das ist nicht mehr möglich, weil sich die Szene so komplett gewandelt hat.«

Während des Zweiten Weltkriegs hatte die Tour pausiert, 1947 ging sie wieder an den Start – als ein winkender Invalide, der wild entschlossen war zu beweisen, dass noch Leben in ihm glimmte. Die erste Nachkriegstour setzte sich am 25. Juni von Paris aus in Bewegung. Das 95-köpfige Starterfeld war eine Mischung aus Veteranen und Newcomern. Frankreich wollte einen der Veteranen siegen sehen: René Vietto. Stattdessen bekam es einen unbekannten Newcomer als Sieger: den 25-jährigen Jean Robic, der für eines der Regionalteams fuhr und zudem noch den Frevel beging, jenes ungeschriebene Gesetz zu brechen, nach dem das Gelbe Trikot auf der letzten Etappe nicht mehr attackiert wird. Robic steckte alle Kraft in einen verheerenden Parforceritt auf dem Bon-Secours, einem jener Hügel in der Bergkette rund um Rouen, und gewann die Tour.

Robic war von so kleiner Gestalt, wie es sich für einen derartigen Überraschungssieger gehörte – ähnlich wie Romain Maes, der 1935 einen Start-Ziel-Sieg feiern durfte. Robic saß auf einem Rad mit einer Rahmenhöhe von 19 Zoll, trat jedoch in für seine Körpergröße ungewöhnliche lange 172-Millimeter-Kurbeln. Er konnte eine Übersetzung von 44x21 treten, wo andere an 44x24 verzweifelten. Die Franzosen verehrten seinen Mut. Viele begeisterten sich für die Idee, dass ein hagerer Kerl mit Segelohren erfolgreich sein konnte, obwohl er in Fußballshorts auf einem viel zu großen Rad fuhr. Pariser Journalisten nannten Robic *Le Fardadet de la Lande Bretone*, den Kobold aus den bretonischen Sümpfen. Nicht alle mochten ihn. Insbesondere manch Fahrerkollege hatte wenig übrig für seinen Eigensinn und seine Hinterhältigkeit. Sie spotteten lauthals über Robic, der wie so viele begnadete Kletterer ein kleiner, hässlicher Kerl war. Fans nannten in *Biquet*, was so viel heißt wie das Kind oder der Kleine. Seine Feinde hingegen verspotteten ihn als *Tête de Cuir*, den Lederkopf, ob des wurstartigen Helms, den er wegen seiner häufigen Stürze trug. Robic sah im Rennen stets aus wie jemand, der ein paar Boxrunden zuviel hinter sich hatte.

Der große Verlierer an jenem Tag, an dem der Kleine seine Tour gewann, war Pierre Brambilla, ein Mann mit hoher Stirn und wenig Ahnung, ob er Italiener oder Franzose war. Nachname und Familie zeugten von italienischen Wurzeln. Aber der Vorname stammte zweifelsohne aus dem Französischen. Brambilla war auch in Annecy aufgewachsen. Frankreich hatte 1903 nicht gezögert, den ersten, eigentlich in Italien geborenen Toursieger Maurice Garin zu adoptieren. Aber 1947 waren die Zeiten andere, die Erinnerungen an den Krieg noch frisch, die Verwüstungen und Zeichen der Besetzung allzu sichtbar. Hinzu kam, dass Brambilla in einem Team fuhr, zu dem ausschließlich in Frankreich lebende Italiener gehörten. Das Feld mag wenig für Robic übergehabt haben. Diesen Haufen Italiener aber schätzte es noch weit weniger. Und so verspürte Robic kaum Gegenwehr, als er Brambilla auf einem Anstieg davon sprang und zu einer unbehelligten Ausreißergruppe aufschloss. Briek Schotte gewann die Etappe, Robic die Tour. Brambilla hingegen war ob dieses »Verrats« sein Leben lang verbittert. Die Legende will, dass er sein Rad verzweifelt im Garten vergrub.

Währenddessen waren Robics Charakter, Ausdrucksweise und Verhalten weiterhin wenig geeignet, außer Rennen auch Freunde zu gewinnen. Rasch fand er sich auf dem Boden der Tatsachen wieder: Zwei Tage bevor die Tour von 1949 endete, erreichte er das Etappenziel Chalon-Sur-Saône außerhalb des Zeitlimits und wurde disqualifiziert – und das, obwohl das Feld bei diesem Tagesabschnitt recht gemächlich mit 32 Stundenkilometern ins Ziel gejuckelt war. Jeder andere frühere Toursieger wäre wohl begnadigt worden. Robic nicht.

Irgendwann wurde aus der vom Krieg geprägten Feindschaft zwischen den Nationen wieder eine normale Rivalität. Es entstand jene Atmosphäre, die Jean-Paul Ollivier so schätzt: Mannschaften mit eindeutigen Chefs, der Höhepunkt eines Systems, das laut Ollivier in jedem Rennen zwei Dutzend von der eigenen Mannschaft bedingungslos unterstützte Siegkandidaten produzierte - anstatt wie heute sechs oder sieben. Der größte Fahrer dieser Nachkriegsära war ein hagerer, an einen Fischreiher erinnernder Mann namens Fausto Coppi.

Coppi, wissen die Astrologen, wurde am 15. September 1919 um 21 Uhr 30 im italienischen Castellania geboren, null Grad und 51 Minuten östlicher Länge, 28 Grad und eine Minute nördlicher Breite. Allein aus diesen Angaben vermögen sie vermutlich vorauszusagen, dass Coppi der erste Mann sein sollte, der in einer Saison die Tour und den Giro gewinnen konnte. Allzu schwer auszumachen ist Castellania nicht: Beim Blick auf eine Landkarte findet sich am Schaft des Stiefels von Italien recht schnell der Hafen von Genua. Von dort aus folgt man Richtung Norden der neuen Hauptstraße nach Mailand, und sieht, wie sie einen Linksschwung um eine Stadt macht, die an der alten Fernstraße liegt. Das ist Tortona, wo Fausto nach dem ersten Weltkrieg als Botenjunge für einen Metzger unterwegs war. In 25 Kilometern Entfernung befindet sich Castellania, Coppis Dorf. Die Straße, in der er gewohnt hat, heißt heute folgerichtig Via Fausto Coppi. Wer hinauf zur Dorfkirche klettert, findet auf dem Friedhof vier, knapp drei Fuß hohe Pfähle aus Kupfer, die seine größten Erfolge aufzählen:

1940	Giro d'Italia
1942	Italienischer Straßenmeister; Stundenweltrekord (ungebrochen bis 1956)
1946	Grand Prix des Nations, Mailand–San Remo, Lombardeirundfahrt
1947	Giro d'Italia, Grand Prix des Nations, Italienischer Straßenmeister, Lombardeirundfahrt, Verfolgungsweltmeister

1948	Mailand–San Remo, Lombardeirundfahrt
1949	Giro d'Italia, Desgrange-Colombo Challenge, Italienischer Straßenmeister; Mailand–San Remo, Lombardeirundfahrt, Verfolgungsweltmeister
1950	Flèche Wallone, Paris–Roubaix
1952	Giro d'Italia, Tour de France
1953	Giro d'Italia, Straßenweltmeister
1954	Lombardeirundfahrt
1955	Italienischer Straßenmeister

Ein Fausto Coppi vermochte selbst jene einzuschüchtern, die für ihn arbeiteten. Ein Foto zeigt, wie er während des Giro seine Maschine hält. Während ein Rad auf dem Boden liegt, versucht ein Mechaniker fieberhaft, ein Hinterrad in der vorderen Gabel unterzubringen. Die Bildunterschrift lautet: »Gebt mir einen Revolver, damit ich diesen Trottel erschießen kann.«

Coppi war von 1940 bis 1959 Radprofi, mit einer unfreiwilligen Pause von 1943 bis 1946. Denn im Tunesienkrieg geriet er in englische Kriegsgefangenschaft. Das wusste ihm jedoch wenig anzuhaben: Direkt nach seiner Entlassung und jahrelanger Rennpause gewann Coppi 1946 den Frühjahrsklassiker Mailand–San Remo. Er verfügte über einen tiefen, aber sehr schmalen Brustkorb. Seine Waden hätten auch einem Invaliden gehören können. Stets fuhr er mit buckligem Rücken, die Schultern eng zusammengezogen. Und doch war sein Stil von seltsamer Schönheit. Der französische Journalist Albert Baker d'Isy schrieb einmal, Coppi verfüge über die »reinen Formen der griechischen Akropolis in Kombination mit dem windschnittigen Rumpf eines modernen Flugzeugs.«

Auch André Leducq huldigte Coppis Stil: »Es scheint, als liebkose er seinen Lenkergriff eher, als dass er diesen wirklich greife. Gleichzeitig hat es den Anschein, als sei sein Körper fest mit Schrauben im Sattel verankert. Seine langen Beine gehen wie mit den Gelenken einer Gazelle in die Pedale über. Am Ende jedes Pedaltritts beugen sich seine Knöchel graziös, und es wäre wundervoll, diese Bewegung einmal in Zeitlupe auf

Niemand weiß, wie erfolgreich ein Fausto Coppi wirklich gewesen wäre, hätte nicht der Zweite Weltkrieg seine Karriere mehrere Jahre lang unterbrochen. Vielen Radsportenthusiasten gilt Coppi noch heute als der größte, der bewundernswerteste Fahrer aller Zeiten. Nur leider wusste er nicht, wann es Zeit war aufzuhören.

einer Kinoleinwand analysieren zu können – zu sehen, wie all seine beweglichen Teile gut geölt sind. Wenn er ohne sichtbare Anstrengungen klettert wie ein großer Künstler, dem scheinbar mühelos ein Aquarell gelingt, erscheint sein längliches Gesicht wie die Klinge eines Messers.«

Ich selbst habe Fausto Coppi leider nur einmal fahren sehen. Und das nicht einmal live, sondern in dem Film *Of Sport and Men*. Dort sieht man ihn auf einem langen Anstieg, zwei Dutzend Fahrer in den Trikots ihrer Nationalmannschaft kleben an seinem Hinterrad. Er sieht halb verhungert aus, hohlwangig, schlichtweg krank. Kein anderer hat diese hängenden, öligen Haare, diesen Mund, der sich nie wirklich harmonisch in sein Gesicht einfügen wollte, diese kugelrunden Augen. Er fährt auf dem kleinen Kettenblatt, tritt mit hoher Frequenz, aber nicht wirklich schnell. Ein Handschuh greift den Lenker, ein anderer leert eine Stofftasche, die über seiner Schulter hängt. Es sieht aus, also krame er Zwetschgen hervor. Und erst als er sicher ist, dass der Beutel komplett leer ist, wirft er ihn einem kleinen Jungen in kurzen Hosen als Souvenir zu. Dann ist wieder Zeit, sich ernsthaft dem Geschäft zu widmen. Er greift mit beiden Händen nach vorn, reißt härter am Lenker und fährt allen anderen davon. Pierre Chany sagte: »Es ist eine bewiesene Tatsache, dass Fausto Coppi zwischen 1946 und 1954 nie eingeholt wurde, wenn er dem Feld einmal entkommen war.«

Coppis größter Rivale hingegen fuhr wie ein Engel und sah aus wie ein Boxer: Gino Bartali. Die Wege der beiden kreuzten sich erstmals am 7. Januar 1940. Bartali saß in Mailand im Haus von Eberrado Pavesi und nahm gelassen den Pfeifenqualm hin, den der alte Mann unablässlich produzierte. Bartali nannte Pavesi »Vater«. Und »Vater« erzählte ihm nun, wen er als Unterstützung im kommenden Giro für das Legnano-Team verpflichtet habe. Bartali runzelte die Stirn: Dieser Fausto Coppi war doch wohl zu schwach für eine solche Aufgabe.

Schwach? Bartali würde sich schon alsbald wundern. Gleich bei der ersten Etappe des Giro nämlich stürzte Bartali, und Coppi hatte als einziger Legnano-Fahrer die Kraft, ihn bei den folgenden Attacken zu unterstützen, während sich der Rest der Mannschaft nach und nach verabschieden musste. Und das als Neuling. Vorerst blieb Bartali die Nummer 1 bei Legnano. Dann aber hatte Coppi am Abetone den Mumm, auf eigene Faust eine Ausreißergruppe zu verfolgen und zu überholen. Er gewann die Etappe mit vier Minuten Vorsprung, obwohl Bartali die gesamte Mannschaft für die Verfolgung des Teamkollegen mobilisiert hatte. Coppi übernahm die Führung im Rennen – ein Affront, den Bartali ihm niemals verzeihen sollte. Ihre Rivalität dauerte knapp 20 Jahre und teilte Italien in zwei Lager: in Anhänger des religiösen Bauern Bartali und in Anhänger des weltgewandten Coppi. Wenn Bartali aß, standen stets Heiligenfiguren auf dem Tisch. Er pilgerte nach Lourdes. Währenddessen verbarg Coppi zwar in der Öffentlichkeit seinen Atheismus, doch sich vor einem Rennen zu bekreuzigen, wäre ihm nicht im Traum eingefallen. Derlei klingt heute vielleicht banal, machte aber im damaligen Italien einen gewaltigen Unterschied.

»Ich glaube, der liebe Gott hat Wichtigeres zu tun, als sich um die Übersetzungen von Rennrädern zu kümmern«, sagte Coppi. Und je städtischer der auftrat, desto mehr Radsportfans konnte er für sich begeistern, desto zahlenkräftiger wurde aber auch die Anhängerschaft Bartalis. Géminiani erinnerte sich: »Es war während eines Giros. Bartali war gerade italienischer Meister und äußerst populär. Sobald die Menge sein grün-weiß-rotes Meistertrikot sah, skandierte sie ›Gi – no! Gi – no!‹ Das ging Coppi nach einer Weile ziemlich auf die Nerven, vor allem weil Bartali bis dahin kaum etwas gezeigt und nur auf die Stärke unserer Bianchi-Mannschaft gesetzt hatte. Donato Piazza, einer unserer Teamkollegen und ein Klotz von einem Kerl, war gleichzeitig italienischer Verfolgungsmeister. Also fragte Fausto ihn, ob er nicht auch sein Meistertrikot tragen und immer schön an der Spitze des Feldes fahren könne. Die Fans jubelten und applaudierten, als sie Piazza sahen. Schließlich dachten sie, er sei Bartali. Als dann später der echte Bartali auftauchte, nahm keiner mehr Notiz. Fausto bezahlte gern die Strafe, die sie Piazza auferlegten, weil er ein Trikot angehabt hatte, das er nur auf der Bahn tragen durfte.«

1948 gewann Bartali zwei Etappen nach Lourdes und Toulouse, dann mit den Tagesabschnitten nach Briançon, Aix-les-Bains und Lausanne alle Alpen-Etappen und schließlich auch das Finale in Paris. Im nächsten Jahr hatte sich das Kräfteverhältnis verschoben. Als Coppi den Rivalen am Izoard einholte, wurde Bartali bewusst, dass sich seine Karriere dem Ende zuneigte. Also bot er Coppi ein Geschäft an. Er rief ihm zu: »Ich habe heute Geburtstag. Lass uns zusammen ins Ziel fahren. Morgen kannst Du dann die Tour gewinnen.« Coppi willigte ein: Bartali siegte in Briançon, er selbst gewann die Rundfahrt. In Paris war sein rekordträchtiger Vorsprung mit 28 Minuten und 27 Sekunden so immens, dass sich Jacques Goddet veranlasst sah, das Preisgeld für den zweiten Platz zu verdoppeln. Und dermaßen groß war die Ehrfurcht der übrigen Fahrer, dass ein Namenloser namens Jacques Vivier den Reportern in die Notizblöcke diktierte: »Ich danke Herrn Coppi, dass er mir erlaubt hat, hier zu Hause diese Etappe vor meinen eigenen Leuten gewinnen zu dürfen. Herr Coppi ist ein Gentleman.«

Traurigerweise war Herr Coppi aber auch von Stürzen, gebrochenen Nasen und Pannen geplagt. Und er beging einen großen Fehler: Er verließ seine Frau Bruna. La Stampa entdeckte ihn in Begleitung eines weißen Regenmantels und veröffentlichte ein Foto mit der Schlagzeile: *La Dama in bianco di Fausto Coppi*, Fausto Coppis Dame in Weiß. Der provokante Spitzname der Geliebten steigerte noch die Schande eines Ehebruchs im Italien der 50er Jahre: Giulia Occhinni, wie Coppi bereits verheiratet, wurde in der Folge vom gehörnten Ehemann ebenso drangsaliert, wie von der Öffentlichkeit, der Presse und sogar von der Polizei. Kriminalbeamte durchsuchten das Haus der beiden, um nachzuprüfen, ob Occhinni und Coppi in einem Bett schliefen. Selbst der Papst forderte Coppi auf, zu seiner Gattin zurückzukehren. Und als der nicht daran dachte, weigerte sich der Heilige Vater fortan, dem Giro seinen Segen zu geben, solange dieser Ehebrecher am Start war.

Coppi hatte ein zweites Problem: Er wusste nicht, wann es genug war. Chany berichtet, dass Coppi bei der Spanienrundfahrt 1959 der erste war,

Italien verehrte den unvergleichlichen Stil, mit dem Fausto Coppi in die Pedale trat. Ein wenig katholischer Lebenswandel ließ ihn später jedoch bei den Autoritäten des Landes in Ungnade fallen.

der zurückfiel. Nicht bei einer Etappe, sondern jeden Tag aufs Neue. Die Veranstalter von Kriterien verkürzten ihre Rennen auf 45 Kilometer. Nur so konnten sie sicher sein, dass der große Star auch das Ziel erreichte. Einige machten den exquisiten Geschmack der Dame in Weiß und den entsprechenden Finanzbedarf Coppis für diese Blamagen verantwortlich, aber an Geldmangel litt der nicht. Das Finanzamt rechnete aus, dass Coppi 1955 und 1956 rund 80.000 Dollar verdiente, dass er Immobilien und Bauernhöfe ebenso besaß wie eine Rasierklingenfabrik und Anteile an zwei Fahrradherstellern. Es heißt, er habe 25.000 von Carpano bekommen und 800 Dollar für jeden Auftritt bei Bahnrennen – auch dann noch, als er den Zenit seiner Karriere längst überschritten hatte. Das waren kolossale Summen. Schließlich hätten sich die allermeisten Italiener über einen Wochenverdienst von 20 Dollar glücklich geschätzt. Allein Coppis Grundbesitz aber war rund 1,5 Millionen Dollar wert.

Je schlechter Coppi fuhr, desto geknickter und apathischer wurde er. Chany nannte den späten Coppi »eine wunderbare und groteske Niete, einen müden und desillusionierten Mann, der in Selbstironie badet; nichts außer der Wärme einer einfachen Freundschaft kann seine Melancholie noch durchdringen.« Fausto Coppi starb im Alter von 40 Jahren: am 2. Januar, morgens um 8 Uhr 45. Er litt an Malaria, die er sich in Burkina Faso zugezogen hatte: auf einer Safari im Wildtierreservat Porga, wohin er nach ein paar Schaurennen aufgebrochen war, die er zusammen mit Anquetil und Géminiani in Ouagadougou bestritten hatte, der Hauptstadt des Landes. Géminiani, der das Gastspiel in Afrika ebenfalls mit einer Malariaerkrankung bezahlt hatte, überlebte dank einer anderen Behandlung. Der Todefall des Champions beschäftigte sogar das italienische Parlament.

Ein Priester gab Coppi erst dann die letzte Ölung, nachdem sich die Dame in Weiß bereit erklärt hatte, Fausto zu seiner Familie zurückzuschicken, sollte er die Krankheit überleben. In der Gazetta dello Sport nahmen die Nachrufe kein Ende. Auch in L'Équipe füllten sie zwei Seiten. Jacques Goddet schrieb: »Sein Tod war auf grausame Art erwartet worden...Wie gern hätten wir ihn angefleht: ›Stop!‹ Und weil es sich niemand traute, nahm sich das Schicksal dieser Aufgabe an.« Wie paralysiert stand ein Besucher der Beerdigung da und erzählte haarklein die Geschichte seiner Rettung, die an jenem Tag begonnen hatte, an dem ihm Fausto Coppi 10.000 Lire geliehen hatte. Anquetil, Bartali, Bobet und Rivière waren unter den Tausenden von Trauergästen. Die Kränze erstreckten sich über fast 300 Meter. Die Dame in Weiß saß dort mit Faustino, ihrem gemeinsamen Sohn, und dankte für die Beileidsbekundungen.

Befreundete Radsportler trugen den Sarg, ein großes Portrait des Champions vorneweg. Coppi wurde in Erde begraben, die man vom Izoard hinab gebracht hatte. In einem der vielen Bücher über sein Leben schreibt ein Herausgeber der Gazetta dello Sport: »Ich bete, dass uns der liebe Gott schon bald einen neuen Coppi senden möge.«

13

Der Sommer von `64

Coppi und Bartali gaben die Bühne frei. Für Raymond Poulidor und Jacques Anquetil.

Der Name Anquetil kommt aus dem Altnordisch-Germanischen. *Ans* war ein Titel, den Adelsfamilien der Goten benutzten. *Ketell* bedeutet Kessel. Jacques Anquetil galt als etwas desinteressierter Fahrer, der selten auf eigene Faust attackierte. Er kannte nicht einmal die Namen vieler seiner Mitstreiter. Aber er hat nie Sekunden eingebüßt, wenn es darauf ankam. Und er gewann Minuten, wo sich ihm die Chance bot: Im Rennen gegen die Uhr fuhr Anquetil die Konkurrenz in Grund und Boden. Denn er perfektionierte jene Grundregeln der Aerodynamik, die den Radfahrer in eine eiförmige Haltung zwängen: Flach auf dem Rahmen lag Jacques Anquetil im Zeitfahren, die Zehen nach unten durchgestreckt, Unmengen von Schweiß vergießend. Er fuhr, als erwarte er im nächsten Moment eine niedrige Unterführung.

Als Profi hat Anquetil nie die französische Straßenmeisterschaft gewonnen, noch konnte er sich jemals als Weltmeister feiern lassen. In den Siegerlisten der großen Eintagesklassiker findet sich sein Name nur bei Lüttich–Bastogne–Lüttich. Mit 18 aber war Anquetil bereits französischer Amateurmeister und gewann bei den Olympischen Spielen von Helsinki Bronze im Mannschaftszeitfahren. Und dann mit 19 siegte er – noch nicht vollständig in den Profisport gewechselt – beim Grand Prix des Nations, der inoffiziellen Weltmeisterschaft im Zeitfahren.

Zu seiner Zeit war Anquetil der Fahrer, der am meisten in der Öffentlichkeit stand. Doch er hat nie die Nähe des Publikums gesucht. Mit den Zuschauern wurde Jacques Anquetil Zeit seiner Karriere nicht warm.

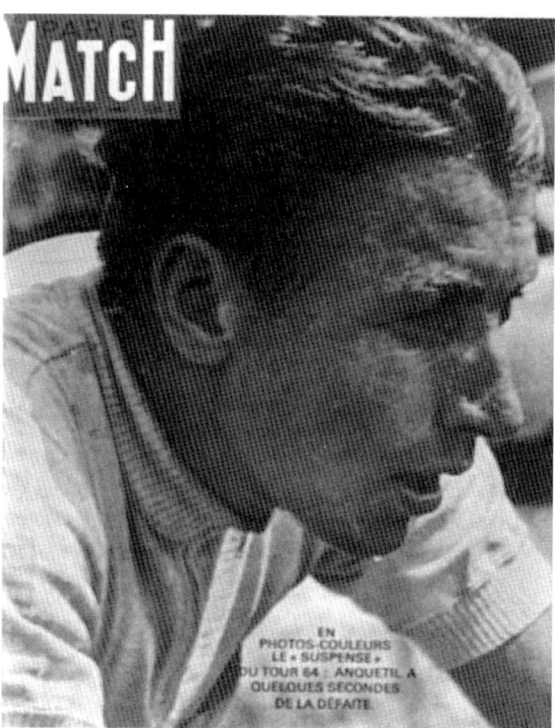

Kaum ein anderer Radsportler fuhr so elegant wie Jacques Anquetil. Seine Schultern bewegten sich im Rennen so wenig, dass man ein Glas Wasser auf ihnen hätte abstellen können, ohne dass etwas übergeschwappt wäre. Er wurde ebenso selten abgehängt, wie es ihm selbst gelang, anderen davonzufahren.

Autogramme schrieb er eher widerstrebend. So wurde er stets eher bewundert denn geliebt. Bei der Tour de France des Jahres 1959 etwa tat sich Anquetil lieber mit anderen französischen Fahren zusammen, um den Spanier Bahamontes gewinnen zu lassen, als den Landsmann Henry Anglade – hätte dessen Sieg doch ihre eigenen Startprämien bei den folgenden Einladungsrennen gefährdet. Die Zuschauer machten ihren Unmut lautstark kund. Und was tat Anquetil? Der kaufte sich ein kleines Boot und taufte es mit schwarzem Humor »Die Trillerpfeifen von '59«.

All das heißt nicht, dass es an Büchern zu seiner Person fehlt. In einem eher anspruchslosen Restaurant in Thouars treffe ich mich mit dem Anquetil-Biografen Richard Yates zum Essen. Während sein Hund zu unseren Füßen liegt, die Leine ans Tischbein gebunden, erzählt mir Yates: »Ich weiß bis heute nicht, ob ich ihn mag oder ob er mir zuwider ist. Ich weiß nicht einmal, ob ich ihn richtig kenne. Es gab eine ganze Reihe verschiedener Anquetils. Da war der eine Anquetil in Gemeinschaft anderer Fahrer, die ihn wirklich schätzten. Dann war da der Anquetil, der alleine zu Haus saß. Und da war der Anquetil, der genau um den Nutzen eines geschickten Bluffs wusste.«

Ich frage Yates nach einem Beispiel.

»Sehen Sie«, holt er aus: »als Anquetil den Grand Prix des Nations gewann, war er außerhalb Frankreichs noch ein absolut Unbekannter. Vor dem Rennen ging er zu Coppi, dem großen Star der damaligen Zeit. Auf allen Fotos, die Anquetil in seinem normalen Leben zeigen, trägt er nur äußerst feine Garderobe. Er war ein Mann, der gute Kleidung mochte und sie sich auch leisten konnte. Aber als er zu Coppi ging, hatte er das Kostüm eines verarmten Bauern übergestreift. Er wollte dem Meister den Eindruck vermitteln, er hätte es nur mit einem Hinterwäldler zu tun, über den man sich keine Sorgen machen müsse.«

«Für die Pressefotografen wiederholte er nach seinem Sieg beim Nations das Schauspiel des verarmten Bauernsohns. In Wirklichkeit stand da jemand, der niemals etwas mit Landwirtschaft zu tun gehabt, sondern eine Ausbildung auf der Fachoberschule genossen hatte. Aber was zeigen die Fotos, die Anquetil nach dem Nations arrangierte oder zumindest einfädelte? Einen Mann, der Hühner füttert und Holzschuhe trägt. Zwar nicht auf seinem Bauernhof, aber auf dem seines Vaters. Anquetil? In Holzschuhen? Dieser Mensch schätzte es, mit Journalisten zu sprechen. Er war ein Mann, der im Fernsehen mit klarer Stimme und festen Überzeugungen sprach. Und auf der anderen Seite berichten so viele Augenzeugen auch von einem Anquetil, der sich aus Angst erkannt zu werden, nicht in ein Restaurant traute.«

Der britische Holzhändler Vic Keller wollte Anquetil einmal für die Teilnahme an einem Zeitfahren gewinnen, das auf der damals schnellsten und populärsten Radrennstrecke Englands von London bis zur Themsemündung im Ferienort Southend führte. Bei einem Mittagessen nahe des Leicester Square erzählte Tom Simpson dem Gast aus Frankreich, dass Zeitfahren im britischen Radsport von besonderer Bedeutung und alle Rennstrecken flach seien. Und als Alan Gayfer, ein Redakteur von Cycling, Anquetil dann fragte, welche Zeit er sich vornehme, antwortete der: 46 Minuten. Der aktuelle Rekordhalter Bas Breedon hatte 54 Minuten und 23 Sekunden benötigt. Ohne einen Rat eingeholt zu haben, ging Anquetil davon aus, den Streckenrekord um mehr als acht Minuten zu unterbieten.

Als Ausgleich zum Renommee des kühlen Verstandsmenschen, der sich hinter hohen Wagen und stets perfekter Frisur versteckte, genoss Anquetil den Ruf eines Schürzenjägers. Als ihn ein Junge fragte, wie man sich am besten auf ein Rennen vorbereite, gab Anquetil zur Antwort: »Mit einer hübschen Frau und einer Flasche Champagner.« Und der Journalist Jack Wadley berichtet davon, vor einem wichtigen Rennen mit Anquetil in dessen geräumigen Schloss in Neuville-Chant d'Oisel bei Rouen bis tief in Nacht Karten gespielt zu haben. Anquetil war vernarrt in Poker. Meistens verlor er: Genau wie im Radsport, riet ihm der Instinkt, allzu wenig zu riskieren.

Auf der Höhe seiner Karriere aufgenommene Fotos zeigen Anquetil, wie er leger eine Zigarette hält, die Sonne genießt, sich an Rindfleisch und Sangria schadlos hält und das Leben genau des reichen Mannes lebt, der er auch tatsächlich war. Diese Aufnahmen stammen aus Andorra, dem 181 Quadratkilometer großen, seit dem 13. Jahrhundert im Wechsel von Frankreich und Spanien regierten Zwergstaat in den Pyrenäen, der für seine Skiressorts und für zollfreies Einkaufen berühmt ist. Und für seine Fähigkeit, Touristen auszunehmen. Anquetil genießt hier den Ruhetag der Tour de France. Er lebt mitten im Rennen ein freizügiges Leben – ohne, dass es ihn den Sieg kosten sollte.

Die Geschichte beginnt damit, dass L'Équipe vor dem Tourstart damals wie heute einen Hellseher namens Marcel Belline befragt hat. Und der prophezeite Jacques Anquetil: »Du wirst auf der 14. Etappe nach einem Sturz aufgeben.« Anquetil trat auf dem entsprechenden Tagesabschnitt tatsächlich müde wie eine gestopfte Sau in die Pedale. Antonin Magne, der seltsam höfliche Manager des Mercier-Teams (Magne redete seine Fahrer eher mit *vous* als mit dem informellen *tu* an), für das Anquetils schärfster Rivale Raymond Poulidor fuhr, hatte vom Anfall der Genusssucht in Andorra gehört. Also wies er seinen Spitzenfahrer an, Anquetil am Col d'Envalira gründlich auseinander zu nehmen.

Und so geschah es. Anquetil sah hilflos zu, wie ihm der Toursieg in Form des fliederfarbenen Trikots von Raymond Poulidor davonfuhr. Sein sportlicher Leiter Raphaël Géminiani war der Verzweiflung nahe. Er beorderte den dunkelhaarigen Hünen Louis Rostollan an Anquetils Seite, um an dessen Ehre zu appellieren. »Hast du vergessen, dass du Anquetil heißt?«, stichelte Rostollan pflichtgemäß. Doch der wälzte sich weiterhin träge den Berg hinauf. Anschiebend hielt Rostollan den Teamkapitän im Rennen. Nichts half. Der Rückstand war bereits auf vier Minuten angewachsen. Dann fiel Géminianis Blick auf die Flasche Champagner, die für eine etwaige Siegesfeier im Mannschaftswagen lag. Seine Entscheidung war gereift.

»Entweder bringt dich das Zeug um, oder es hilft dir wieder auf die Beine«, rief der sportliche Leiter und reichte Anquetil eine randvolle Trinkflasche. Anquetil rang sich zunächst weiterhin mühsam durch den

Nebel, der tief im Gebirge hängenden Wolken. Dann aber fand er langsam wieder einen runden Tritt. Er kämpfte sich zurück an die Mannschaftswagen, die hinter dem großen Feld fuhren. Und am Gipfel, in einem Moment, der nur den außerordentlich Begabten zuteil wird, nahm er eine Abfahrt äußerster Rasanz in Angriff. Er mutierte zum Piloten, der im Nebel zum Landeanflug ansetzt. Fast blind vor lauter Dunstschwaden und aufspritzendem Wasser orientierte er sich allein an den Bremslichtern der weit vor ihm fahrenden Autos. Die Haarnadelkurven waren unsichtbar, doch er nahm schemenhaft wahr, wann die Fahrer der Begleitfahrzeuge aufs Bremspedal traten. Wo die Autos vor ihm im Nebel langsamer wurden, tat es auch Anquetil. Er lebte nur von seinen Reflexen. Er nahm furchtbare Risiken in Kauf. Aber er lebte.

Im Tal hatte er Raymond Poulidors Vorsprung halbiert. Dann holte er eine Gruppe ein, die vom kleinen Georges Groussard angeführt wurde, der für die Brauerei Pelforth fuhr. Anquetil hingegen startete für eine Mannschaft, die von St. Raphaël gesponsert wurde, einem Hersteller von Aperitifs. Das hätte unter normalen Umständen vermutlich bereits ausgereicht, um jedwede Zusammenarbeit der beiden zu unterbinden. Doch Groussard trug das Gelbe Trikot des Führenden. Er wusste: Ohne Anquetils Hilfe wäre es verloren. Beide hatten also ihre ganz eigenen Beweggründe, dass sie Raymond Poulidor nicht in Gelb sehen wollten. Und gemeinsam gelang es ihnen tatsächlich, die Führungsgruppe noch zu stellen.

Sollte es wirklich einmal nur Pech gewesen sein, das Raymond Poulidor scheitern ließ, dann an diesem Tag. Anquetil war auf der Etappe von den Toten auferstanden. Groussard hatte seinen Rückstand wieder aufgeholt. Und nun erlitt Poulidor auch noch einen Reifenschaden. War das endlich genug des Unheils? Mitnichten. In einem Anfall von Nervosität ließ der zuständige Mechaniker Poulidors Ersatzrad vom Dach des Begleitfahrzeugs fallen. So hart schlug die Maschine auf dem Asphalt auf, dass es wie ein gut aufgepumpter Ball wieder hochsprang und dem Pechvogel Poulidor eine blutige Nase verpasste. Anquetil gewann die Tour zum fünften Mal.

Das legendäre Duell von Raymond Poulidor und Jacques Anquetil im Sommer 1964: Am Col d'Envalira sah Poulidor wie der sichere Sieger aus, doch Anquetil stand von den Toten auf, hielt im Ellbogenduell am Puy-de-Dôme dagegen und ließ Poulidor ewiger Zweiter bleiben.

Mit 20 Jahren hatte Anquetil bereits eine nationale Meisterschaft, eine olympische Bronzemedaille und den Grand Prix des Nations gewonnen. Poulidor hingegen war in diesem Alter noch nicht einmal mit der Bahn gefahren. In diesen Genuss kam er das erste Mal, als er zur Armee eingezogen wurde. Noch heute lebt Raymond Poulidor nahe Limoges in Saint-Léonard-de-Noblat, wo er auch aufgewachsen war und sein erstes Rennen gewonnen hatte. Lachend bestätigt er: »Ja, ich weiß um meinen Ruf als Junge vom Land. Wenn ich früher gewann, hörte ich die anderen Fahrer lästern ›*Tiens, Poulidor va s'acheter une vache*‹« – Jetzt kann sich der Poulidor wieder eine Kuh kaufen.

Er war in der Lage, scheußliche Fehler zu begehen. Ein befreundeter Franzose sagte mir einmal, Poulidor hätte *les jambes d'un cheval mais la tête d'un vache* – die Beine eines Pferdes, aber den Kopf einer Kuh. In dieser Tour de France des Jahres 1964, als er dem Gesamtsieg so nah war, riss er im Vélodrome von Monte Carlo seine Arme eine Runde zu früh zum Jubel in die Höhe. Er verlor die Etappe und mit ihr eine Minute Zeitgutschrift, die ausgereicht hätte, Anquetil zu verdrängen. Der aber war am richtigen Zielstrich zur Stelle und ließ einen Raymond Poulidor zurück, der sein Rad vor lauter Wut auf den Boden schleuderte. Jahr für Jahr stand Poulidor auf dem Siegertreppchen der Tour, aber nie als Gewinner. Wie das Krokodil, das Capain Hooks Arm verschlang, blieb ihm nie mehr, als Anquetil zu folgen. In der verzweifelten Hoffnung auf mehr.

Über den großen Konkurrenten sagt Poulidor heute: »Ich denke immer noch an ihn. Nicht täglich, aber doch hin und wieder. Lange Jahre habe ich ihn verabscheut. Bei den Kirmesrennen im Anschluss an die Tour haben wir nie am selben Tisch miteinander gegessen. Häufig war es seine Frau Jeanine, die Botschaften zwischen uns überbringen musste. Doch mit der Zeit haben wir uns ausgesöhnt. Und als er dann starb, hatte ich das Gefühl, ich würde einen Bruder verlieren.«

Genau wie sich zuvor in Italien die Anhänger Bartalis und Coppis gegenüber standen, teilte auch die Rivalität zwischen Anquetil und Poulidor ganz Frankreich in zwei Lager. Die Beliebtheitswerte mögen geschwankt haben, doch in einem Jahr ergab eine Umfrage, dass 53

Prozent der Franzosen – vor allem aus ländlichen Regionen – hinter Poulidor standen und 47 Prozent hinter Anquetil. Poulidor, der die Tour de France heute als PR-Mann von Maison du Café begleitet, kann sich nicht erklären, warum er so populär war und warum die Menge auch jetzt noch *Poupou* skandiert, sobald sie ihn erspäht. Er hat seinen Spitznamen nie gemocht, aber hat gelernt, mit ihm zu leben. In seiner Jugend war er stets der »Pouli«, aber der Name *Poupou* (was so viel heißt wie »Püppchen«) verfolgte ihn von dem Moment an, in dem ihn Émile Besson von L'Humanité geprägt hatte. Denn der Kosename taugte für wortspielerische Schlagzeilen wie »*Poupoularité*« und kam der Neigung der Franzosen entgegen, lange Vokabeln abzukürzen.

»Vielleicht hat mein Name mitgeholfen«, erzählte Raymond Poulidor 1999 dem Journalisten Philippe Brunel für ein Interview in L'Équipe: »Mir fiel es stets leicht, zu lächeln, während sich Jacques damit ein bisschen schwer tat. Und dann hatte ich halt häufig Pech. Als ich 1968 aus der Tour ausscheiden musste, weil mich auf der Straße nach Albi ein Motorrad anfuhr, bekam ich zwei Wochen lang täglich 2.800 Briefe. Glücklicherweise hatten die meisten Briefmarken für die Rückantwort beigelegt. Sonst hätte mich die Angelegenheit ein Vermögen gekostet. In Kriterienrennen fuhr ich an der Seite von Jan Janssen. Der gewann, ich wurde als moralischer Sieger verkauft. Anquetil war von meiner Popularität genervt. In einigen der Einladungsrennen schlossen die Veranstalter ihre Verträge mit mir unter der Hand ab. Jacques sollte nicht erfahren, dass ich mehr bekam als er.«

Für viele erlebte nicht nur die Rivalität zwischen Anquetil und Poulidor, sondern auch die Tour de France ihren allergrößten Moment am 12. Juli 1964 auf dem Puy-de-Dôme. In der Mannschaft von Anquetil fuhr damals auch Rudi Altig. Der deutsche Hüne mit dem Fassonschnitt hatte in seinen Amateurjahren große Popularität durch die Tatsache gewonnen, dass er die Pausen zwischen Bahnrennen mitunter im Kopfstand verbrachte. Jetzt hatte Altig den großen Traum, einen Tagessieg zu erringen und das Gelbe Trikot überstreifen zu dürfen, während die Tour de France durch Deutschland führte. Auf der fünften Etappe besiegte er auf dem Weg von Metz nach Freiburg die beiden Niederländer Janssen und Nijdam. Der Lohn war das Trikot des Punktbesten und ein zweiter Platz in der Gesamtwertung. Am nächsten Tag machte er sich mit einer kleinen Fluchtgruppe auf und davon, in der auch Groussard fuhr. Die Ausreißer arbeiteten gut zusammen, mit Ausnahme des Belgiers Willy Derboven. Der hatte die Aufgabe, das Gelbe Trikot seines Mannschaftskollegen Van de Kerckhove zu schützen. Und zum Ärger aller gewann Derboven dann trotz seiner Arbeitsverweigerung die Etappe. Doch konnte er nicht verhindern, dass Rudi Altig das erhoffte *Maillot Jaune* überstreifen durfte.

Normalerweise ist es einem Mannschaftskapitän angenehm, dass so früh in der Tour eher ein Teamkollege als er selbst im Gelben Trikot fährt. Doch Anquetil tobte: Altig hatte in der Fluchtgruppe auch Groussard mitgenommen. Und der genoss den Ruf, in den Bergen ebenso stark zu fahren, wie Anquetil selbst dort mitunter schwächelte. Hinzu kam, dass sich Anquetil noch nicht vom nur 14 Tage zurückliegenden Sieg beim Giro d'Italia erholt hatte. Und tatsächlich: Bei der ersten Bergetappe übernahm Groussard das Gelbe Trikot. Anquetil war mit fast einer Minute Rückstand Achter.

Dann kam der 12. Juli und der Puy-de-Dôme. Anquetil fuhr wieder in Gelb, doch Poulidor hatte große Chancen, ihm das Trikot des Führenden abzunehmen. Etwa eine halbe Millionen Menschen säumten die Strecke und sahen ein Rennen, das ein Dauerbrenner ist, wenn das Fernsehen die Geschichte der Tour aufleben lässt. Nur wenige können sich jedoch daran erinnern, dass es Julio Jimenez war, der die Etappe vor Bahamontes gewann. Denn das echte Rennen fand etwas weiter hinten statt.

Was die Beständigkeit betrifft, war Poulidor der bessere Rennfahrer. Mit ziemlicher Sicherheit konnte Anquetil den Konkurrenten allein im Zeitfahren schlagen. Dort durfte er ja darauf vertrauen, alle hinter sich zu lassen. Aber Anquetil war ein Professor des Radsports, Poulidor nur ein Absolvent. Anquetil verfügte über einen Kopf, der schnell und zuverlässig arbeitete wie ein Computer. In Sekundenbruchteilen schätzte er

Zeitunterschiede und Schwachstellen ein. Während die Geschichtsschreiber das Duell von Jimenez und Bahamontes bald vergaßen, kümmerte sich Anquetil auch darum, was an der Spitze des Rennens passierte. Gerüchte besagen, seine Schwierigkeiten, Poulidor zu folgen, wären reiner Bluff gewesen. Poulidor konnte trotz des Lärms der Zuschauer und der Kamera-Motorräder hören, wie Anquetil schwer atmetete. Er wusste, der Träger des Gelben Trikots stand kurz vor dem Zusammenbruch. Er hörte, wie Anquetil murmelte: »*Merde!*...Die Spanier nehmen uns die Zeitgutschriften weg!«

Jacques Anquetil war an diesem Berg stärker, als er selbst dachte. Er zeigte sich ausgeruht genug, um sich über das Ende des Rennens Gedanken zu machen. Poulidor war kurzzeitig verunsichert, ließ Anquetil neben sich fahren, versuchte zu erkennen, welche Moral der noch aufbringen konnte. Und es war stets Anquetils mentale Kraft, die andere Fahrer beeindruckte. Die Kontrahenten rieben im Anstieg die Ellbogen aneinander. Anquetil brach schließlich erst auf dem allerletzten Kilometer ein. Auf den letzten 800 Metern konnte Poulidor noch 42 Sekunden gut machen. Doch das war nicht genug. Anquetil überquerte den Zielstrich mit glasigen Augen, behielt aber das Gelbe Trikot mit 14 Sekunden Vorsprung.

Der Ausgang der Tour de France 1964 entschied sich also auf ihren finalen 27,5 Kilometern, einem Zeitfahren, das am französischen Nationalfeiertag von Versailles zum Pariser Prinzenpark führte. Anquetil startete als Letzter. Poulidor ging direkt vor ihm auf die Strecke. 800.000 Zuschauer feuerten Poulidor an, mischten ihre Unterstützung aber durchaus auch mit Spott für Anquetil. Zur Halbzeit sprachen ganze sechs Sekunden für den Favoriten. Da griff Anquetil an das Unterrohr des Rahmens, wo sich die altmodische Schaltung befand, legte den größten Gang auf, gewann mit 21 Sekunden Vorsprung und heimste weitere 20 Sekunden als Zeitgutschrift ein. Poulidor ging leer aus. Nicht einmal der zweite Platz war ihm auf der Schlussetappe vergönnt. Den sicherte sich jener Rudi Altig, mit dem all der Ärger zu Beginn der Rundfahrt seinen Lauf genommen hatte.

Poulidor hat die Tour nie gewonnen. 1974 und auch im folgenden Jahr beendete er die Rundfahrt als Zweiter. Er durfte auch nicht einmal das Gelbe Trikot tragen. Nie kam er dem begehrten Kleidungsstück näher als beim Prolog des Jahres 1973, den er mit 0,8 Sekunden Rückstand beendete. *L'éternal Second*, den ewigen Zweiten, nannten die Franzosen ihren Raymond Poulidor. Und Anquetil klagte einmal: »Er wird immer Zweiter, normalerweise hinter mir. Und trotzdem feuern sie ihn mehr an als mich. Wenn er verliert, braucht er nicht nach Ausreden zu suchen. Aber wenn ich nur Zweiter oder Dritter werde, habe ich versagt. Sie würden mich auch dann einen kühlen Rechner und Strategen nennen, wenn mich gerade eine Fehlkalkulation um den Sieg gebracht hätte.«

Polidour erzählt: »Als er aufgehört hatte, wurde Jacques mein größter Fan. Das lag an seiner Tochter Sophie. Es hatte den Anschein, sie konnte als erstes ›*Poupou*‹ sagen und dann erst ›Papa.‹«

Ich habe nie mehr als ein »*Bon Jour*« mit Raymond Poulidor gewechselt. Mit Jacques Anquetil führte ich einmal eine eher stockende Konversation. Ich arbeitete als Lehrling am Flughafen London-Heathrow. Ein französischer Kollege machte plötzlich einen Koffer mit einem blauen Gitane-Rad aus, der für den Flug nach Paris zu verladen war. Auf Verdacht ging ich in die Abflughalle, um meine Vermutung bestätigt zu sehen. Dort saß Jacques Anquetil in Jeans und Lederjacke vor einer Tasse Kaffee. Er mag sich nicht unbedingt über die Aufwartung eines kleinen Jungen mit spärlichem Schulfranzösisch gefreut haben. Doch das ließ er einen nicht spüren. Später habe ich ihn noch ein paar Mal getroffen, doch es dauerte weitere zehn Jahre, bevor ich unser erstes Treffen ansprechen konnte. Da sah ich Anquetil kurz, als die Tour de France Station in Plymouth machte – einen ausgemergelten Jacques Anquetil, dem sein bevorstehender Krebstod bereits ins Gesicht geschrieben stand.

»Ach, Sie waren das«, gab er vor, sich noch genau zu erinnern. Aber das war natürlich nur Ausdruck seines besonderen Charmes. Dieser Mann gewann die Tour de France 1957 und viermal in Folge von 1961 bis 1964, er siegte 1960 und 1964 beim Giro, 1963 beendete er auch die Spanienrundfahrt als Erster. Und doch ist Frankreich immer noch unsicher, wie es sich an Jacques Anquetil erinnern soll. Er brachte dem Land mehr Toursiege ein als alle vor ihm, niemand konnte seinen Rekord von fünf Toursiegen bis heute überbieten. Seine Nachfolger haben es geschafft, die Marke, die Jacques Anquetil gesetzt hat, zu egalisieren und sogar fünfmal in Serie zu gewinnen. Aber, dass ihn jemand hätte überbieten können – nein.

Bei der von ihm maßgeblich angeschobenen Dopingdiskussion vertrat Jacques Anquetil die eher unpopuläre Haltung: Er sprach sich für das Recht von Radfahrern aus, alles einnehmen zu dürfen, was sie wollen – zumindest solange dies auch allen anderen gestattet war. Er sah da keinen Unterschied. Zumindest opponierte er gegen eine vermeintliche Doppelmoral, die es den einen erlaubt, ihre Arbeit mit Hilfsmittelchen zu erleichtern, den anderen aber nicht. 1966 führte er einen Streik gegen Dopingkontrollen an. Darauhin wurde er ohne viel Aufsehens von der Weltmeisterschaft und der Tour de France des kommenden Jahres ausgeschlossen. Und nachdem er sich weigerte, in einem nur notdürftig abgetrennten Bereich inmitten der Vigorelli-Radrennbahn von Rom eine Urinprobe abzugeben, blieb ihm die Anerkennung des gerade erbrachten Stundenweltrekords verwehrt. Champions hätten ebenso wie die Unbekannten ein Recht auf Menschenwürde, gab er zu verstehen. Man könne doch wohl niemanden dazu zwingen, sich hinter einer Leinwand zu erleichtern, wenn 8.000 Menschen dabei zuschauen.

Pierre Chany erinnert sich: »Jacques hatte die Stärke – eine Stärke, für die er immer kritisiert wurde – alles laut auszusprechen, was sich andere nur trauten, leise zu flüstern. Wenn ich ihn also fragte: ›Was hast du genommen?‹, dann schaute er nicht betreten zu Boden, bevor er antwortete. Seine Augen wichen nie aus. Nicht vor mir, nicht vor allen anderen. Er verfügte über Stärke aus Überzeugung.« Andere starben als Folge von Doping, oder sie schossen wild geworden auf Laternenpfähle. Anquetil hingegen bewegte sich stets mit Würde. Einmal gewann er das Etappenrennen Dauphiné-Libéré und anschließend den über 345 Meilen führenden Eintagesklassiker Bordeaux–Paris, ohne zwischen beiden

Gegangen aber nicht vergessen: Das Dorf Quincampoix im Norden von Rouen ehrt seinen größten Sohn mit einem Gedenkstein aus schwarzem Marmor, der direkt neben der einzigen Ampel in einem Blumenbeet steht. Hier trägt Anquetil das, was er fünfmal nach Hause brachte: das Gelbe Trikot...

Wettkämpfen auch nur eine Nacht geschlafen zu haben. Chany betont: »Ein solcher Champion wirst du nicht, indem du ein paar Tabletten nimmst.«

Anquetil beendete seine Karriere am 27. Dezember 1969, schlussendlich auch verbittert darüber, dass die französische Regierung ein Glückwunschtelegramm an den Belgier Ferdi Bracke geschickt hatte, dem es gelungen war, in einer Stunde eine noch größere Distanz zurückzulegen als er, der Franzose, 1967 in Vigorelli. Er sprach sich für Doping aus, wollte sich aber selbst dann nicht operieren lassen, als Ärzte ihm 1986 Krebs diagnostizierten. Er arbeite einfach weiter, bis Chirurgen fast seinen gesamten Magen entfernen mussten. Seine Frau Jeanine berichtet, Anquetil habe in dauernder Todesangst gelebt. Als sein Vater mit 56 starb, war er sicher, selbst niemals so alt zu werden. Er schaffte es auch nicht. Geboren am 8. Juni 1934 in Mont-St. Aignan in der Hügellandschaft rund um Rouen verschied er am Morgen des 18. Novembers 1987 in der nahbei gelegenen Klinik von St.-Hilaire. 53 Jahre alt.

Heute ruht Jacques Anquetil an der Kirche im Zentrum von Quincampoix, jenem Dorf nordöstlich von Rouen, in dem er seine Kindheit verbracht hatte. Seine letzte Ruhestätte liegt an einer kleinen Straße, die beinahe schurstracks in die Vororte von Rouen führt. Wer nach Quincampoix kommt, ist, ehe er sich versieht, schon wieder draußen. Das Eingangsschild steht direkt vor der einzigen Ampel des Dorfes, neben der *Brasserie de Commerce*. Das Ortsausgangsschild – ein diagonaler Strich durch den Namen markiert das Ende der Tempobegrenzung auf 50 Stundenkilometer – folgt nur ein paar Pedaltritte später. Wer sich auf die Ampel konzentriert, verpasst vielleicht die große Gedenkstätte aus schwarzem Marmor, die zur Rechten in einem kleinen Blumenbeet steht. Die sanft geschwungene Oberfläche zeigt Anquetil in seinem charakteristischen Fahrstil mit wehenden Haaren und hohen Wangen sowie eine Liste seiner Siege.

Wer Hinweisschildern zum *Cimitière* folgt, umquert einmal das Dorf zur Linken, um dann auf einem neuen, fast leeren Friedhof zu landen. Wer zu Anquetils Grab möchte, geht zum Eingang der Kirche, die sich ironischerweise direkt neben einer Apotheke befindet – Anquetils letzter Verbindung mit dieser Welt, als er in die nächste befördert wurde. Rechts des Kriegerdenkmals, in der Mitte der zweiten Grabreihe, ruht Jacques Anquetil.

Sein schwarzer Grabstein hat die Form eines riesigen, schmalen Buches. In Gold prangt Jacques Anquetils Unterschrift auf den offenen Seiten. Zu seinen Füßen befindet sich eine kurze Widmung von befreundeten Radsportlern aus dem Sotteville Club und ein in Silber geätztes Foto Anquetils im Rennen. Der Gedenkstein an der Dorfkreuzung zeigt ihn in einem anonymen Trikot. Hier auf dem Grabstein, prangt beinahe frevlerisch der Sponsorenschriftzug Ford-France auf seinem Jersey.

Als ich meine Kamera scharf stelle, wird genau wie am Grab von Maurice Garin jemand auf mich aufmerksam. Ein kleiner Mann mit Mütze und Baumwolljackett taucht plötzlich oben im Sucher des Fotoapparats auf. Als er mich sieht, stoppt er, um nicht im Bild zu sein. Ich mache die Aufnahme, winke ihm dann zum Dank für seine Umsicht.

»Eine Art Held«, rufe ich ihm zur Erklärung zu. Er kommt zu mir herüber.

»Sie sind nicht der Erste«, sagt er: »Über das Jahr kommen ziemlich viele Menschen hierher. Ich gehe täglich über den Friedhof und sehe sie dort drüben stehen« – er weist auf weitere Gräber auf der anderen Seite der Kirche – »und zeige ihnen dann, wo sie Anquetil finden.«

»Kannten Sie ihn?«, frage ich.

»Ich kannte ihn, als er ein Junge war. Einer meiner Söhne hat mit ihm gespielt. Er wohnte direkt dort drüben. Aber bald war er kaum noch hier. Irgendwann hat er sein großes Haus gekauft.« Ich möchte wissen, welche Sorte Mensch er gewesen ist. »Für uns war er ein Mysterium«, sagt der alte Mann. Er gibt eines dieser »ouff«-Geräusche von sich, zu denen nur Franzosen in der Lage sind, und sagt, dass ihn auch alle anderen so sahen.

»Und er...«, der ehrenamtliche Fremdenführer gestikuliert, steckt sich imaginäre Gegenstände in den Mund..., »zu viel.«

Ein kleines Sakrileg? Das Foto auf seinem Grabstein am Kirchlein von Quincampoix zeigt den fünfmaligen Toursieger Jacques Anquetil in einem Trikot des Sponsoren Ford-France.

»Das war normal in seiner Zeit«, antworte ich, doch ohne begriffen zu haben, was er wirklich gemeint hat.

»Und nicht nur Champagner.«, sagt der Alte, unbeirrt meines Missverständnisses, »Auch Bier.« Und dann fragt er zusammenhangslos: »Sie wissen ja, dass sein Bruder Versicherungsvertreter ist, oder?«

Die Vermittlung von Versicherungen erscheint denkbar einfach zu sein im Vergleich zu *Frère Jacques* Leben. Dessen Frau, Jeanine Boéda, war zuvor mit seinem Arzt verheiratet. Anquetil entschied 1958 am Tag ihrer Hochzeit, dass seine Gattin von nun an als die Hausdame eines Landsitzes zu leben habe. Doch dort erwartete sie mitnichten idyllischer Friede. Denn Anquetil fing nicht einfach eine beliebige Affäre an, sondern ein Verhältnis mit Annie, Jeanines Tochter aus erster Ehe. Der schenkte er 1971 selbst eine Tochter: Sophie. Er trennte sich von seiner Frau und begann 1983 eine weitere Affäre. Diesmal mit Dominique, der Gattin von Jeanines Sohn Alain. Von ihr bekam Anquetil einen Sohn. Im Mai 1986 wurde Christopher geboren. Gemessen an derlei Normen erscheint selbst Coppis Lebenswandel als geradlinig und gesittet. Doch kein böses Wort verliert Jeanine, die heute in einem Zweizimmerappartement in Paris wohnt, über ihren früheren Ehemann, von dem sie sich zwei Monate vor dessen Tod hatte scheiden lassen.

8.000 Menschen gaben Jacques Anquetil in der Kathedrale von Rouen das letzte Geleit. Im Jahr darauf legte die Tour de France einen Zwischenstopp ein, um ihren fünfmaligen Gewinner an dessen Grab zu ehren. 1983 benannten die 2.000 Einwohner von Quincampoix ihr Sportzentrum nach ihm. Heute steht dieses Gebäude, der Zement längst fleckig, ungeliebt links neben der Kirche – hinter einer Mauer mit der Mitteilung: »Das Befestigen von Mitteilungen ist verboten.« 1997 fand ein Gedenkgottesdienst zum zehnten Todestag von Jacques Anquetil statt. Auch Miguel Indurain, Eddy Merckx, Bernard Hinault, Felice Gimondi und Raymond Poulidor hatten sich angesagt. Doch aufgrund eines Staus verspätete sich die Ankunft der hohen Gäste – Anquetil, dem Meister der Zeitbeherrschung, wäre das kaum passiert.

14

Man spricht Englisch

1928, als ein gewisser Walt Disney eine gewisse Mickey Mouse ins Leben rief, war auch jenes Jahr, in dem erstmals ein englischsprachiges Team bei der Tour de France auftauchte. Ersteres bereicherte die Welt um absichtliche Komik, Zweiteres um unfreiwillige.

Vor der ersten kompletten Mannschaft hatte es natürlich schon einzelne Fahrer ins Peloton der Tour verschlagen. Die australischen *Isolés* Don Kirkham und Ivor Munro beendeten die Rundfahrt 1914 als 17. und 20. des Klassements. Weit verbreitet war die Überzeugung, dass englischsprachige Akteure in der Welt des Radsports lediglich wenig beachtenswerte Bengel seien, die bei der richtigen Party nicht mittun durften. Verstärkt wurde dieser Eindruck durch die Tatsache, dass Großbritannien im 19. Jahrhundert alle Straßenradrennen verboten hatte, nachdem eine Horde von Dreiradfahrern einmal in der Nähe von Cambridge einen daher reitenden feinen Pinkel aus der Oberschicht verschreckt hatte. Ähnlich, wenn auch weniger exzentrisch gebärdeten sich die USA. Die verloren einfach das Interesse an einem Sport, in dem sie einmal die stärkste Nation gewesen waren. Plötzlich war der amerikanische Radsport tot. Das Auto und neue Moden hatten ihn um die Ecke gebracht.

Auf dem europäischen Festland hatten die Menschen die Giganten der Landstraße mit eigenen Augen gesehen. Sie hatten etwas, das sie kopieren konnten, dem sie nacheifern konnten. In englischsprachigen Ländern hingegen bestand der Radsport nur aus Zeitfahren, die entweder Eintritt kosteten oder zu nachtschlafender Zeit abhehalten wurden. Alle englischen Rennen waren ein gut gehütetes Geheimnis. Ob des Verbots konnten die Radsportmagazine weder Orte und Startzeiten bekannt geben, noch im Nachhinein über die Ereignisse berichten. Die Radsportszene musste Details der Rennen in Geheimschrift verschlüsseln. Die Wettkampfunterlagen trugen stets die Überschrift: »Nur für den persönlichen Gebrauch. Streng geheim«. Die Teilnehmer zogen schwarze Kleidung an und verzichteten auf Startnummern.

So verwundert es kaum, dass Großbritannien gar derart arm an Talenten war, dass es 1933 einen gewissen Percy Stallard für die Teilnahme an den Weltmeisterschaften auswählte, nur weil der schneller einen Berg hinauflaufen konnte als seine Mitbewerber. In seinem Laden, den er im mittelenglischen Wolverhampton betreibt, erzählt er mir: »Der Hügel im Ausscheidungsrennen, den wir fünf Mal überwinden mussten, war so steil, dass ich schon in der ersten Runde stoppen musste. Ich verlor zwar zunächst meine Führung. Aber da ich bei der extremen Steigung eh nicht wieder anfahren konnte, kraxelte ich halt zu Fuß hinauf, passierte die anderen und kam als Erster oben an. Laufend! Das gleiche Schauspiel wiederholte sich noch zwei Mal. Ich gewann drei Runden, weil ich in einem Radrennen zu Fuß einen Berg hinauf lief. Das ist absurd, kein Zweifel. Aber es war der Grund, warum sie mich genommen haben.«

Bei der Weltmeisterschaft hatte Stallard dann nicht einmal Trainingskleidung. Den Rundkurs von Montlhèry nahm er in khakifarbenen Shorts und einem ebensolchen Hemd unter die Lupe, so dass ihn die Konkurrenz vom Kontinent nur noch den »Pfadfinder« rief. Die Weltmeisterschaft war Stallards zweites Straßenrennen überhaupt – das erste hatte er bei der Qualifikation absolviert. Doch trotz eines Sturzes kam er als Elfter ins Ziel.

Was die Tour betrifft, war der Radsport in der gesamten englischsprachigen Welt lange Zeit scheinbar friedlich verschieden. Es ist pure Ironie, dass der Durchbruch dann von so weit her nahte. 1927 entschied der Melbourne Herald, dass der australische Langstreckenspezialist Hubert Opperman es bei der Tour versuchen sollte – mit Unterstützung von drei weiteren Fahrern vom anderen Ende der Welt sowie sechs Europäern, die es noch auszusuchen galt. Opperman, halb Engländer, halb Deutscher, war etwas Besonderes: Er konnte schon als kleiner Junge rückwärts auf einem Pferd reiten oder mit sechs Gäulen unter seinen Fittichen einen Acker pflügen. Von Berufs wegen Briefträger fuhr er gewöhnlich bis ein Uhr morgens auf einem antiquierten Rad die Post aus. 1924 brachte ihm derlei tägliches Training die australische Meisterschaft ein.

Opperman und seine drei Kollegen gingen in ein Trainingslager, das Paul Ruinart vom nahe Paris beheimateten Vélo Club de Levallois leitete. Sie starteten bei Paris–Rennes, einem Wettstreit über zweihundert Meilen, an dem auch André Leducq teilnahm, der kurz zuvor Paris–Roubaix gewonnen hatte. Sieger wurde der Luxemburger Nicolas Frantz, Opperman erreichte das Ziel als Achter. Anschließend kam er bei Paris–Brüssel als Dritter an – als Teil einer Spitzengruppe mit Frantz und dem belgischen Meister Georges Ronsse, die ihn gemeinsam zu zermürben versucht hatten.

Zwei Monate später startete die Tour. Unglücklicherweise tauchten die angekündigten Europäer nie auf, was besonders schmerzte, weil die Rundfahrt 1928 mit etlichen Mannschaftszeitfahren aufwartete, von denen eines gar über 387 Kilometer führte. So stand das australische Team mit seinen vier Fahrern gegenüber all den zehnköpfigen Mannschaften naturgemäß auf verlorenem Posten.

In einem von »Radfahren verboten«-Schildern umringten Altersheim in Melbourne erzählte Opperman dem Journalisten Alan Gayfer später: »Wir hatten drei Tage, um uns vorzubereiten. Ganz Australien erwartete, dass wir gewinnen. Mein Gott, was waren diese Mannschaftszeitfahren hart. Man konnte seine Beine nicht mehr spüren. Sie fühlten sich an wie Holzblöcke. Es war das härteste Rennen, das ich jemals gefahren bin. Mitten in der Nacht fuhren wir über Staubpisten durch die Pyrenäen.«

Und trotzdem gelang es den Australiern, eine Etappe als Dritte zu beenden. Opperman erreichte Paris auf dem 18. Platz im Gesamtklassement. Der Neuseeländer Harry Watson, von dem es hieß, er sehe eher aus wie ein Geistlicher denn wie ein Radfahrer, kam zehn Plätze dahinter an. Als 38. endete der Australier Percy Osbourne. Anschließend wurde Opperman von Alcyon verpflichtet und hatte sich nach drei Wochen schon wieder so sehr regeneriert, dass er fortan Sieg um Sieg landete. Er lernte, wie man während des Rennens auf einem Rad ohne Freilauf pinkelt, und gewann so das 24-Stundenrennen Boule d'Or auf der Pariser Buffalo-Rennbahn. Die Franzosen wählten Opperman zum Sporthelden. Ein Gendarme stoppte einmal den Verkehr am Montmartre, um ihn durchfahren zu lassen. Und auch bei einer Umfrage zu Hause in Australien landete er noch vor dem dereinst legendären Cricketspieler Don Bradman auf dem ersten Platz.

»Wenn wir nicht fuhren, hatten wir auch kein Geld. Also gingen wir unentwegt irgendwo an den Start«, erinnerte sich Opperman. 1931 gab er sein Comeback bei der Tour, doch eine hartnäckige Durchfallerkrankung ließ ihn vom sechsten auf den zwölften Platz zurückfallen.

Die Australier hatten es also zumindest versucht und sich auch gut geschlagen. Doch das änderte nichts daran, dass das Rennen weiterhin den Franzosen und deren Nachbarn gehörte. So hatte es Australien alsbald vergessen: sein Debüt bei einer Rundfahrt, von der die übrigen englischsprachigen Nationen nicht einmal Notiz nahmen. Um sich ein Bild von deren Desinteresse zu machen, muss man nur ein x-beliebiges kanadisches Zeitungsarchiv besuchen und nachschauen, wie viel – das heißt vielmehr wie wenig – über die Teilnahme von Pierre Gachon an der Tour 1937 geschrieben steht. Selbst im englischen Magazin Cycling finden sich nur ein paar Absätze. Und das, obwohl in jenem Jahr auch erstmals zwei Briten das Abenteuer Tour in Angriff nahmen.

Im Juni 1937 gingen Gachon und die Engländer Bill Burl und Charles Holland für die Mannschaft des britischen Empire an den Start – allerdings, ohne dass dessen 800 Millionen Einwohner derlei Pioniertat wahrnahmen. Den dreien blieb jedoch auch nicht viel Zeit, auf sich aufmerksam zu machen. Gachon wurde disqualifiziert, nachdem er sich gleich auf der ersten Etappe zwischen Paris und Lille verfahren hatte. Den Londoner Burl ereilte der Ausschluss nach einem Sturz auf dem Weg nach Charleville.

1937 gaben nicht nur Kettenschaltungen ihr Debüt, es war auch die erste Tour, bei der die Fahrer auf die Hilfe von Mannschaftswagen setzen durften. Charles Holland wurde deren Präsenz auf der Stecke jedoch eher zum Verhängnis: Man stufte ihn auf den letzten Platz zurück, nachdem er beim Anstieg zum Ballon d'Alsace hinter einem solchen hergefahren war. Er überlebte dennoch 15 Tage und 2.000 Meilen auf französischen Landschaften, bis es dann in die Pyrenäen hinein ging. Am Col de Port erlitt er, 30 Meter hinter den Spitzenreitern der Etappe liegend, eine Reifenpanne, um dann hilflos wie ein blutiger Anfänger auf dem Trockenen zu sitzen. Heute hätte er zwei Kilometer später wieder aufgeschlossen. Damals aber gab es keinen Tourfunk und deshalb in diesem Moment auch keinen Pannendienst für Charles Holland.

Er zog den Reifen selbst von der Felge, ersetzte ihn durch den Ersatzreifen, den er um seine Schultern gewickelt hatte, und begann zu pumpen. Doch die Luftpumpen des Empires ließen zu wünschen übrig: Hollands Reifen blieb weitgehend schlaff, so sehr er sich auch mühte. Die Insaßen der vorbeifahrenden Autos zeigten keine Hilfsbereitschaft. So stieg Holland notgedrungen wieder aufs wenig fahrtüchtige Rad und kletterte der Passhöhe entgegen, um eventuell einen Zuschauer zu finden, der ihm helfen konnte. Er fand tatsächlich einen Franzosen, nur damit ihn auf der Abfahrt der nächste Plattfuß ereilte. Da stand er nun. Er war mit den zwei erlaubten Ersatzteilen auf die Etappe gegangen, jetzt hatte er keins mehr.

Zu Hause in Birmingham, gegenüber des Zeitungskiosks, den er sich von seinen Einkünften als Profi anschaffen konnte, erinnerte er sich später: »Eine Gruppe von Bauern stand um mich herum, doch keiner war in der Lage, mir zu helfen. Ein Priester reichte mir eine Flasche Bier, die zwar meinen Durst zu stillen wusste, mich aber auch nicht weiter brachte. Nachdem ich fast alle Hoffnung hatte fahren lassen, kam ein Tourist vorbei und gab mir seinen Schlauchreifen. Den zog ich auf, doch in all der Hektik brach dann die Stange meiner Luftpumpe. Glücklicherweise war eine andere Pumpe zur Hand, so dass wir den Reifen doch noch stramm bekamen. Nur leider war er zu groß für die Felge, so dass er sich mit den

Fingern runter schieben ließ. Damit war keine sichere Weiterfahrt möglich. Wir trieben einen weiteren Reifen auf, der ein bisschen besser passte. Ich stieg wieder aufs Rad, hatte die Hoffnung jetzt aber aufgegeben. Als ich an die Verpflegungskontrolle kam, waren die Rennkommissare längst gegangen.«

Belgische Journalisten hatten noch den Versuch unternommen, ihn von der Weiterfahrt zu überzeugen. Ohne Erfolg: »Ich entfernte meine Startnummer und gab endgültig auf«, sagte Charles Holland, der 1989 im Alter von 81 Jahren starb. Das heißt: Er hatte warten müssen, bis er 47 war, um mitzuerleben, dass Großbritannien erstmals eine eigene Mannschaft bei der Tour de France stellte.

Zu der gehörte auch Brian Robinson. Mittlerweile als Rentner in einem Haus in der nordenglischen Hügellandschaft lebend, berichtet er von der Tour 1955: »Es war, als führe man mit einem Auto ein Rennen gegen die Concorde.« Immerhin aber avancierte Robinson in jenem Jahr, gesponsert vom Fahrradhersteller Hercules, zum ersten Briten, der eine Tour de France beendete. Auf dem 29. Platz. Der einzige andere Überlebende der Mannschaft war Tony Hoar. Der beendete die Tour als Letzter und war danach in ganz Frankreich ein gefragter Mann. Der Rest der Truppe wurde in schöner Regelmäßigkeit abgehängt.

Drei Jahre später gewann Brian Robinson dann die erste Touretappe für Großbritannien. Nach 50 von 170 Kilometern setzte er sich mit dem Italiener Arigo Padovan und dem Franosen Jean Dotto vom Feld ab. Und da eher die Engel vom Himmel herabstürzten, als dass einer der Drei die Tour gewinnen würde, verfiel das Peloton in gemächliche Fahrt und ließ sie gewähren. Dotto konnte er abschütteln, doch Padovan klebte noch an Robinsons Hinterrad, als der nach Brest hineinfuhr.

»Er hatte einfach nicht den Stallgeruch eines Siegers«, erinnert sich Robinson: »Die Zielgerade war ein langer Anstieg. Ich nahm meinen Kopf nach unten, und versuchte von ihm wegzukommen.« Von der 52x14-Übersetzung schaltete Robinson auf das 16er Ritzel und trat wieder mit voller Kraft in die Pedale. Padovan blieb dran. Zwei Mal schubste der Italiener seinen Konkurrenten in die Zuschauermenge, um dann als

Erster über den Zielstrich zu fahren. Doch die Tourleitung erklärte Robinson zum Gewinner. 1959 gelang dem sogar ein zweiter Etappensieg – mit zwanzig Minuten oder umgerechnet sieben Meilen Vorsprung auf den Zweiten, der wiederum Padovan hieß. Eine ganze Reihe englischsprachiger Fahrer hat seitdem zwei Etappensiege eingefahren. Doch keiner konnte je wieder einen Abstand zwischen sich und die Verfolger legen, der dem Ergebnis von Robinsons Solofahrt auch nur halbwegs nahe kam. Bis heute.

15

Gutes Rad will Weile haben

Dunkelgrün ist es, das Rad, das Alistair Skinner in den Händen hält. Einen Hauch dunkler vielleicht. Akkurat von Hand gemalte gelbe Linien verlaufen parallel auf den Rohren des Rahmens. Der Ledersattel von Idéale ist breit und abgenutzt. Lenker, Gabel und Hinterbau sind aus bloßem Metall, dessen Nickelbeschichtung nur mehr für einen dumpfen Glanz sorgt.

»Ich kann nicht definitiv behaupten, dass es tatsächlich jemand in der ersten Tour de France gefahren hat. Aber es wurde mit genau diesem Verständnis von Generation zu Generation weitergereicht. Und zweifellos stammt es aus dieser Ära«, sagt Skinner. Er kaufte es von einem älteren Franzosen, der dem Schmuckstück überdrüssig geworden war. Seitdem steht das Rad in Skinners Haus, irgendwo zwischen Leicester und Loughborough in Mittelengland.

»Es sind die gewöhnungsbedürftigen Gabeln, die einen quasi aufspießen«, warnt er mich, als ich aufsteige. »Der Neigungswinkel ist enorm. Das erste, was passiert, wenn man aufsteigt, ist, dass das Vorderrad zur Seite geht und die Maschine hinten herumschleudert.« Nach heutigen Maßstäben befindet sich die flache, halbgeschwungene Lenkstange außergewöhnlich nah am Sattel. Die Fotos alter Fahrer, die mit senkrecht nach unten greifenden Armen auf dem Rad sitzen, als würden sie eine Handpumpe mit Fußstütze benutzen, dürften den damaligen Fahrstil durchaus präzise wiedergeben. Wäre der Abstand zum Lenker noch kürzer, wäre es wohl vollkommen unmöglich, das Gefährt zu bewegen. So aber gewöhnt man sich nach einer Weile an seine Eigenheiten. Wer auf Skinners Schätzchen fährt, kann mit seiner Nase fast

Alistair Skinner ist sich sicher, hier ein Rad in den Händen zu halten, das bei der ersten Tour de France im Einsatz war: ein Gefährt mit ungewöhnlichen Maßen, das durch seine Robustheit überzeugt. Man erinnere sich daran, dass es zur Jahrhundertwende nur wenige Kilometer asphaltierter Straße gab.

den Vorderreifen berühren, und auf diese Weise nachvollziehen, wie sich Fahrer dereinst in windschnittige Positionen gebracht haben. »Nach einer Meile beherrscht man es zumindest insoweit, dass es einem gehorcht«, sagt Alistair Skinner.

Der Lenker der Antiquität war, als die Tour de France ihr Debüt feierte, nicht mehr gerade der neueste Schrei. Er gleicht eher jenem, den der amerikanische Weltmeister Arthur Zimmermann bereits in den 1890er Jahren bei Bahnrennen benutzte. Schon zu Beginn des 20. Jahrhunderts waren bei Straßenrennen eigentlich Lenkstangen mit Hörnchen in Gebrauch. Trotz seiner flachen Gabeln lässt sich das Rad jedoch weitaus einfacher steuern, als man zunächst denkt. An einem Schnellspanner fehlt es ihm natürlich noch: Um den Vorderreifen zu wechseln, ist es erforderlich, die Gabel auseinanderzudrücken und die Nabe in deren Ausfall-Enden zu bugsieren. Am Hinterbau öffnen sich diese wie bei Bahnmaschinen nach hinten. Vermutlich um Gewicht zu sparen, befinden sich auf ihrer relativ großen Oberfläche untypische, quadratische Auslassungen. Das gesamte Rad wiegt knapp zwölf Kilogramm. Das ist zwar doppelt so viel wie die beste Maschine, die ein Marco Pantani zur Tour de France des Jahres 1998 mitgebracht hatte, aber deutlich leichter als das Gefährt, mit dem James Moore bei Paris–Rouen unterwegs war.

Besonders auffällig ist der enorme Radstand. »Wenn ich es in der Halterung meiner übrigen Räder aufhänge, berührt sein Reifen den Boden, während bei den anderen noch genug Spielraum bleibt.« Von der Nase bis zum Schwanz misst es 190 Zentimeter, zwischen den beiden Naben liegen 118 Zentimeter. Auch mit den Reifen ist es ziemlich kniffelig. Sie haben ein ziemlich exzentrisches Zollmaß von 28 x 3/8.

»Michelin produziert so etwas seit 60 Jahren nicht mehr«, erzählt Skinner. »Ich habe sie zufällig in einem belgischen Fahrradgeschäft gefunden. Als der Verkäufer fragte, ob ich noch etwas wolle, meinte ich aus Spaß: ja, 28 x 3/8-Zoll-Reifen. Er verschwand im Lager und brachte tatsächlich ein paar Dutzend mit, für 20 Pence das Stück. Die Teile müssen all die Jahre unbehelligt dort gelegen haben.«

Ich versuche, mit dem Rad zu fahren – nicht allzu weit allerdings, schließlich habe ich es mit einer Rennmaschine ohne Bremsen zu tun. Um zu stoppen, muss man Gegendruck auf das Kettenblatt und die Kette ausüben. Es gibt keine Bohrungen oder Beschläge für Bremsen. Auch eine Freilaufnabe fehlt noch. Die sollte erst 1907 in der Tour de France auftauchen.

Insbesondere auf steinigen Straßen dürfte sich der lange Radstand als vorteilhaft erwiesen haben. Und der gut gefederte, breite Sattel wird vor allem auf den elendig langen Etappen seinen Dienst getan haben, die noch vor Morgengrauen begannen. Die Pedale hingegen sind nicht mehr original, werden aber immer noch durch ein Gewinde und Befestigungsschrauben gehalten. Die Rahmenrohre sind ziemlich schwer, ihre Anschlussstücke gehen keine Kompromisse ein. Das Hintergabelrohr beginnt als einzelnes, breites Rohr, um sich dann wie die Vordergabel eines modernen Montainbikes in einer Kurve zu teilen.

»Das ist untypisch. Ich habe keine Ahnung, warum sie das gemacht haben«, betont Skinner, der Fahrräder aus allen Jahrhunderten und Dekaden sammelt und im selben Raum auch ein Hochrad und ein Tandemliegerad lagert. Er vermutet, dass es sich um ein Peugeot-Rad handelt. Sicher kann er sich nicht sein, denn die Lackierung ist zwar alt, aber nicht original. Die ersatzweise angebrachte Markenplakette am Vorderbau, selbst viele Jahrzehnte alt, sagt: »Cycles Chavigny, Blois.«

»Ich würde gerne wissen, wer es gefahren hat. Aber das lässt sich unmöglich noch rekonstruieren«, sagt Skinner. Vermutlich war der Vorbesitzer für die damaligen Verhältnisse ziemlich groß war. Die Rahmenhöhe beträgt 61 Zentimeter, was selbst heute noch überdurchschnittlicht ist.

Im Jahr 1905 kannte die Tour zwei Kategorien von Rädern: *Poiçonnée* und *Plombé*. *Poiçonnée*-Fahrer durften ihre Räder reparieren, aber keine Komponenten austauschen. Die frühen Stars hingegen bevorzugten *Plombé*-Räder, die ihnen das Recht gaben, Teile zu wechseln. Ob der besonderen Härten, die ein *Poiçonnée* den Teilnehmern abverlangte, entstand eine Sonderwertung für Fahrer, die mit demselben Rad ins Ziel kamen. Lucien Mazan gewann sie zwei Mal. In den offiziellen Ergebnislisten wurde er stets als Petit-Breton geführt. Warum? Nun, seine Familie war der Ansicht, Radsportler seien unehrenhafte Gesellen. »Für sie hieß Rad zu fahren gleichzeitig, den Familiennamen in Misskredit zu bringen«, erläuterte Mazan. »Als ich also zum ersten Mal – ohne ihr Wissen natürlich – bei einem Rennen antrat, wurde ich nach meinem Namen gefragt. Ich zögerte unwillkürlich. Dann sagte ich: ›Bretone... Ich bin Bretone.‹ Es stellte sich jedoch heraus, dass schon jemand anderes mit dem Namen auf der Startliste stand, und da ich der Jüngere von uns beiden war, hat man mich als Petit-Breton eingetragen.«

Mazan war aber auch als *l'Argentin* bekannt. Es hieß, sein Vater sei ein Uhrmacher gewesen, der 1890 beim Versuch, eine Politkarriere zu starten, vernichtend geschlagen wurde. Zutiefst beschämt sei er nach Argentinien ausgewandert, wo Sohn Lucien dann die Radsportleidenschaft entdeckte.

Ein Artikel von Vernon Blake, der am 23. September 1920 in Cycling erschien, verschafft uns einen Einblick in das damalige Renngeschehen:

»Das Signalhorn ertönt von Neuem. Thys und Hector Heusghem sprinten um den zweiten Platz. Mottia stößt Vandall gegen die Absperrung auf der Rechten. Beide kommen viereinhalb Meter vor der Ziellinie zu Sturz. Scieur, Masson und Lambot nutzen die Gelegenheit und fahren noch vorbei. Barthelmy passiert mich. Sein sauber in der Mitte durchgebrochenes Vorderrad hat er auf dem Rücken festgebunden, in der Gabel steckt ein geliehenes Ersatzrad.
Die Tour war ungewöhnlich hart. Die beinahe durchgängig grausigen Straßenverhältnisse vereinten sich bis Perpignan mit Dauerregen, der in den Alpen plötzlich in unsägliche Hitze umschlug. Und dann, als die Fahrer am frühen Morgen Straßburg verließen, waren die Äcker wieder mit gefrorenem Raureif belegt. Die Männer sind mit drei oder vier Ersatzteilen beladen, mit einem Tornister, der Essen für vier bis fünf

Stunden enthält, und mit Regenzeug. Wegen der ›Sommerzeit‹ werden 50 Kilometer jeder Etappe noch im Dunkeln gefahren.
Besondere mechanische Neuheiten konnte ich nicht feststellen. Die Moyeau à Broche, die Hohlnabe, scheint endgültig nicht mehr im Sinne der französischen Rennfahrer zu sein. Fast alle modernen Maschinen sind mit jenen langen Hinterbauten ausgestattet, die sich nach vorne und leicht nach unten öffnen, was große Unterschiede zwischen den beiden Leerlaufzahnkränzen ermöglicht. Das Reglement unterbindet in diesem Jahr alle Möglichkeiten zum Wechsel der Übersetzung – außer der Methode, das Hinterrad zu drehen. Thys fuhr mit 65- und 48-Zoll-Gängen, die meisten anderen nutzten fast dieselbe Kombination. 70 Zoll waren das Maximum, 44 Zoll das Minimum.«

Nicht, dass die Kettenschaltung den Fahrern zu dieser Zeit noch gänzlich unbekannt gewesen wäre: Der Franzose Paul de Vivie, besser bekannt unter seinem Pseudonym Vélocio, hatte ungefähr zur Jahrhundertwende einen doppelten Kurbelsatz gebaut. Der funktionierte auch, erforderte von den Fahrern jedoch, die Kette mit der Hand von einem Blatt auf das andere zu legen. Mit so etwas sollten sich doch lieber die Radtouristen herumschlagen, lautete beinahe einmütig die Replik der Rennfahrer. Ein Fahrer namens Joanny Panel hatte zwar 1911 erstmals eine primitive Kettenschaltung genutzt, um über den Télégraphe, den Galibier und den Col d'Allos zu kommen. Aber nachdem er nicht das Ziel erreicht hatte, tat man diese Neuheit als unzuverlässig ab.

Die meisten Fahrer bevorzugten einen starren Zahnkranz auf der einen Seite, einen Leerlaufzahnkranz auf der anderen. Mehrere Ritzel, betont der Historiker Ralp Hurne, »waren für Rabauken, Touristen, Softies und Priester – aber ganz gewiss nichts für die Rennen.« Die wahren Radheroen sprangen im Fall der Fälle ab, drehten das Hinterrad, kletterten den vor ihnen liegenden Anstieg hinauf, fuhren im Leerlauf wieder ab, und wechselten im Flachen dann wieder auf die größere Übersetzung. Anfangs gab es nur einen Leerlaufzahnkranz, später dann eine größere Auswahl.

Desgrange verweigerte den Teilnehmern der Tour jede externe Hilfe. Fahrer trugen ihre zerborstenen Räder mitunter kilometerweit, um bei Rennkommissaren die Genehmigung für den Griff zum Ersatzrad einzuholen. Dabei waren Mannschaftswagen längst verbreitet. Dieses Foto stammt aus dem Jahr 1907.

Roger Lapébie war 1937 der erste, der die Tour mit einer Kettenschaltung gewinnen konnte. Er erinnert sich:

»*Am Hinterbau hatten wir große Gabelenden, damit es möglich war, die Kette anzupassen. In den Bergen nutzten wir vorne ein Blatt mit 44 Zähnen und hinten ein 22er und 24er Ritzel auf der einen Seite sowie ein 18er und ein 20er auf der anderen. Im Flachen hatten wir vorne ein 50er Blatt sowie 16er, 17er, 19er und 20er Ritzel hinten. Was zählte, waren Flexibilität und Geschwindigkeit. Es kam darauf an, den richtigen Moment abzupassen, um die Übersetzung zu wechseln. Entweder wählte man schon im Flachen den passenden Gang oder man fuhr so lange den Berg hoch wie nur eben möglich und wechselte erst dann. Man konnte ein Rennen verlieren, wenn man den richtigen Zeitpunkt verpasste, um einen anderen Gang einzulegen. Wenn ein starker Fahrer anhielt, um die Übersetzung zu wechseln, konnte es schon einmal passieren, dass alle anderen zusammen angriffen und auf Nimmerwiedersehen entschwanden. Es spielte auch viel Psychologie eine Rolle.*«

Die Bilder von Fahrern, die vom Rad sprangen, um ihr Hinterrad umzudrehen, waren nicht ganz nach dem besonderen Geschmack eines Henri Desgrange. Der wollte Männer sehen, die ihr Rad beherrschten und nicht von dessen Hilfe profitierten. Also bestand er darauf, dass die Fahrer der Tour ihr Werkzeug doch gefälligst selbst mitzuschleppen hätten. Lieber sollten sie mit einem mehrfach reparierten Rad ins Ziel kommen, als mit einer Ersatzmaschine. Die frühen Versuche, variable Übersetzungen zu etablieren, nahm er schweren Herzens hin. Gegen die Kettenschaltung opponierte er noch bis 1937, solange, bis sich sein Widerstand endgültig als haltlos erwies. Die Fahrer hatten sich längst eine Menge Geschick angeeignet, um von einem Zahnkranz auf einen anderen zu wechseln. Doch so reibungslos, wie erwünscht, ging das nicht immer vonstatten. Peter Nye erinnert sich in *Hearts of Lions*: »Es war nicht ungewöhnlich, dass altgedienten Fahrern ein oder zwei Glieder an der rechten Hand fehlten. Die hatten sie verloren, weil ihre Finger beim

Versuch, die Pedalschlaufen anzuziehen, zwischen Kette und vorderem Zahnkranz eingeklemmt worden waren.«

Viele Fahrer probierten die unterschiedlichsten Erfindungen aus, bis eine taugliche Kettenschaltung gefunden war. Der Stundenweltrekordler Oscar Egg, der in Frankreich eine Frühform der Kettenschaltung gesehen hatte, ließ seine eigene Version der Konstruktion patentieren – in allen Ländern außer in Frankreich, wo die Erfindung bereits geschützt war. Das brachte ihm ein Vermögen ein. Bei diesem Modell hing eine Art Zunge von der Kettenführung herab und zupfte die Kette von einem Zahnkranz auf den nächsten. Hinter dem Kettenblatt saß ein gefederter Arm mit Ritzel, um die Kette zu spannen. Die ganze Konstruktion war genauso schwerfällig, wie sie aussah.

1928 baute dann der Franzose Lucien Juy die Simplex-Kettenschaltung mit zweifachem Drehpunkt. Dieser Mechanismus rutschte schrittweise immer weiter nach hinten: von unterhalb des Kettenblatts bis unter die hinteren Zahnkränze, wo er sich heute befindet. Die beiden mit Springfedern gespannten Schwenkpunkte konnten die Kette zwischen fünf Ritzeln hin- und herbewegen. Die meisten Fahrer beließen es jedoch zunächst bei vier. Die Konstruktion war noch alles andere als perfekt. Aber es gelang ihr zumindest, die unmittelbaren Nachfolger auszustechen und die moderne Ära im Bau von Rennradkomponenten einzuleiten.

Juy hatte zwar eine Kettenschaltung realisiert, die sich in der Praxis bewährte. Doch es fehlte ihm an der Geschäftstüchtigkeit, mit der dann ein italienischer Radsportler namens Tullio Campagnolo aufwarten konnte. Der war am 26. August 1901 geboren worden und laut späterer Firmenchronik »ein aufgehender Stern der italienischen Radsport-Szene«. Das »aufgehend« mag stimmen, doch niemand wäre damals auf die Idee gekommen, Campagnolo als »Star« zu bezeichnen – auch wenn er einmal Teil des italienischen Mannschaftsmeisters war und die Lombardei-Rundfahrt und Mailand–San Remo beenden konnte.

Es heißt, am 4. November 1927 habe Campagnolo einmal ein Rennen aufgeben müssen, weil seine Finger ob des heftigen Schneefalls so taub geworden waren, dass er sein Rad nicht mehr wechseln konnte. Seine Reaktion: Mit mehr Talent als Ingenieur denn als Radsportler ausgestattet, ließ er sich im Februar 1930 das Laufrad mit Schnellspannern patentieren. Sonderlich schnell setzte sich diese Erfindung jedoch nicht durch. Noch 1951 nutzten die Fahrer immer noch Naben mit Flügelmuttern.

Heute fertigt das Unternehmen Campagnolo in einem weißen Hangar an der Landstraße zwischen Mailand und Venedig. Damals hatte der Firmengründer nur einen Arbeitsraum hinter einem Eisenwarengeschäft. Seine ersten Schaltungen waren nicht so ausgereift wie die von Lucien Juy, ihre Markteinführung am 4. Mai 1933 stieß auf geteiltes Echo: Bei Campagnolos Modell klinkten Greifstangen und Hebel das Hinterrad aus, so dass sich die Kette auf dem nächsten Ritzel spannen konnte. Das erforderte von den Fahrern, vorübergehend rückwärts zu treten, während sie mit den Schaltinstrumenten das Rad lösten, die Kette bewegten und alles wieder aufs Neue befestigten. Wer hingegen vorwärts in die Pedale trat, bevor er das Hinterrad wieder eingeklinkt hatte, durfte damit rechnen, dass dieses aus dem Rahmen sprang und das Rad aufbockte. Gino Bartali beherrschte die anspruchsvolle Technik, ohne abzubremsen. Fausto Coppi hingegen benutzte sie nur, weil Campagnolo zu seinen Sponsoren gehörte. Den Grand Prix des Nations beendete er einmal lauthals über »den komplizierten technischen Schnickschnack« fluchend.

Die moderne Kettenschaltung brachte Campagnolo 1951 auf den Markt, als das Unternehmen bereits 123 Mitarbeiter beschäftigte. Diese weitaus bessere Konstruktion bot bereits Bedienelemente am Lenker sowie einen mit Kabeln betriebenen vorderen Umwerfer. Unter heutigen Maßstäben waren die aus Messing gefertigten Komponenten sehr schwer. Damals aber blieben viele Menschen unvermittelt stehen, um sie zu bestaunen.

Doch vorerst fuhren nur sieben Fahrer mit Campagnolo: Coppi und zwei seiner Mannschaftskollegen von Bianchi, Bartali und zwei andere italienische Fahrer auf Rädern aus dessen Fabrik, der Schweizer Hugo

Koblet, das waren schon alle. Eine Hand voll Fahrer nutzte keillose Kurbelsätze, die als gefährlich gebrechlich galten. Die Mehrheit fuhr mit Simplex-Schaltungen.

Doch alsbald sollten Simplex und andere französische Komponentenbauer ihren Vorsprung verspielt haben. Gerald O'Donovan, in den 70er Jahren Rennrad-Mechaniker bei Raleigh, kennt die Gründe: »Das Problem war, dass sich die Franzosen nicht verständigen konnten, einheitliche Bauteile zu verwenden. Jeder spielte sein eigenes Spiel. Ich glaube noch heute, dass sich die französische Komponentenindustrie einfach selbst in den Fuß geschossen hat, weil sie zu keiner Kooperation in der Lage war. Sie hätte eigentlich eine weitaus stärkere Marktstellung gehabt als ihre Mitbewerber aus dem Osten.«

Desgrange kapitulierte gegenüber der Kettenschaltung. Doch er bestand weiterhin darauf, dass die Fahrer alle Reifenpannen eigenhändig zu beheben hatten und die Ersatzschläuche selbst mit sich führen mussten – einen unter dem Sattel befestigt, den anderen um ihre Schultern gewickelt. Viele Teilnehmer der Tour nahmen auch Druckluftzylinder oder konventionelle Luftpumpen mit auf die Reise.

Variable Gänge bereicherten das Rennen um Taktik. Und sie beschleunigten es so sehr, dass die Fahrer fortan lieber Unterschlupf in größeren Gruppen suchten. 1903, bei der ersten Tour, konnte Maurice Garin zwei Stunden und 49 Minuten zwischen sich und den Zweitplatzierten legen. 1998 hatte nur ein einziger Fahrer einen größeren Rückstand auf den Sieger.

16

Kaiser und Kannibale

Rik van Looy hatte vergessen, dass ich kommen würde. Wir hatten vereinbart, dass wir uns im Bloso vor den Toren von Herentals treffen – ganz in der Nähe seines Hauses, das in einer Straße mit dem wunderbaren Namen Poederlesesteenweg liegt. Bloso ist ein Gesundheits- und Sportzentrum. Im Wald auf dem Weg dorthin stehen Schilder mit dem Warnhinweis »*Wielrenners*!« Das bedeutet Radrennfahrer, und es ist höchst unwahrscheinlich, dass es auch irgendwo außerhalb Belgiens noch einen Ort gibt, der Autofahrer vor trainierenden Radsportlern warnt.

Ich fahre entlang der Schilder zur Flämischen Radsportschule, einem einstöckigen Gebäudekomplex, der zwischen Tennisplätzen und einer Eisbahn liegt. Er ist geschlossen. Die venezianischen Fensterläden sind herunter gelassen, nirgends brennt Licht. Doch durch eine Glastür kann ich ein Poster von Rik van Looy sehen, wie er im Trikot des belgischen Meisters einen Berg hochfährt. Direkt daneben verkündet ein Poster: »Doping? Nicht mit mir!«

Auch am 22. August 1970 war Rik van Looy nicht in der Flämischen Radsportschule. Er saß in einem Mercedes, auf dem Weg nach Hause ins holländische Valkenswaard. Rik van Looy hatte genug.

»Ich war es leid, gegen Rotznasen anzutreten, die, selbst wenn sie all ihre Erfolge zusammenwerfen würden, bisher nicht einen Bruchteil von dem erreichen konnten, was ich geleistet hatte«, erzählt er, als ich ihn dann endlich am Eingang treffe – seine Augen noch genauso brennend, sein Lachen noch immer so Halloween-tauglich wie in jenen Tagen, als ihn ganz Belgien *Keizer* nannte. »Wenn sie mich manchmal schlagen konnten, hörte ich sie sagen: ›Oh, da haben wir dem alten Knacker aber heute einen harten Tag bereitet.‹ So war es mehr als alles andere der mangelnde Respekt, der mich dazu brachte, aufzuhören. Körperlich hätte ich noch mithalten können. Das Training steckte einem schon mehr in den Knochen als früher, aber ich hätte es immer noch drauf gehabt. Was ich nicht aushalten konnte, war diese Geringschätzung. Sie alle wussten, was ich erreicht hatte und wie schwer das gewesen war. Doch diese kleinen Scheißer nahmen sich heraus, mich auszulachen.«

Rik van Looy gewann in seiner Karriere 500 Rennen, darunter – beginnend mit Gent-Wevelgem 1956 – alle Klassiker, zwei Weltmeisterschaften, fünf Etappen bei der Tour de France, sechs beim Giro d'Italia und 18 bei der Spanienrundfahrt. Nur Toursieger konnte er nicht werden. Der Blick in die Siegerlisten zeigt: 1912 gewann erstmals ein Belgier die Frankreichrundfahrt, anschließend stellte das Land bis 1922 alle Sieger. 1929 folgte De Waele, 1935 dann Romain Maes, 1936 noch Sylvère Maes und dann... erst einmal gar nichts.

Es vergingen Jahrzehnte, und die einst so erfolgreiche Radsportnation vermochte es kaum noch, einen Fahrer auf dem Podium zu platzieren. In Belgien machten sich Selbstzweifel breit. Die große Frage lautete: Warum nur bringen wir erfolgreiche Sprinter und Eintagesfahrer hervor, aber keinen Mann für die großen Rundfahrten? Als Reaktion verabschiedete das Land Gesetze, die Amateure animieren sollten, frühzeitig Profi zu werden. Aber das produzierte nur noch mehr Spezialisten für kleine Einladungsrennen, die nur einmal um den Block führten – für jene Kirmesrennen also, die von vielen Experten als Tod des echten Radrennsports gebrandmarkt werden. Doch dann kam Eddy Merckx.

Allein dessen Name war angetan, ein in zwei Sprachräume geteiltes Land zu einen. Mit der unwahrscheinlichen Aneinanderreihung von Konsonanten erweist sich Merckx zweifellos als Flämisch – also aus dem Norden Belgiens stammend, wo die Bevölkerung eine bäuerliche Form des Niederländischen spricht. Der wallonische Vorname Edward hingegen wusste auch die französisch sprechenden Belgier aus dem

Süden zufrieden zu stellen. Wäre er ausschließlich Flame gewesen, dann hätten sie seinen Namen vermutlich auf dessen letzte Silbe zusammengestrichen: Ward. Doch der kommende Champion kam aus Woluwé-St.-Pierre, einem Vorort der Hauptstadt Brüssel, die als weitgehend französischsprachige Enklave im holländisch geprägten Flandern liegt. Also war er der Eddy.

Merckx tauchte abrupt in der Radsportszene auf. Bei seinem ersten Rennen erlitt er gleich einen Platten, wechselte seinen Reifen, fuhr am Feld vorbei und sicherte sich noch ein Preisgeld. Das Renngericht war sicher, dass er eine Abkürzung genommen hatte. 1964 gewann er, fast noch als Juniorenfahrer, die Straßenweltmeisterschaft der Amateure. Seinen Eltern hatte ihr Lebensmittelgeschäft nicht die Zeit gelassen, ihn ins ostfranzösische Sallanches zu begleiten. Deshalb bat ihn die Mutter, ihr doch ein im Fernsehen sichtbares Zeichen zu geben, wenn er sich gut fühle. Sie schlug ihm vor, auf der letzten Runde kurz im Leerlauf zu fahren und seine Beine zwei Mal durchzuschütteln. Eddy ließ sich nicht lumpen und den Beinen zwei Entspannungsübungen angedeihen. Die Begeisterung zu Hause war groß. Eine halbe Stunde später stand Eddy Merckx auf dem Podium, neben ihm der Teamkollege Willy Planckaert und Gosta Petterson, Mitglied einer schwedischen Radsportfamilie, die viel versprach und wenig halten sollte. Mutter Merckx rief sogleich in Frankreich an. Sie dankte Eddy für sein Zeichen. Zeichen? Welches Zeichen? Nein, seine Beine habe er nur durchgeschüttelt, weil sie so müde waren.

Im nächsten Jahr wechselte Eddy Merckx zu den Profis, um gleich in der ersten Saison neun Rennen zu gewinnen. Im Jahr darauf waren es bereits 20 Siege, darunter beim Klassiker Mailand–San Remo. Frankreich wollte ihn deshalb auch bei der Tour von 1967 sehen. Merckx war skeptisch. Ebenso die Verantwortlichen seiner Mannschaft Peugeot. Er war noch sehr jung, Belgien hatte schon zu viele Hoffnungen verheizt. Also entschied er sich, stattdessen beim Giro d'Italia anzutreten. Dort wurde er Neunter und gewann zwei Tagesabschnitte, darunter eine schwierige Bergetappe. Und dann wurde Eddy Merckx auch noch Straßenweltmeister. Diesmal bei den Profis.

Jetzt war kein Halten mehr. »*Eddy moet de Ronde!*«, skandierte Belgien im Chor: Merckx muss die Tour fahren. Der erinnert sich später, dass ihm der belgische Premierminister damals gesagt habe: »Lass dich nie von dem Druck beeinflussen, den sie auf dich ausüben und unter dem du weiterhin stehen wirst. Sei vorsichtig, lass dich auf nichts ein, bei dem du das Gefühl hast, dass es nicht unbedingt nur zu deinem Besten ist.« Und dann das Totschlagargument: »Wie andere Belgier hoffe auch ich, dass du an der kommenden Tour teilnimmst. Denn du hast beste Chancen, das Gelbe Trikot zu holen. Aber du hast die Freiheit, selbst zu entscheiden.« Merckx war nicht mehr einfach ein talentierter Radsportverrückter. Merckx trug ab sofort Verantwortung für die Krone und die Nation. Er blieb der Tour fern.

1969 war es dann so weit. Den Giro bestritt er in diesem Jahr vor allem als Training, heimste auf 19 Etappen einen großen Rückstand ein. Dann wurde er nach einer Dopingkontrolle disqualifiziert. Acht Proben waren vorher negativ ausgefallen. Belgien schäumte vor Wut ob eines vermeintlichen Komplotts. In Gegenwart von Journalisten gab Merckx weitere Dopingproben ab, die von einem Mailänder Labor als sauber deklariert wurden. Aber diese Tests waren nicht offiziell, und die UCI sperrte Merckx für einen Monat – nicht lang, aber lang genug, um ihm das Tourdebüt zu vermasseln. Belgien legte Berufung ein. Da lenkte der Weltverband ein und setzte die Strafe aus. Doch für unschuldig wollte die UCI ihn nun wieder auch nicht erklären. Merckx dachte darüber nach, alles hinzuwerfen.

Das war ein ganz neuer Gewissenskonflikt. Es war eine Sache, selbst zu entscheiden, der Tour fern zu bleiben. Aber es war eine andere Sache, an der Teilnahme gehindert zu werden. Es gibt diese Redensart, nach der niemand in der Lage sei, zehn berühmte Belgier aufzuzählen. Nun, sicher, da gibt es Georges Simenon, der die Krimis mit Kommissar Maigret geschrieben hat, es gibt Hercule Poirot aus der Feder von Agatha Christie, es gibt die Zeichentrickfigur Tim, der Abenteuer mit seinem Hund Struppi erlebt – wobei Letztere natürlich auch nur fiktive Belgier sind. Aber mit Jacky Ickx hatte Belgien ja auch noch einen Formel 1-Star. Und genau der war es, der Eddy Merckx überreden konnte.

Selbst Eddy Merckx war nicht unbesiegbar. Doch wenn es darauf ankam, war er willens und in der Lage, weit über die Grenzen der Erschöpfung hinaus zu attackieren. So wie hier am Mont Ventoux, wo er 1970 eine Bergankunft gewann und nach der Zieldurchfahrt wegen Sauerstoffmangels zusammenbrach.

Auf der siebten Etappe der Tour 1969 zeigte Eddy Merckx, was in ihm steckte: Er attackierte am Ballon d'Alsace und ließ das gesamte Fahrerfeld stehen. Allein erreichte er das Etappenziel, übernahm das Gelbe Trikot und ließ fortan niemandem auch nur den Hauch einer Chance, es zurückzuerobern. Als er am Aubisque sieben Minuten zwischen sich und die Verfolger gelegt hatte, sagte er, er wollte nur einmal testen, was die Konkurrenz denn so drauf habe. Am Ende der Tour hatte Eddy Merckx 18 Minuten Vorsprung, eine Legende war geboren: die Legende vom Kannibalen, der keinen Sieg verschenkte. Bei seiner ersten Tour hatte er nicht nur das Gelbe Trikot, sondern auch die Sprintwertung und die Bergwertung gewonnen. Als Bestplatzierter der drei Klassements brachte er auch das Weiße Trikot nach Hause. Und seine Mannschaft Faema siegte in der Teamwertung.

Ich hatte den Sommer des Jahres 1969 in Belgien verbracht und kam mit einem Eddy Merckx-Geschirrtuch nach Hause. Ich hätte auch Eddy Merckx-Kaugummis, Eddy Merckx-Schlüsselanhänger oder Eddy Merckx-T-Shirts kaufen können. Er gewann bei sieben Tourteilnahmen fünf Mal und hielt das Gelbe Trikot insgesamt 96 Tage lang, 18 Tage länger als später Bernard Hinault. In den nächsten sechs Jahren gewann er im Durchschnitt ein Rennen pro Woche. Inmitten der Hysterie um den neuen Superstar schlich sich ein Fotograf in dessen Umkleidekabine, um dann ein Poster vom nackten Hintern des Eddy Merckx zu veröffentlichen. Eddy Merckx hatte ein ordentliches Gericht zu bemühen, damit das gute Stück wieder vom Markt genommen wurde.

Seine Dominanz war grenzenlos. Der französische Meister Raymond Delisle erinnert sich an die die Rundfahrt Midi-Libre im Jahr 1969: »Wenn du wusstest, wie viel Geld Merckx in diesem Rennen gewonnen hat, dann hast du einfach den Willen verloren, es überhaupt noch zu probieren. Gleichzeitig zögerten auch bedeutende Unternehmen mit eigentlich großem Radsportinteresse zusehends, noch erhebliche Summen in Profiteams zu investieren, bei denen ja doch klar war, dass sie zwangsläufig geschlagen würden. Von Merckx.«

Ich konfrontiere Rini Wagtmans mit dieser Meinung. Dieser raubeinige Holländer war Eddys bevorzugter Knecht, der Domestike, der den König vor Angriffen der Rivalen abzuschirmen hatte. Wagtmans lebt wie Wim van Est in St. Willebrord, wo er eine Firma für Sportbekleidung betreibt. Noch immer sitzt in seinem Haar jene weiße Strähne, die das Feld animierte, ihn *Kuifje* zu nennen, die Tolle.

»Er war ein geborener Athlet. Niemand kann behaupten, dass er dem Sport geschadet habe, nur weil er der Beste war. Seine Vorherrschaft war komplett, aber das kommt doch im Musikgeschäft genauso vor wie im Sport, oder? Alle zehn Jahre taucht eine dominierende Figur auf. Und das heißt immer, dass sich die anderen nun um die verbleibenden Krumen balgen müssen. Es gibt immer dominante Akteure. Ich meine, denk' nur mal an Elvis Presley, an Michael Jackson, denk' an Mozart und Strauss, denk an andere Sportler, an Carl Lewis. Das alles sind Menschen, wie sie nur einmal in zehn Jahren geboren werden.
Sicherlich hat Merckx viel gewonnen, aber es war nie langweilig. Es hat uns eine Menge Vergnügen bereitet. Für die Konkurrenz ist es natürlich nicht sonderlich spaßig, nur um den zweiten Platz zu fahren. Aber wenn dein Mannschaftskapitän Erster wird, nun, dann kümmert dich das nicht sonderlich.«

Aber wenn Merckx ein solches Talent hatte, warum brauchte er dann noch einen Haufen weit weniger begnadeter Fahrer hinter sich? Was nutzt einem Boxer ein Sparringspartner, den er mit dem ersten Hieb umhaut?

»Es ist einfach zu sagen, dass ein so großer Champion keine Helfer benötigt. Aber auch der braucht auf den ersten 150 Kilometern einer Touretappe eine gewisse Sicherheit, wenn er eine Reifenpanne hat oder wenn das Feld nach einer Kurve urplötzlich in einzelne Windstaffeln zerfällt. Es gilt zu bedenken, wie extrem schwierig es ist, bei Seitenwind eine funktionierende Gruppe aufzubauen. Wenn sich Merckx also nach einem Reifenschaden nur in der zweiten und dritten Staffel befand,

waren wir dafür verantwortlich, ihn wieder ganz nach vorn zu fahren. Und dann musst du ihm hundertprozentig zur Seite stehen, was ebenfalls äußerst schwer ist. Als Teamfahrer kannst du es immer verkraften, wenn du Zeit einbüßt. Aber nicht als Kapitän. Er konnte es sich nie erlauben, eine Minute oder zwei zu verlieren.«

Ich erinnere Wagtmans an die *Forçats de la Route*, die Albert Londres beschrieben hatte: an die Strafgefangenen, die Arbeiter, die Sklaven der Landstraße. Bedeutete seine Helferrolle in den Diensten von Eddy Merckx, sich das Rückgrat zu brechen, die eigenen Schenkel zum Bersten zu bringen, in das Lenkerband zu beißen, nur um für seinen Herren eine Lücke zu schließen?

»Nein«, antwortet Wagtmans: »Ich habe mich nie als Sklave gefühlt. Wenn ein Butler an deinen Tisch kommt und höflich fragt, was es denn sein darf, und du ihm freundlich deine Wünsche vorträgst, dann wird sich doch auch dieser Butler nicht als Sklave fühlen, oder? Er verdient ja selbst seinen Lebensunterhalt für sich und für seine Familie. Und ein Profiradsportler mag ein Knecht sein – oder wie Sie es ausgedrückt haben, ein Sklave der Landstraße – aber er übernimmt diese Rolle, um sein eigenes Gehalt zu verdienen.«

Es ist nur schwerlich vorstellbar, dass auch ein Eddy Merckx einmal in Schwierigkeiten war. Und doch gab es Zeiten, in denen auch er fast ohne Sponsor dagestanden hätte. Die holländische Bekleidungskette C&A sprang glücklicherweise ein und unterstützte ihn ein Jahr lang, um Verträge mit größeren Konzernen zu überbrücken. Und 1975, in einer Saison, in der Merckx im Trikot des Straßenweltmeisters schon die Frühjahrsklassiker Mailand–San Remo, Flandernrundfahrt und Lüttich–Bastogne–Lüttich gewonnen hatte, zerbrach er bei der Tour de France plötzlich im Duell mit Bernard Thévenet. Als es in die Berge ging, war Merckx noch in Gelb gefahren, mit zwei Minuten Vorsprung. In den Alpen gaukelte er der Konkurrenz Müdigkeit vor, nur um dann schlagartig allein zu attackieren. Auf der Abfahrt konnte niemand sein

Tempo mitgehen. Sechs Kilometer vor dem Pra-Loup hatte Merckx eine Minute Vorsprung herausgefahren, doch Thévenet sollte umso härter zurückschlagen. Vier Kilometer von der Passhöhe entfernt brach Merckx ein, ins Ziel kämpfte er sich taumelnd. Am nächsten Tag übernahm Bernard Thévenet das Gelbe Trikot. »Ich habe alles versucht, aber es hat nicht funktioniert«, erklärte Merckx: »Nur der Stärkste kann gewinnen. Und Thévenet ist der Stärkste.«

Noch schlimmer war es 1971 gekommen. Niemand zweifelte daran, dass Eddy Merckx auf dem Weg zu Toursieg Nummer 5 war. Folgerichtig übernahm der auch die Führung des Rennens: Sein Team Molteni gewann das Mannschaftszeitfahren, er selbst die zweite Etappe. Doch dann musste er am Puy-de-Dôme in einem wahren Gewitter von Angriffen klein beigeben und Luis Ocaña ziehen lassen. Der gut aussehende Spanier hatte Merckx bereits bei der vorausgegangenen Rundfahrt Midi Libre einige Kopfschmerzen bereitet. Jetzt feuerte ihn Anquetil über das Radio an, noch härter in die Pedale zu treten. Ocaña erfüllte diesen Wunsch und nahm Merckx auf dem Weg von Grenoble nach Orcières-Merlette geschlagene neun Minuten ab. Der plädierte nun an das Fahrerfeld, Ocaña sei eine Gefahr für alle. Aber ein Mann, der den anderen Fahrern schon so viel Elend zugefügt hatte, der sie zu Mitläufern degradiert und so ihre Einkünfte beschnitten hatte, der durfte nicht auf große Hilfe hoffen, wenn er selbst einmal in Not war.

Es heißt, Merckx habe an diesem Abend mit noch größerem Interesse verfolgt, wie die Mechaniker an seinen Rädern schraubten. Er war lange unten in der Werkstatt, anstatt zu essen und sich auszuruhen. Irgendetwas Geheimnisvolles ging vor sich. Als der entscheidende Morgen kam, blickte das Feld schaudernd in die Dunkelheit: Die Pyrenäen waren in tiefes Schwarz getaucht. Anstatt aufzuklaren, entschloss sich das Wetter, den Regen auf der Straße von Revel nach Luchon in Hagel zu verwandeln. Merckx kannte keine Gnade. Ocaña hatte ihn der Lächerlichkeit Preis gegeben, dafür würde er zu bezahlen haben: Er würde Ocaña in eine Achterbahn der Leiden führen. Wieder und wieder attackierte Merckx, doch stets wusste der Spanier dagegen zu halten.

Gemeinsam erreichten sie den Col de Mente und setzten zur rasenden Abfahrt an. Die Natur gebärdete sich immer grausamer. Und der Weg hinab vom Col de Mente ist eine ständige Abfolge von Kurven und Biegungen – der letzte Platz auf der Welt, an dem man sich bei schlechtem Wetter aufhalten möchte. Nach vier Kilometern Abfahrt verpasste Merckx eine Kurve, rutschte in einer Pfütze aus und stürzte. Doch auch Ocaña kam zu Fall: Er kollidierte mit einer niedrigen Mauer, die den Asphalt der Passstraße von einem tiefen Abhang trennte. Merckx legte seine Kette wieder auf und konnte weiterfahren. Ocaña kniete sich nieder, um ein Ersatzrad von seinem Teammanager Maurice De Muer entgegenzunehmen...dann kam Joop Zoetemelk mit Joaquim Agostinho und Vicente Lopez-Carril im Schlepptau die kurvige Abfahrt heruntergerauscht. Beinahe blind ob all des Regens, krachte er frontal in den Spanier. Der Schlag traf Ocaña direkt in die Nieren, heulend brach er zusammen, sein Gelbes Trikot besudelt mit Schlamm und Blut.

Jacques Goddet stand wie ein Geist in weißem Regenzeug im Nebel des Col de Mente, winkend versuchte er die vorbeikommenden Fahrer aufzufordern, ihr Tempo zu drosseln. Das Feld passierte die Unglücksstelle und ließ einen Luis Ocaña zurück, den dann ein Hubschrauber in ein Krankenhaus im nahen St.-Gaudens transportierte. Anquetil, der mit seiner Aufforderung unschuldigerweise zu den Ereignissen beigetragen hatte, besuchte den Verletzten noch am selben Abend. Merckx lehnte das Gelbe Trikot ab und saß später auf Ocañas Bettkante, als die Tour in die Bretagne kam, wo der Spanier wohnte. Ocaña schenkte dem Besucher Champagner ein, Merckx wünschte ihm viel Glück für das kommende Jahr. Heute befindet sich auf der rechten Seite der Kurve, in der sich das schmerzliche Schicksal zutrug, eine Gedenktafel, die an das Ereignis erinnert. Ocaña erholte sich von seiner Verletzung, gewann den Grand Prix des Nations und zwei Jahre später die Tour selbst. Und doch bleibt die Frage offen, ob Merckx in Ocaña den einzigen Menschen getroffen hatte, der ihn demütigen konnte, oder ob ihn der Spanier lediglich einmal wie ein lästiger Floh geärgert hatte.

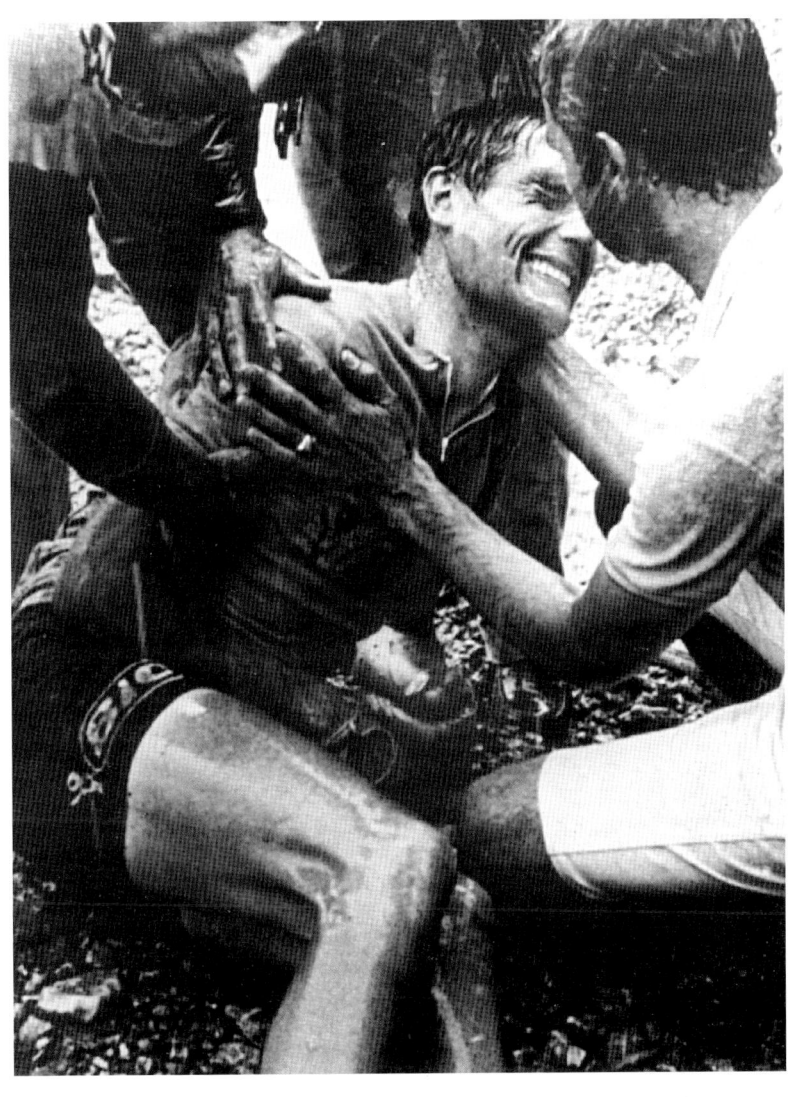

Luis Ocaña führte klar in der Tour 1971. Dann stürzte er während eines Gewitters am 1.350 Meter hohen Col de Mente und musste aufgegeben. Er gewann die Tour dann zwei Jahre später.

Ist es fair, mag man einwenden, die Karriere des Eddy Merckx anhand seiner wenigen Fehlschläge wiederaufleben zu lassen, anstatt einfach die endlose Liste seiner Erfolge für sich sprechen zu lassen? Ich glaube schon. Es sind die Ausnahmen, die den Kern einer Geschichte erzählen. Denn im Endeffekt war seine Überlegenheit meist derart groß wie 1971 bei der Saisonwertung Super Prestige Pernod, in der Merckx so viele Punkte einheimsen konnte wie der Zweite, Dritte, Vierte und Fünfte – zusammen. Nur seine gelegentlichen Misserfolge hatten noch den Charakter erwähnenswerter Neuigkeiten. Wenn er gewann, dann hatte er lediglich die Erwartungen erfüllt. Mehr als diesen Status kann auch der größte Champion nicht erreichen.

17

Tage der Abrechnung

Das Zentrum von Paris ist erstaunlich klein. Ungefähr jeder vierte Franzose wohnt in Paris oder im Umland der Hauptstadt, doch das *Centre Ville* ist überschaubar genug, um es bequem zu Fuß abzuschreiten. In dem Jahr, in dem die Tour de France erstmals auf den Champs Elysées zu Ende ging, spazierte ich vom Bahnhof, wo mein Zug angekommen war, hinunter zur Seine. Dort gönnte ich mir einen jener Kaffees, deren hohe Oktanzahl der ganzen Nation ihren allmorgendlichen Tritt in den Hintern verpasst. Ein Fernseher zeigte, wie die Fahrer gemächlich in die Pedale traten, sich beschwingt unterhielten und für die Kamera ein paar Mätzchen machten. Das echte Rennen würde erst beginnen, wenn sie die Stadtgrenze passiert hatten.

Als ich mich beim Verlassen des Cafés umdrehte, bemerkte ich eine dunkelblaue Gedenktafel unter dem Straßenschild. Dort standen drei oder vier Namen und darunter: »...wurden an dieser Stelle im Juni 1943 von den Deutschen erschossen«. Erst in solchen Momenten wird einem bewusst, was der Krieg für die besetzten Länder bedeutet haben mag.

Im Jahr 1914 war Henri Desgrange Feuer und Flamme für den Krieg, für Ruhm und Ehre, für das Blutvergießen. In roter Tinte schrieb er:

»Meine Freunde! Meine liebsten Freunde! Meine Freunde in ganz Frankreich. Hört mir zu! In den 14 Jahren, in denen L'Auto jetzt erschienen ist, hat euch diese Zeitung nie einen schlechten Rat gegeben. Nun, hört mir zu! Glaubt mir: Es ist schlichtweg unmöglich, dass ein Franzose einem Deutschen unterliegt. Es ist ein großes Duell, dem wir uns alle stellen müssen: Nutzt eure Fähigkeiten, die euch als Franzosen

auszeichnen. Auf geht's! Auf geht's ohne Erbarmen! ... Die Preußen sind Bastarde. Ich nutzte dieses Wort nicht, um unanständig daherzureden, sondern weil es genau das zum Ausdruck bringt, was ich denke. Wenn ihr eure Bajonette gegen ihre Brust drückt, werden sie um Gnade winseln. Verwehrt sie ihnen. Bringt es zu Ende ohne Mitleid!«

Desgrange lebte gerade lang genug, um den Ausbruch des Zweiten Weltkriegs mitzuerleben. Aber seine letzten Jahre waren alles andere als behaglich. 1936 brachte er die Tour noch bis nach Charleville, dann übergab er das Zepter widerwillig an Jacques Goddet, den neuen Chefredakteur von L'Auto. Desgrange war 71 und seit einer Operation fünf Jahre zuvor gesundheitlich angeschlagen. Am 16. August 1940 starb er in seiner Villa in Beauvallon an der Côte d'Azur. Heute erinnert ein Denkmal unterhalb des Galibiers an den starken Mann der ersten Tourjahrzehnte.

An seinem Lebensende war Desgranges blutrünstiger Enthusiasmus von 1914 längst der Realität eines besetzten Frankreichs gewichen, dessen Straßen in deutscher Hand waren und vor dessen Cafés geschossen wurde. L'Auto erschien jedoch weiter. Nach Auffassung jener, die nach der Befreiung des Landes 1944 die Türen der Zeitung zunagelten, hatte sich diese »der deutschen Kontrolle unterworfen«, indem sie Informationen der Nazis veröffentlichte. Vielleicht war ihr gar keine andere Wahl geblieben. Wohl nur, wer jene Tage selbst miterlebt hat, kann sie wirklich begreifen.

Nachdem L'Auto geschlossen war, gründete Jacques Goddet auf der gegenüberliegenden Straßenseite den Nachfolger L'Équipe. Auf dem Titelblatt der Debütausgabe verkündete er: »Wir durchleben eine grausame Zeit in einer Gesellschaft, in der, wenn wir uns nicht dagegen zu wehren vermögen, der Egoismus zur bestimmenden Leidenschaft avanciert. Gegen diese Bedrohung kämpfen wir im Namen der Solidarität. L'Équipe, allein dieses Wort übt schon einen noblen Einfluss auf das Herz unserer Gruppe aus – einen Einfluss, der sich in jener Zeit des Zorns und der Hoffnung selbst zu tragen hatte, in der unser gemeinsamer Wille sich in den Dienst der *Resistance* gestellt hat.«

Als Journalist neigte Jacques Goddet zu pathetischen Elogen, als Tourdirektor zu Auftritten in Feldherrnmanier.
Er starb am 15. Dezember 2000 im Alter von 95 Jahren.

Goddet wurde also Desgranges Nachfolger als Direktor der Tour. Ich traf ihn in einem schmucklosen Büro, das L'Équipe ihm noch dann in der Rue Rouget de Lisle in Issy-les-Moulineaux bereithielt, als er längst in seinen 90ern war. Sein Name stand an der Tür. Zwar war sein Arbeitszimmer durchaus möbliert, aber es gab keinerlei Unterlagen, keinerlei Anzeichen für geschäftiges Treiben. Seine Haut war ledrig, er sprach ein heiseres Französisch, dem schwierig zu folgen war. Aber er sprühte immer noch voller aufgeweckter Intelligenz, voller Aktivität. Unten am Empfang hatte ich dennoch dreimal seinen Namen nennen müssen, bevor man sich an ihn erinnerte.

»Sie nannten Desgrange den Vater der Tour. Ich bin der Sohn von Victor Goddet. Also wurde ich auch zum Sohn der Tour«, erzählte er mir. Genau wie Desgrange schrieb Jacques Goddet stets von der Front. Es ging ihm nie um die reine Information. Auch er verstieg sich in Phrasen der *Belle Époque*, auch er tönte wie Marschmusik, auch er schrieb Absätze, die darauf lospolterten wie ein Mistkarren auf dem Kopfsteinpflaster. Goddet sprach nicht von Zielstrichen, sondern von *Les Arrivées Magistrales*. Er komponierte um sich selbst drehende Sätze über die *Géants de la Route*, die Giganten der Landstraße und deren Kalvariengänge. Louison Bobet rühmte er einmal, weil der »edelmütig die ihm vom Himmel auferlegte Zeitstrafe akzeptierte«. Goddet hatte auch weitere Eigenschaften von Desgrange geerbt: Er sudelte sich in der erbarmungslosen Härte des Rennens und war selten in der Lage, selbst im Hintergrund zu verharren. Er kleidete sich im Kolonialstil, trug khakifarbene Shorts und Hemden, knielange Strümpfe und in der Sonne des Südens mitunter gar einen Tropenhelm. Wenn er aus der Dachluke des Begleitfahrzeuges herausschaute, sah er dann aus wie ein Panzerkommandant. »Zunächst war es nur ein Zufall«, erläuterte mir Goddet: »Doch als die Sache gut ankam, habe ich es jedes Jahr so gehalten. Mir war auf jeden Fall kühler, und es brachte etwas mehr Farbe in das Rennen.«

Das erste Mal hatte ich Jacques Goddet in den 70er Jahren in einem holländischen Fahrstuhl getroffen. Er erinnerte mich gleich an Charles de Gaulle. Denn er bewegte sich mit genau jener hochnäsigen Überheblichkeit, die erklärt, warum Frankreich einen stolzierenden Gockel als Wahrzeichen gewählt hat. Ich fragte ihn damals, was es koste, die Tour zu organisieren. Er sagte, dafür wären Jahr für Jahr zwölfeinhalb Millionen Francs aufzuwenden. Und dann, als er aus dem Fahrstuhl ausstieg, gab er mir die Hand und fügte hinzu:»Alte Francs natürlich, *Monsieur*.« Aber in Frankreich war der »alte« Franc natürlich schon seit Jahrzehnten nicht mehr im Umlauf.

Jacques Goddet war in England zur Schule gegangen – zumindest solange, bis er sich beim Rugby den Arm gebrochen hatte und wieder nach Hause fuhr. Er leitete die Tour, als englischsprachige Fahrer noch eine Novität waren und englischsprachige Journalisten allesamt »von der Times« kamen – ganz gleich für welches hinterwäldlerische Blatt sie denn wirklich arbeiteten. Goddets berüchtigter Pressesprecher Louis Lapeyre weigerte sich damals schlichtweg, mit ihnen zu sprechen. Und schon gar nicht in Englisch.

Goddet hatte mittlerweile auch einen Assistenten, einen *Commercial Director*: Dieser Felix Lévitan war im 13. Arrondissement von Paris aufgewachsen, wo seine Eltern einen Laden besaßen. Später wurde er Sportchef bei Le Parisien Libéré, der Schwesterzeitung von L'Équipe. Heute ist dieses Presseorgan nur noch als Le Parisien und ziemlich geschmackloses Boulevardblatt bekannt. Gerade in den Ohren Lévitans klang der vollständige Titel der Zeitung natürlich besser. Denn der musste als Jude vor den Nazis versteckt werden, um die Besatzung zu überleben.

Goddet und Lévitan machten das Rennen des Henri Desgrange zu dem, das heute ist: zu einer strapazierfähigen und flexiblen, aber auch zunehmend ramponierten Veranstaltung. Der sportliche Wettkampf selbst bewahrte seine märchenhafte Aura, doch um ihn herum gruppierten sich Kommerz und Abgeschmacktheit.

»Und nun, Ladies und Gentlement«, spotteten die Zyniker: »der Starter mit dem glücklichsten Lächeln.« Wem das zu absurd klingt, mag sich daran erinnern, dass der Radsport bereits eine Wertung für den freundlichsten Fahrer kennt – prämiert von der Obstmarke Outspan. Die linksgerichtete

L'Humanité höhnte, dass doch jeder Teilnehmer eine eigene Wertung haben sollte und jede Wertung ihren speziellen Sponsor. Eine Abkehr vom überhand nehmenden Geschäftsdenken schien unabdingbar. 1981 sollte sie sich ankündigen. Die halbstündige Rede, mit der Lévitan den Tourverlauf des kommenden Jahres enthüllen sollte, beendete er mit einer Bemerkung, die so überraschend kam, dass er sie wiederholen musste: Solange die Dinge so blieben, wie sie seien, könnte es keine Tour mehr geben. Verwunderung lähmte den Pressesaal. Doch die Tour war zu einer bisweilen dermaßen nervtötenden Drehorgel verkommen, dass seriöse Zeitungen bereits ernsthaft vorschlugen, die Regierung solle die Organisation übernehmen. Das Rennen war Teil des *Patrimoine*, des französisches Kulturerbes, und es bedurfte dringend des Schutzes vor sich selbst.

Nun war die Tour natürlich Kapitalismus in Reinkultur. Jedem Versuch, sie zu verstaatlichen, würde sie sich mit äußerster Vehemenz entgegenstellen. Lévitan unterstrich, dass das Rennen die Steuerzahler »nicht einen Centime« koste und dass die Tour-Direktion drei Millionen Dollar aufbringe für Paris–Roubaix, die Tour de l'Avenir, Bordeaux–Paris und andere Rennen, die ein Verlustgeschäft waren. Und überhaupt, warum sei die Werbekarawane der Tour denn frevelhafter als das Sponsoring beim »Fußball, Rugby oder Motorsport – insbesondere beim Motorsport mit seiner illegalen Tabak- und Alkoholwerbung?« Und wenn Unternehmen eine Millionen Dollar an Mannschaften zahlten, hätten sie doch wohl das Recht, dass diese ihr Logo auf dem Trikot spazieren fuhren... Schließlich war das im Endeffekt alles, was sie für ihr Geld bekamen.

Lévitan betonte, dass die Tour Arbeit für 70.000 Menschen schaffe, dass sie 400.000 Dollar für die Dienste der Polizei und Telefongesellschaften zahle, 600.000 Dollar an Gehältern, 50.000 Dollar für Spesen, 250.000 Dollar für Verpflegung und Unterkunft – und so weiter und so fort, bis hin zu den Tankfüllungen der Begleitfahrzeuge. Die Tour ruhte auf sicherem finanziellen Fundament, aber dafür zahlte sie auch einen immensen Preis: Sie musste 50 Sponsoren zufrieden stellen und nach jeder Etappe 13 Trikots und sonstige Preise verteilen.

Der Sieger der Rundfahrt bekam keinen Scheck mehr, sondern zunächst ein Apartment mit Meerblick im Urlaubsressort Merlin-Plage und nur als Dreingabe noch etwas Geld. Die Ferienwohnung, die der Toursieger 1982 erhielt, mag durchaus ihre angeblichen 120.000 Francs gekostet haben. Aber alle Dinge sind nur so viel wert, wie man bereit ist für sie zu zahlen. Und was ist, wenn man einfach kein Interesse an einem Appartement in Merlin-Plage hat...?

Pedro Delgado, Stephen Roche, Greg LeMond, Bernard Hinault, Laurent Fignon, Bernard Thévenet und Lucien van Impe wären heute allesamt Nachbarn, wenn sie ihre Siegprämie behalten hätten. Hinault, der mit seinen fünf Toursiegen ebenso viele Appartements gewann, hätte gar in die Tourismusbranche einsteigen können. 1988 bestand der erste Preis dann in einem Peugeot 405, einer jener Merlin-Ferienwohnungen, 500.000 Francs und einem vermeintlichen Kunstwerk. Langsam glich es einem Affentheater.

Goddet und Lévitan träumten vom Ruhm, hatten aber nicht die Courage, das Feld grundlegend neu zu bestellen. Goddet träumte auch von einer *Mondialisation*, von einer Tour, die in Amerika auf die Reise ging, dann Großbritannien passierte, kreuz und quer über den alten Kontinent führte, um dann für die letzten fünf Etappen nach Frankreich heimzukehren. Alle vier Jahre sollte diese Welttour stattfinden. Frankreich, Belgien, Holland, Italien, Skandinavien, Westdeutschland (gemeinsam mit Österreich und Luxemburg), Großbritannien und die Schweiz sollten Profiteams auf die Reise schicken. Die USA, Kanada, Portugal, Polen, Kolumbien, die Sowjetunion, die Tschecheslowakei und ein Haufen afrikanischer Staaten sollten versuchen, was ihre Amateure auszurichten vermögen.

So weit kam es nicht. Doch zwei Entwicklungen nahmen ihren Anfang. Zum einen startete der Weltcup, eine Rennserie mit Punktewertung, die dem Radsport über sein Kernland hinaus mehr Gewicht verleihen sollte. Zum anderen öffnete Lévitan 1982 im britischen Cancale die Tour des kommenden Jahres für Amateure. Er war nicht unbedingt scharf auf die Teilnahme von Afrikanern, hoffte aber etwa auf Bulgaren, Rumänen und Venezuelaner. Doch im Endeffekt ging dann nur eine Amateurmannschaft an den Start: nämlich die Kolumbianer, die einige superbe Kletterer wie Luis Herrera hervorbringen sollten. Der ist heute zu Hause in Südamerika Rinderzüchter und freut sich zu hören, dass er sich diese Profession mit Bernard Hinault teilt – beziehungsweise mit »Hinoll«, wie Herrara sagt. Die Kolumbianer sorgten für Unterhaltung, aber nur für eine einzige dauerhafte Veränderung: Als Jean-Marie Leblanc einige Jahre später zahlreiche unglückliche Südamerikaner in der Warteschlange vor einer Telefonzelle sah, bestand er darauf, dass fortan alle Tourhotels mit Zimmertelefonen aufwarten müssten.

Die verzweifelten Ausbruchsversuche der Tour hatten sich längst selbst überholt. Goddet wurde immer älter, Lévitan war kaum jünger. Und ihre Beziehung soll ziemlich angespannt gewesen sein. Lévitan übernahm langsam das Ruder und erreichte den Höhepunkt seiner Macht, als Émilion Amaury im Mai 1965 die L'Équipe übernahm. Schließlich galt er als ausgesprochener Liebling des neuen Eigners. Doch nicht die gesamte Amaury-Familie teilte diese Zuneigung: Émilions Sohn Philippe setzte Lévitan am Morgen des 17. März 1987 kurzerhand vor die Tür. Das heißt: Als Lévitan zur Arbeit kam, musste er feststellen, dass die Schlösser ausgetauscht worden waren und nur ein Justizbeamter mit einem Durchsuchungsbefehl auf ihn wartete. Sein Büro war bereits durchsucht und leer geräumt worden. Ob der Auseinandersetzung über eine vermeintliche Verschiebung von Geldern auf die Konten eines amerikanischen Rennens erhielt er Hausverbot im Hauptquartier der Tourdirektion. Lévitan bestand auf seiner Unschuld, zog mit 76 Jahren ans Mittelmeer und schmollte, dass der junge Amaury an seiner Ehrlichkeit zweifelte. Er beauftragte einen Rechtsanwalt, Jean-Jacques Bertrand, ihn vor weiteren Diffamierungen zu schützen.

»Wir sehen ihn nie bei irgendwelchen Rennen. Er spricht nie über Radsport oder die Tour. Es ist schon ziemlich traurig«, erzählte mir 1997 der L'Équipe-Mitarbeiter Pierre Ballaster. Und dann, nur ein Jahr später, tauchte Lévitan plötzlich wieder auf, als grauhaariger Mann in den

Achtzigern. Die Überraschung für die L'Équipe wie für die Öffentlichkeit war gelungen. »Die Organisation und ich haben wieder zu gegenseitigem Respekt gefunden«, sagte er geheimnisvoll.

Goddet war zunächst auf den Posten eines Gesamtdirektors der Tour gewechselt, um diesen dann ebenfalls ein Jahr nach Lévitan aufzugeben. Sein Nachfolger Jean-François Naquet-Radiguet war zuvor Manager einer Cognac-Brennerei gewesen. Doch er hielt es nur ein Jahr an der Spitze der Tourdirektion aus, um dann zum Fernsehen zu wechseln – offensichtlich desillusioniert ob all der Störmanöver, die seine Modernisierungsideen ausbremsten. Und dann kam Jean-Marie Leblanc, ein Amateursaxophonist, der 1961 an seinem ersten Wettkampf für Fahrer ohne Lizenz teilgenommen und im Jahr darauf sein erstes echtes Rennen gewonnen hatte.

1967 wurde Leblanc dann Profi, obwohl er damals eine Karriere als Journalist vorgezogen hätte. Er wollte schon immer für La Voix du Nord arbeiten, das Lokalblatt von Lille. Er hatte sogar von sich aus den Sportredakteur Émile Parmentier angerufen, und nach einer Teilzeitstelle gefragt, mit der er die Monate bis zum Beginn seines Profivertrags überbrücken könne.

»Ich kenne dich«, antwortete Parmentier: »Du bist doch ein Fahrer hier aus der Ecke. Du kannst nächste Woche anfangen.« Leblanc war außer sich vor Freude. Das Ereignis beeindruckte ihn dermaßen, dass er sich bis heute an die Telefonzelle erinnert, aus der er in der Redaktion anrief. Später wechselte er dann als für den Radsport verantwortlicher Korrespondent zur L'Équipe. Leblanc hatte früh Jura und Wirtschaftswissenschaften studiert. Das brachte ihm Zeit seiner Profikarriere, in der er auch die Tour de France bestritt, den Ruf des Intellektuellen im Fahrerfeld ein.

Zu seiner neuen Aufgabe als Tourdirektor meinte Leblanc: »Meine erste Hauptaufgabe bestand darin, die sportliche Glaubwürdigkeit der Tour wiederherzustellen. Wir haben das Rennen vereinfacht, weil es der Öffentlichkeit schleierhaft geworden war. Wir haben die Anzahl der

Preise von zwölf auf sechs reduziert, darunter nur noch vier Klassements: das Gelbe Trikot, die Etappensieger, das gepunktete Trikot für den besten Kletterer und das Grüne Trikot für die Punktewertung. Diese Maßnahmen mit dem Ziel, das rein sportliche Spektakel zu vergrößern, haben bereits Früchte getragen. Wichtige Sponsoren sind zurückgekehrt. Dass wir die Anzahl der *Partenaires*, unserer Werbepartner, verringert haben, verleiht diesen mehr Präsenz. Das heißt, wir können ihnen auch höhere Preise in Rechnung stellen.«

Leblanc und Jean-Pierre Carenzo schafften es, dass 56 Prozent des Budgets auf Sponsoring entfielen, umgerechnet 92 Millionen Francs. France TV sicherte zu, für die Fernsehrechte bis 1997 jährlich 50 Millionen Francs zu zahlen. Die Fernsehrechte für mehr als 30 weitere Länder bringen noch einmal 50 Millionen. Die 30 Etappenstädte zahlen für diese Ehre durchschnittlich 600.000 Francs, der Ort, in dem der Prolog stattfindet, sogar 5,5 Millionen. Dafür werden die Teams für ihr Startrecht nicht mehr mit 300.000 Francs zu Kasse gebeten. Den Fahrern winken elf Millionen Francs an Preisgeldern: zwei Millionen für das *Maillot Jaune*, 150.000 für das Grüne Trikot, 50.000 für die Etappengewinner und 100.000 für die Sieger bei den Bergetappen.

»Wir wollten Preisgelder anbieten, die mit den größten Sportveranstaltungen der Welt konkurrieren können – etwa mit dem Tennisturnier von Roland Garros«, betont Leblanc. Heute kostet eine Tour rund 20 Millionen Dollar, also durchaus etwas mehr als die zwölfeinhalb Millionen »alten« Francs, von denen Jacques Goddet gesprochen hatte. Darüber hinaus ist die Tour-Organisation auch Veranstalter zahlreicher weiterer renommierter Rennen: Critérium International, Paris–Roubaix, Lüttich–Bastogne–Lüttich, Paris–Tours und Grand Prix des Nations.

Das Unternehmen wahrt jedoch heute bewusst eine gewisse Distanz zur L'Équipe: Entfernt wurde jene Brücke, die früher einen direkten Weg zwischen der Zeitungsredaktion und den Büros der Renndirektion bot. Das war ein symbolischer Akt, der aber so manchen irritieren mag – zumindest jene Journalisten, die durch den Regen marschieren müssen, um von der Tourverwaltung zur L'Équipe zu gelangen. Der Abriss des verbindenden Elements ist aber auch ein Zeichen, dass sich die Tour de France endgültig von ihren alten Zeiten distanziert hat. Fortan ist sie ebenso sehr ein Geschäft, wie sie Tradition ist.

18

Stars in Stripes

Im 19. Jahrhundert noch verfügten die USA über mehr Radsporttalente als jede andere Nation. Augustus Zimmerman, den alle Welt nur Arthur nannte, war der erste Weltmeister der Geschichte. Mit Major Taylor brachten die radelnden Vereinigten Staaten auch den ersten schwarzen Champion hervor – immerhin ein Jahrzehnt bevor Jack Johnson dann im Boxsport für Furore sorgte und 15 Jahre, bevor Joe Louis überhaupt geboren wurde. Beide hatten mit ihren ganz persönlichen Problemen zu kämpfen. Zimmerman litt unter dem Schicksal, von den Briten gesperrt worden zu sein, weil er für eine Werbekampagne von Raleigh posiert hatte. Und Taylor hatte wegen seiner Hautfarbe regelmäßig Bedrohungen und Diskriminierungen zu erdulden. 1932 starb er völlig verarmt in einem Chicagoer Wohlfahrtsasyl. Nur wenige Trauergäste waren zugegen, als er auf dem Friedhof Mount Glenwood in einem namenlosen Grab verscharrt wurde. Erst 1948 überführten ihn befreundete Radsportler in eine begrünte Gedenkstätte.

Victor Bruyer, den Henri Desgrange als seinen Stellvertreter dazu verdonnert hatte, oben auf den Passhöhen auf das Fahrerfeld der Tour zu warten, nannte Zimmerman laut Peter Nye: »den größten Radsportler aller Zeiten, über alle Nationen, Disziplinen und Ären hinweg.« Wenn Zimmerman in der Hitze des Zielsprints explodierte, schien es einem bewegten französischen Zuschauer so, »als hätte man diesen Mann an Nägeln aufgehängt. Es gibt nicht das geringste Schwanken. Nichts deutet auf die Anstrengungen hin, die er auf sich nimmt.«

Doch dann stürzte der amerikanische Profiradsport in die Rezession. Bobby Walthour, eben noch mächtiger Promoter, verlor sein Haus und musste sein Brot fortan als Straßenbahnfahrer und Schülerlotse verdienen. Amerikas hölzerne Radrennbahnen waren spätestens Ende des Zweiten Weltkriegs verschwunden. Ein Unternehmer mit dem mafiatauglichen Namen Jimmy »der Wal« Proscia veranstaltete noch Sechstagerennen in Chicago, Montreal, Cleveland, Buffalo, Toronto und Minneapolis und konnte dafür auch Fahrer wie Hugo Koblet verpflichten, den »*Pédaleur de Charme*«, der die Tour des Jahres 1951 mit 21 Minuten Vorsprung gewonnen hatte. Doch mehr oder weniger waren die Sixdays alles, was der amerikanische Profiradsport noch zu bieten hatte. Und dann starben auch sie aus.

Das Revival startete mit den Damen. Als sowjetische Truppen 1969 in die Tschecheslowakei einmarschierten, gewann Audrey McElmury die Straßenweltmeisterschaft. Sie ebnete den Weg für Beth Heiden, Sheila Young, Sue Novara, Connie Carpenter, Rebbecca Twigg und Connie Paraskevin, die es allesamt zu Weltmeisterehren brachten – entweder auf der Bahn oder auf der Straße. Der altgediente Reporter Geoffrey Nicholson schätzt zwar die Leistungen der US-Damen durchaus hoch ein, gibt aber auch zu bedenken, dass Frauenrennen dann doch eher noch ein ziemliches Schattendasein in der Welt des Radsports fristeten – als eine Disziplin, die eigentlich nur von den Russen ernst genommen wurde und in der nur wenigen Nationen mitunter Erfolge zuteil wurden. Immerhin produzierte Amerika, das vergessene Land des Radsports, wieder Champions. Aber wie kam es dazu?

In englischsprachigen Ländern war der Radsport nie weit verbreitet. Doch in den USA kam ein weiteres Defizit hinzu: Nicht nur der Sport war weitgehend ausgestorben, sondern auch das Fahrrad. Es war zu einem Spielzeug für Kinder degeneriert: Ausgestattet mit riesigen Reifen, bildete es das Design jener Motorräder nach, deren Besitz sich die zumeist jugendlichen Fahrradfahrer wirklich wünschten. Im Gegensatz zu Großbritannien fuhr in den USA niemand mit dem Fahrrad zur Arbeit. So hätte sich in England und Schottland durchaus eine Radsportkultur entfalten können, die große Champions hervorbrachte. Aber das passierte nicht. Die Briten bevorzugten das Auto mit dem gleichen Enthusiasmus, den Amerika vorlebte. Noch lange nach dem Krieg unter der Rationierung von Gütern des täglichen Bedarfs leidend, produzierte Großbritannien alle Luxusartikel fast ausschließlich für den Export, um seine angeschlagene Wirtschaft wieder zu beleben. So blickte das Land mit lüsterner Bewunderung auf Hollywood, dessen Filme Amerika als ein Paradies der freien, motorisierten Fahrt für freie, motorisierte Bürger feierte. In England galt das Fahrrad als Symbol für die alte Welt und ihre Unterdrückungsmechanismen. Die Mädchen gingen mit den Jungs aus, die mit einem Auto vorfuhren. Nur Versager saßen auf Fahrrädern.

Das angehimmelte Vorbild hatte derlei nicht nötig: Amerika betrachtete das zweirädrige Vehikel nicht mit solchen Vorurteilen. So gewann mit dem Start des Fitness-Booms in den 70er Jahren auch das Fahrrad an Popularität. Radfahren wurde zur Freizeitbeschäftigung, das Rad symbolisierte nicht mehr Armut, sondern sozialen Aufstieg: Weil Hobbys jenen vorbehalten sind, die Geld und Zeit haben, etablierte sich der Radsport als Beschäftigung der Bessergestellten. Radsportler waren in den USA keine Metzgerjungen wie Fausto Coppi oder die Söhne von Eisenbahnarbeitern wie Bernard Hinault. Ihre Eltern waren Grundstücksmakler wie jene von Greg LeMond und Dozenten an der Universität wie die von Andy Hampsten. Radsportler blieben den Amerikanern zwar suspekt, aber sie hatten nicht mit dem Stigma zu kämpfen, aus dem Armenhaus zu kommen.

Das ist eine Erklärung, warum die USA trotz eines eklatanten Mangels an Tradition im modernen Radsport wieder Erfolge auf der anderen Seite des Atlantiks feiern konnten. Hinzu kommt: Europäische Länder mögen zwar im Verhältnis zu ihren Bevölkerungszahlen erfolgreicher sein, aber angesichts seiner immensen Größe fand Amerika unter seinen zig Millionen Einwohnern jetzt auch immer wieder ein paar richtig gute Radsportler. In Großbritannien hat der Radsport immer zumindest irgendeine Rolle gespielt. Und doch hat es das Land nie geschafft, ein erfolgreiches Team zur Tour zu geschicken, geschweige denn das Rennen zu gewinnen. Den USA gelang derlei mehrere Male in wenigen Jahren.

Der erste Amerikaner, der bei der Tour Erfolge feierte, war Jonathan Boyer, ein ebenso bedächtiger wie fest entschlossener junger Mann, der 1973 an den Juniorenweltmeisterschaften teilgenommen hatte. Noch während er die Schule besuchte, ging er einem Teilzeitjob nach, um damit seine Aufnahme beim AC Boulogne-Billancourt im Westen von Paris zu finanzieren. Der ACBB war eine Schule für Profiradsportler, die dann insbesondere bei Peugeot Karriere machten. Tom Simpson, Shay Elliott, Stephen Roche, Phil Anderson (den die Franzosen nach einem Känguru aus einer Fernsehserie nur »*Skippy*« nannten) und Robert Millar gehörten zu jenen, die hier ihre Lehrjahre erlebten.

Boyer wechselte jedoch nicht zu Peugeot, sondern für angeblich 650 Dollar pro Monat zu Lejeune-BP. Seine Geldgeber wurden ein Fahrradhersteller aus Paris, der seit einigen Jahren im Radsport Fuß zu fassen versuchte, und ein großer Mineralölkonzern, der schon mehrfach als Co-Sponsor aufgetreten war – etwa beim Team von Mercier, für das Raymond Poulidor in die Pedale getreten hatte. Boyers Teammanager war der frühere Tourzweite Henry Anglade, ein herrischer kleiner Mann mit dem Spitznamen »Napoléon«. Zu seinen Mannschaftskollegen zählte Lucien van Impe, der die Tour im Jahr vor Boyers Verpflichtung gewonnen hatte.

Der Plan war, dass Boyer die Tour gleich in seinem ersten Profijahr fahren sollte. Doch ein Sturz und eine anschließende Mageninfektion, die er als Souvenir von den Weltmeisterschaften in Venezuela mitgebracht hatte, machten ihm einen Strich durch die Rechnung. Es brauchte ein Jahr, einen Heimaturlaub im kalifornischen Carmel und eine strikte vegetarische Ernährung, bis sich Boyer regeneriert hatte. Doch mittlerweile hatte sich Lejeune wieder zurückgezogen. Das beste Angebot kam nun von Puch. Hier gab es keinen Lucien van Impe, für den Helferdienste zu leisten waren. Überhaupt war ein solch kleines Team nicht unbedingt die schlechteste Umgebung für einen ambitionierten Fahrer. So überzeugte Boyer bei der Tour de Suisse und wurde dann am letzten Sonntag im August 1989 bei entsetzlichem Wetter am Fuße des Mont Blanc Fünfter der Straßenweltmeisterschaft.

Es hieß, der Kurs sei Bernard Hinault auf den Leib geschneidert worden. Er führte durch ein Tal in Sallanches, einen Anstieg nach Domency hinauf und auf der anderen Seite in einer schnellen Abfahrt wieder hinunter. Auf 168 Meilen war diese Berg- und Talfahrt immer wieder auf Neue zu absolvieren. Hinault schreibt in *Le Peloton des Souvenirs*: »Ich war so aufgeregt, dass ich drei Nächte nicht schlafen konnte. Ich war übernervös...Fast hätte ich eine Frau geschlagen, die mich in einem ungünstigen Moment um ein Autogramm bat. Sie war beharrlich und ich gab ihr meine Unterschrift zu fressen. Glücklicherweise schlief ich dann wenigstens in der Nacht vor dem Rennen wie ein Kind.«

Boyer hatte keine Chance, das Rennen zu gewinnen. Es war schon toll genug, das Rennen überhaupt zu beenden. Und als Amerikaner den fünften Platz zu belegen, war eine erstaunliche Leistung. Nie zuvor hatten die USA im modernen Straßenradsport etwas auch nur annähernd Vergleichbares geschafft. Und nun geschah es in einem harten Ausscheidungsrennen. Denn Hinault hatte seine Mannschaft angewiesen vom Start weg für Tempo zu sorgen, um die Konkurrenz dutzendweise und möglichst früh zu veranlassen, bei der Zielpassage auszusteigen.

Boyer wohnte bei mir, als ich im Frühjahr 1978 meine Zelte in Belgien aufgeschlagen hatte. Er verbrachte Stunden damit, kurios riechende vegetarische Gerichte zu kochen, die nach und nach das Interesse des auf Fleisch fixierten Pelotons auf sich zogen. Wir fuhren einmal gemeinsam nach Kemzeke in der Nähe von Antwerpen zum Omloop van het Waseland, einem Rennen, das sich als letzter Auftritt von Eddy Merckx herausstellen sollte. Ich traf den fünffachen Toursieger später auch auf dem Weg nach Sallanches, wo ich mich mit Boyer unterhalten wollte, und fragte ihn, was er von dem jungen Amerikaner halte.

»Ich glaube, dass er sehr viel Talent hat und dass Amerika eine große Zukunft im Radsport hat«, antwortete er als praktizierender Diplomat.

»Wegen des Geldes oder wegen des Talents?«, hakte ich nach, mir durchaus bewusst, das ersteres sicherlich in größeren Mengen vorhanden war.

»Auf jeden Fall wegen des Geldes«, sagte Merckx, jetzt aber mehr daran interessiert, endlich aus dem Regen heraus zu kommen, als sich mit mir zu unterhalten. Als ich ihm folgte, ergänzte er: »Aber ich denke, es wird nicht mehr allzu lang dauern, dass wir weitaus mehr amerikanische Talente sehen werden. Ich habe keinen Zweifel, dass der Radsport dort eine große Zukunft hat.« Ich entgegnete, ob dass nicht nur Ausdruck seiner großen Höflichkeit sei.

»Nein, nein«, sagte er bestimmt: »Ich denke, es wird passieren.«

Auch andere sahen das Potenzial. Es ist immer gut, eine starke Weltmeisterschaft zu fahren. Noch besser aber ist es, mit einer nicht weiter erwähnenswerten Mannschaft in Reichweite des Podiums zu fahren – und das in Frankreich und trotz des unbedingten Siegeswillens eines Bernard Hinault. Jean De Gribaldy, ein ehemaliger Fahrer, der es zum grauhaarigen Exzentriker und millionenschweren Möbelmogul gebracht hatte, stand während des Profirennens hinter der Pressetribüne. Wenn auch nicht immer mit Erfolg, war er zu der Zeit in mehrere Mannschaften involviert, unter anderem in das belgische Flandria-Team. Und da ich damals quasi Boyers Interessen vertrat, lächelte De Gribaldy wie ein gütiger Onkel und gab mir zu verstehen: »Ich glaube wir wären interessiert, uns mal darüber zu unterhalten, ob wir einen Platz für ihn haben.«

Glücklicherweise kam das Angebot dann aber von Cyrille Guimard, dem Chef von Renault-Gitane und damit von Bernard Hinault. Guimard war nicht nur ein sehr interessanter Charakter, sondern der erste Vertreter eines modernen Teammanagements. Eigentlich eher für seine Sprinterqualität gefürchtet, war es ihm 1972 gelungen, ins *Maillot Jaune* zu fahren. Der Beweis, dass er das Trikot auch über die Berge tragen könne, kam ihn jedoch teuer zu stehen. In den Pyrenäen versagten ihm die Knie. Er war nicht mehr in der Lage zu gehen. Die Ärzte brachten ihn über Nacht wieder so weit, dass er weiterfahren konnte. Doch man musste ihn bis zu seinem Rad tragen. Zwei Tage vor Paris aber konnte er auch die Pedale nicht mehr bewegen. Am Vorabend des Finales musste er das Rennen aufgeben – an zweiter Stelle liegend und im Trikot des besten Sprinters. Er ging nie wieder bei der Tour an den Start.

Zum Zeitpunkt seiner ersten Tourteilnahme war Boyer 25 Jahre alt, ein groß gewachsener ansehnlicher Mann, der Französisch sprach, in seiner zweiten Heimat schon recht bekannt und auch gewitzt genug war, für die Pressefotografen einen Stetson aufzusetzen, wenn es ihm in den Kram passte. Die Tourdirektion ermunterte ihn, statt seines Renault-Trikots, ein Jersey im Sternenbanner-Design anzuziehen – ein Kleiderwechsel, der ansonsten eine Geldstrafe nach sich gezogen hätte.

Die USA waren nicht daran gewöhnt, dass einer der ihren bei der Tour überzeugte. 1981 begannen sie, Gefallen an der Vorstellung zu finden, dass dieser tief religiöse Mann das Rennen sogar gewinnen könnte. Boyer hingegen war sich bewusst, dass dies außerhalb seiner Möglichkeiten lag. Selbst wenn er das notwendige Talent gehabt hätte, so hatte er doch gewiss nicht den richtigen Job. Seine Rolle war es, für Hinault zu schuften. Und Hinault war niemand, der sich von irgendwem, auch nicht von einem Amerikaner, in den Schatten stellen ließ.

Dennoch ging von dem Mann, an dem Geoffrey Nicholson »etwas Dandyhaftes« ausmachte, eine kontinuierliche Faszination aus – mal durch seinen Esprit, mal durch seine Nachdenklichkeit. Dieser gelegentliche Ernst wurde zum Gesprächsthema. Der Reporter Dennis Donovan berichtet, die Journalisten hätten Mitleid mit ihm gehabt, weil er sich in einem Team voller Franzosen offensichtlich recht allein fühlte. Es sei gar der Vorschlag aufgekommen, ihn mit Männermagazinen zu versorgen.

»Danke, nein«, habe Boyer entgegnet: »Ich habe meine Bibel, das ist alles, was ich brauche.« Bei Einbruch der Dunkelheit waren holländische Journalisten der Geschichte gewahr geworden und hatten die Gerüchte schleunigst über den Erdball gestreut.

Boyer fuhr eine starke Tour. Bei der längsten Etappe, die über 259 Kilometer von Le Mans nach Aulnay-sous-Bois führte, wurde er Achter. Als 32. im Gesamtklassement kam er in Paris an. Doch er hatte den amerikanischen Radsport deutlich weiter gebracht als die 3.753 Kilometer, die er seit dem Start in Nizza im Rennsattel gesessen hatte. Gleiches galt für den australischen Radsport: Der in London geborene

Phil Anderson brillierte nicht nur mit dem prächtigsten Gebiss im Peloton, sondern konnte sich auch beim Anstieg zum Plat d'Adet ans Rad des Favoriten Bernard Hinault hängen und als erster Australier das *Maillot Jaune* überstreifen. Ein wenig erfreuter Hinault holte es sich am nächsten Tag zurück.

Die Pioniere sind ihrer Zeit zumeist voraus. Ein Phil Anderson hatte immerhin Opperman und andere Australier, auf deren Erfolgen er aufbauen konnte. Boyer hingegen stand allein auf weiter Flur. Ed Pavelka, Chefredakteur von Velo-News und später dann von Bicycling, erzählte mir: »Boyer kam zu früh – als einsamer amerikanischer Adler in der Tour. Wir wenigen Radsportenthusiasten erstarrten zwar vor Ehrfurcht, aber seine Berühmtheit beschränkte sich auf diesen eng begrenzten Kreis. Ich erinnere mich, wie Sports Illustrated einmal eine Reportage über ihn brachte. Das erschien damals schon eine große Sache zu sein. Wenigstens nahm überhaupt einmal jemand Notiz. Boyer hat den Weg geebnet für die späteren Erfolge des amerikanischen Radsports. Aber ich wette, ein durchschnittlicher Europäer wird sich eher an seinen Namen erinnern als ein durchschnittlicher Amerikaner.«

Es sollte nicht das letzte Mal sein, dass Jonathan Boyer der Platz an der Sonne verwehrt blieb. Er war von 1977 bis 1987 Profi. Er fuhr sechs Mal Paris-Roubaix, sechs Mal die Tour de Suisse, drei Mal den Giro und fünf Mal die Tour de France. Und beinahe sah er schon wie der Sieger bei der Straßenweltmeisterschaft 1982 aus, die in diesem Jahr im englischen Goodwood stattfand, einem eigentlich eher für den Pferderennsport bekannten Städtchen nahe Brighton. Doch in der Niederlage begann eine hartnäckige Fehde, die den amerikanischen Radsport spalten sollte.

Boyer trat den Sprint an, als die Spitzengruppe den letzten Hügel vor dem Ziel erreichte. Zu der zählten neben dem Italiener Beppe Saronni auch zwei andere englischsprachige Fahrer: sein eigener Landsmann Greg LeMond und der Ire Sean Kelly. Boyer konnte tatsächlich ein paar Meter zwischen sich und die anderen legen. Viele glaubten bereits, Amerikas Tourpionier würde auch Amerikas erster Straßenweltmeister werden. Es folgte einer jener seltsamen, für das Finale von Radrennen so typischen

Momente, in denen niemand zu wissen scheint, was zu tun ist. Saronni, LeMond und Kelly belauerten sich. Saronni ärgerte sich offensichtlich über Kellys Passivität. Dem Iren fehlte doch noch ein WM-Titel. Sollte er doch Boyer nachsteigen. LeMond hingegen war kein geborener Sprinter und durch Boyers Angriff einfach verpflichtet, sitzen zu bleiben.

Doch dann passierte etwas Merkwürdiges: Auf Fotos sieht man, wie auf einmal ein Lächeln Saronnis Lippen umspielte. Und dabei sind die Augen des Italieners nicht auf Kelly, sondern auf LeMond gerichtet. Denn der hat plötzölich begonnen, seinem Landsmann Boyer hinterher zu steigen. So bietet sich Saronni die unerhoffte Chance, den Sprint von Lemonds Hinterrad anzuziehen. Der Überraschungseffekt genügte Boyer nicht. Es fehlten ihm schließlich 500 Meter bis zum Sieg. Sein eigener Mannschaftskollege hatte ihn um den Weltmeistertitel gebracht. Boyer wurde nicht Erster, sondern Zehnter. Und was die Angelegenheit noch schlimmer machte: Auch LeMond hatte nicht gewonnen. Bei der Siegerehrung wurde die italienische Nationalhymne gespielt.

Greg LeMond, gerade 20 Jahre alt, sagte hinterher, er sei weder Boyer noch den USA irgendetwas schuldig. Warum auch? Boyer habe ja bisher nicht ein Profirennen gewinnen können. Die Mannschaft der USA sei nichts weiter als eine Truppe von Einzelkämpfern, die zufällig die gleichen Farben tragen würden. Es gäbe keinen sportlichen Leiter. Niemand habe ihn für seine Teilnahme bezahlt. Schon gar nicht Amerika. Er sei nun einmal Profi. Der Radsport sei sein Beruf. Ob er damit seinen Lebensunterhalt verdiene, hänge davon ab, ob er oft genug gewinnen würde. An diesem Tag verloren beide: LeMond und Boyer.

Boyer sehe ich nach dem Rennen, wie er im Lager der US-Mannschaft auf einer niedrigen Mauer kauert. Wortlos. Niemand spricht mit ihm. Bald darauf kenne ich den Grund.

»WAS ZUR HÖLLE GLAUBST DU DENN, WIE ICH MICH FÜHLE«, keift er auf meine Nachfrage zurück. Ich verstand diese Aussage so, als sei das Interview bereits wieder beendet.

19

Neues aus Chambéry

»Und der neue Weltmeister.... Wir hören gerade aus Chambéry... der neue Weltmeister...«, versucht der Mann in der Sprecherkabine Spannung aufzubauen. Die kleine Menschenmenge von der *Boulangerie* hinunter zum Eingang des Jahrmarktplatzes verharrt und wartet gebannt, dass er doch endlich den Namen verkünden möge.

»*Le nouveau champion du monde 1989, c'est*...«, und wieder warten wir, diesmal noch etwas nervöser: »*C'est Greg LeMond!*« Zweihundert Meilen weiter östlich, wo das Rennen stattgefunden hat, ist das sicherlich eine große Neuigkeit. In einem kleinen Dorf, in dem ein Radrennen höchstens Anlass für ein weiteres Wochenende voller Fête ist, schlägt die Nachricht so sehr ein, wie ein feuchtes Butterbrot, das vom Tisch fällt. Die Menge ist genauso ausgelassen wie die Zusammenkunft einer Trappistenfamilie.

> »*C'est Greg LeMond qui a battu notre Laurent Fignon à Paris, cet Américain formidable, il est devenu le champion du monde pour la deuxième fois!*«

Die Franzosen um mich herum ergehen sich in gemeinschaftlicher Ungerührtheit. Dieser LeMond mag zwar einen französischen Namen haben – genau wie seltsamerweise viele englischsprachige Fahrer von Boyer bis Roche. Aber er ist kein Franzose, und das ist alles, was zählt. Man kehrt wieder zur Tagesordnung vor der eigenen Haustür zurück. Und auf der steht in diesem Fall *La deuxième edition du Tour National Féminin du Tarn-et-Garonne*.

Frankreich war stets durchaus fasziniert von Greg LeMond, doch nie so sehr, als dass es hoffte, er würde einen Franzosen schlagen – selbst dann nicht, als es staunend zur Kenntnis nahm, wie LeMond hart an seinem Triathlonlenker riss, um die Tour mit acht Sekunden Vorsprung auf Laurent Fignon zu gewinnen. Was die Franzosen wirklich mochten war die *Joie de Vivre*, die sie in Boyer verkörpert sahen. Boyer hatte Flair, aber auch LeMonds strahlendes Lächeln war eine Freude angesichts einer Nation, die nicht gerade instinktiv lächelt. Und das gleiche gilt für die unnachahmliche Manier, für die beinahe frevlerische Art und Weise, mit der sich LeMond einmal fotografieren ließ, wie er unter einem Sternenbanner im Bett liegt und Champagner schlürft.

Als Junge schrieb LeMond seine Ziele auf einen Zettel, den er dann in seinem Schreibtisch aufbewahrte. Was er sich für sein Leben vorgenommen hatte, waren Siege bei Olympia – was ihm wegen des Boykotts der USA 1980 verwehrt blieb – sowie bei der Tour de France und der Weltmeisterschaft. Und der von Akne geplagte Heranwachsende, den ich 1979 bei den Weltmeisterschaften im niederländischen Heerlen im Fahrerlager traf, wurde dort tatsächlich in einem höchst kontroversen Rennen Straßenweltmeister der Junioren, wechselte 1981 zu den Profis, gewann im Jahr darauf die Tour de l'Avenir und 1983 die Straßenweltmeisterschaft der Profis sowie den Vorläufer des heutigen Weltcups, die Super Prestige Pernod.

Ich erinnere mich, wie der britische Meister Phil Corley einmal eine Ausgabe von Cycling zur Seite legte und dann sagte: »Entweder veranstalten sie um diesen *Le Mond*-Typen nur einen riesigen Hype, oder er wird tatsächlich der nächste Eddy Merckx.« Das Leerzeichen im Namen steht dort mit Absicht, denn so schrieben und sagten Ausländer damals für gewöhnlich, wenn sie LeMond meinten. Nun, die Nachwuchshoffnung wurde zwar kein zweiter Merckx, blieb aber mit insgesamt drei Toursiegen auch kein Leichtgewicht unter den Radsportgrößen.

Neil Dykes, ein weiterer britischer Meister, erzählte mir einmal von LeMonds ersten Auftritten in Europa: »LeMond war als vollkommen unbekannter Junior für eine Woche oder so nach Belgien gekommen. Ich hatte nie zuvor von ihm gehört«, erzählte Dykes: »Und dann hat er überall gewonnen, wo er an den Start ging. Tag für Tag, eine ganze Woche lang. Die meisten von uns waren froh, wenn wir ins Preisgeld fuhren. Es gab einen Haufen einheimischer Fahrer, denen selbst das nie gelang. Und dann kommt dieser Amerikaner, räumt alles ab und fährt wieder nach Hause. Ganz Belgien hatte davon gehört, alle wollten plötzlich wissen, wer zum Teufel dieser LeMond war. Jahre später hörte ich, wie Greg über seine ersten Auftritte in Belgien sprach. Er sagte, das sei der Moment gewesen, in dem er gemerkt habe, dass ihm ein außergewöhnliches Talent gegeben sei. Ich dachte nur: ›Ja, wir alle mussten das feststellen.‹«

1984, bei seiner ersten Tour de France, wurde LeMond Dritter und gewann das Weiße Trikot für den besten Jungprofi. Genau so mochten es die Franzosen: Es passierte etwas Neues, ohne dass es ihre Vorherrschaft gefährdete. Die Tour gewann in jenem Jahr mit Laurent Fignon ein Fahrer, dem zwar die ganz große Klasse eines Bernard Hinault fehlte, der aber auf jeden Fall gut genug war, um seine Landsleute zufrieden zu stellen.

Hinault nannten sie zu dieser Zeit den Dachs, obwohl niemand wusste, ob ihm dieser Name ob seiner Hartnäckigkeit, seinem bereits graumelierten Haar oder einem angeblichen Haustier zuteil geworden war. In diesem Jahr fuhr der mehrfache Sieger für eine neue Mannschaft namens La Vie Claire. Gegründet worden war das Team von Bernard Tapie, dem damals noch gefeierten bunten Hund unter Frankreichs Unternehmern. Den sollte seine Vom-Tellerwäscher-zum-Millionär-Karriere noch zu Ministerehren und ins europäische Parlament führen, bis sein Imperium zehn Jahre später zusammenbrach, als er Konkurs anmelden musste und wegen der Schiebung von Fußballspielen und Bestechung von Zeugen verurteilt wurde.

1985 verpflichtete Tapie dann Greg LeMond – entweder als Lehrling Hinaults oder um einen Konkurrenten weniger zu haben, der seinem Spitzenfahrer den fünften Toursieg und damit den Aufstieg in den Radsportolymp streitig machen konnte. Wie dem auch sei, es gab wohl kaum eine Partnerschaft, die prädestinierter gewesen wäre, in Tränen zu enden. Für die Tour 1985 vereinbarten Hinault und LeMond, dass stets für jenen von ihnen gefahren würde, der besser platziert sei. Und Hinault mag mit 31 Jahren nicht mehr zu den Jüngsten gehört haben, aber er war auch entsprechend ausgebufft. Er sicherte sich gleich den Sieg beim Prolog in Plumelec und gewann dann auch das erste Zeitfahren mit einem erstaunlichen Vorsprung von zwei Minuten und 20 Sekunden. Mit einer strategischen Meisterleistung hatte er LeMond in eine Zwickmühle bugsiert. Die mannschaftsinterne Hierarchie war klar und wäre es auch geblieben, hätte Hinault nicht direkt vor den Pyrenäen ein Sturz ereilt.

Eine gebrochene Nase ist nicht unbedingt das, was einen zum guten Kletterer macht. Beim Aufstieg nach Luz-Ardiden war Hinault in Schwierigkeiten und nicht in der Lage, seinem ärgsten Widersacher Stephen Roche zu folgen. LeMond hielt sich an die Vereinbarung und klebte lediglich am Hinterrad des Iren, als der gemeinsam mit dem Spanier Eduardo Chozas hinein in die tief hängenden Wolken fuhr. Dann jedoch stellte LeMond fest, dass er an diesem Tag stärker war als seine beiden Begleiter. Hinault lag schon mehr als eine Minute zurück. LeMond witterte seine Chance: Wenn er selbst die Tour gewinnen könnte, bliebe Hinault ja immer noch der zweite Platz. Angefacht von dieser Idee, rief er Paul Köchli an seine Seite, den Schweizer Teammanager.

»Kann ich fahren?«, rief LeMond. Köchli lehnte ab.

»Du darfst nicht mit Roche weiterfahren. Du darfst nicht attackieren«, befahl der Schweizer: »Hinault kommt von hinten. Du wirst auf ihn warten.«

LeMond begann zu diskutieren.

»Wie weit liegt er zurück?«

Erst wollte Köchli keine Antwort geben. Als LeMond ihn drängte, sagte er schließlich etwas von 40 oder 45 Sekunden. Die beiden stritten sich noch, als Luis Herrera aufschloss. Stephen Roche fürchtete derweil, der zunehmend wütendere Dialog könnte die bisher gut laufende Gruppe aus dem Gleichgewicht bringen. Als LeMond widerwillig klein bei gab, kam auch das Führungsquartett aus dem Tritt: 16 weitere Fahrer schlossen auf. Nur einer war nicht dabei: Hinault. Am Abend hatte

LeMond folglich verdammt schlechte Laune. Im Ziel hatten sich die »45 Sekunden« als eine Minute und 15 Sekunden herausgestellt – und das, obwohl sein Lamentieren die Gruppe mindestens eine weitere Minute an Vorsprung gekostet hatte. Man hatte ihn nicht nur in die Irre geführt. Man hatte Greg LeMond die Chance auf den Toursieg verwehrt. Auf einer Party versprach Tapie ihm deshalb die Tour des kommenden Jahres, wenn er diesmal für den erfahrenen Teamkollegen verzichten würde. LeMond blieb keine große Wahl: In Paris stand er schließlich neben dem Sieger Hinault auf dem Podium und tat sein Bestes, sich zu einem Lächeln zu zwingen.

Im Jahr darauf war die Tour äußerst bergig und führte entgegen des Uhrzeigersinns durch Frankreich. Jetzt war es Hinaults Rolle, die sich als zwiespältig herausstellte. Er sagte, er wolle LeMond nicht verraten, es ihm aber auch nicht zu einfach machen. In der Öffentlichkeit verkündete er, dass ein sechster Toursieg nicht von Bedeutung sei. Doch es ist kaum vorstellbar, dass er derlei auch in seinem Innersten glaubte. Noch viel weniger vorstellbar ist, dass ein Hinault sich in eine Helferrolle drängen ließ, um von anderen beherrscht zu werden. Nicht nur von Greg LeMond, sondern auch von all den Kolumbianern, die das Rennen im Zuge seiner Globalisierung importiert hatte – mit der lockenden Aussicht auf viele Berge, die den Kletterern aus den Anden doch wohl liegen würden.

Schon am ersten Pyrenäentag attackierte Hinault so hart, dass das Feld in seine Einzelteile zerfiel. LeMond verlor vier Minuten, Laurent Fignon mit elf Minuten Rückstand bereits die gesamte Tour. Der Angriff des Altmeisters war zumindest eine Beunruhigung für seinen jüngeren Mannschaftskollegen. Vermutlich aber verstand der einfach die Welt nicht mehr. Was war das Versprechen von Bernard Tapie denn nun wert? Hatte ihn Hinault einfach über den Tisch gezogen? LeMond wird immer noch damit beschäftigt gewesen sein, derlei Unwägbarkeiten in seinem Kopf zu sortieren, als Hinault es am nächsten Tag auf dem Weg nach Superbagnères am Tourmalet und am Col d'Aspin schon wieder versuchte – und diesmal einging. Nun konnte LeMond endlich von Herzen lächeln: Er übernahm das Gelbe Trikot.

Bernard Hinault sagt, er würde Greg LeMond unterstützen, die Tour de France zu gewinnen. Seine Methode war jedoch etwas merkwürdig: Hinault attackierte an der Spitze, um zu schauen, ob der jüngere Mannschaftskollege folgen konnte. Ihre Schlacht im Anstieg nach Alpe d'Huez endete im Waffenstillstand. Doch es ist zu bezweifeln, dass die beiden sich heute gegenseitig Weihnachtsgrüße schicken.

Der unter der Oberfläche brodelnde Waffenstillstand in den Reihen von La Vie Claire kochte fünf Tage später über, als es über Galibier und Croix-de-Fer nach Alpe d'Huez ging. Hinault attackierte erneut, LeMond hielt dagegen: Weder ließ er sich abschütteln, noch holte er zum Gegenschlag aus. Tausende standen Spalier am Rande der Passstraßen, winkten, schrien sich die Seele aus dem Leib, liefen neben den beiden den Berg hinauf, um noch im letzten Moment vor den nachfolgenden Motorrädern zur Seite zu springen. Und dann, als Hinault kurz vor dem Ziel klar wurde, dass der Amerikaner heute nicht mehr eingehen würde, fuhr LeMond an seine Seite, legte den Arm um den älteren Kollegen und überließ ihm den Etappensieg. Was war passiert? Was hatten die beiden gesprochen? Was war angeboten und akzeptiert worden?

Hinaults Lesart der Geschichte: Er sei einfach so gnädig gewesen, die Krone des Radsports weiter zu reichen, indem er es riskierte, Intitiative zu zeigen und Angriffe zu lancieren, und seinen Teamkollegen so über die Berge gezogen habe. Er selbst hätte für LeMond die Tour gewonnen. Die französische Presse war ganz vernarrt in diese Aussage, konnte sie Hinault doch nun als jemanden präsentieren, der eigentlich der Stärkere gewesen war, die Königsetappe gewonnen und doch sein Versprechen gehalten hatte. Kurzum: als jemanden, dessen Großmut eine große Ehre sei für eine ebensolche Nation.

Und was entgegnete LeMond? Nun, der schwieg zunächst lange Zeit. Dann aber sagte er, dass ihn Hinault um einen letzten Sieg gebeten habe, um einen letzten Sieg in den Bergen. Die gönnerhafte Pose, in der sich der Franzose zeigte, habe ihn zutiefst verletzt. So gab er nun zu verstehen: Er hätte Hinault um fünf Minuten abgehängt, wenn das sein Wille gewesen wäre. Jahre später fügte er hinzu: »Diese kleine Episode hätte mir beinahe die Liebe zum Radsport genommen. Im darauf folgenden Jahr verspürte ich zunächst keine Lust, Rennen zu fahren. Ich fühlte mich, als sei ich vom eigenen Bruder verraten worden. Die Sache war ja, dass Hinault nicht irgendein Mannschaftskollege war. Dieser Kerl war jemand, den ich verehrt hatte, der mein Idol gewesen ist.« Das Verhältnis der beiden ist bis zum heutigen Tag unterkühlt.

Hinault schreibt in *Memories of the Peloton*:

»Ich hatte Greg LeMond mein Wort gegeben, dass ich ihm helfen werde zu gewinnen. Und genau das war es, was ich dann auch getan habe. Ein Versprechen ist ein Versprechen. Ich breche mein Wort nicht. Ich versuchte, Rivalen zu zermürben, um ihm zu helfen. Aber ich habe nie einen Angriff gegen ihn selbst gefahren... Es ist nicht mein Fehler, dass er das nie verstanden hat. Wenn ich darüber nachdenke, was er seit dem Ende des Rennens alles gesagt hat, frage ich mich jedoch, ob ich ihn nicht doch besser attackiert hätte. Er behauptet, er habe meiner Hilfe nicht bedurft. Warum? Glaubt er tatsächlich, er hätte alleine gewinnen können?
Ich habe mein ganzes Leben für Kollegen gearbeitet, ohne dass es einmal solche Probleme gab wie jene, die ich mit Greg LeMond hatte. Er ist ein Weltklassefahrer, aber ich habe das Gefühl, er ist zu labil. Es scheint mir, er ist unfähig, die Verantwortung zu akzeptieren, die ein Champion im Radsport übernehmen muss. Er denkt zu viel nach, er kommt nicht gut mit den Menschen aus... Ein Greg LeMond hat die härteste Lektion noch zu lernen: Bescheidenheit. Amerikaner scheinen mir damit ein generelles Problem zu haben.«

Für LeMond wäre das beinahe das Ende der Geschichte gewesen. Im April des darauf folgenden Jahres schoss ihm sein Schwager bei einer Truthahnjagd in der Nähe von Sacramento aus Versehen in den Rücken. LeMond lag zwei Wochen im Koma. Viele glaubten, dass er keine Chance hätte, zu überleben. Niemand erwartete, dass er je wieder in den Rennsattel zurückkehren würde. Aber man gewinnt keine Tour de France, wenn man nicht über eine enorme Leidensfähigkeit verfügt. Greg LeMond kam zurück: Nach einer Knie- und einer Blinddarmoperation begann er bereits im September wieder, richtig zu trainieren – auch, wenn er im Nachhinein einräumt, das sei zu früh gewesen.

»Ich hatte fast 60 Prozent meines Blutes verloren. Es dauert Monate, um diesen Verlust wieder wettzumachen«, erzählt er: »Ich erinnere mich, wie ich bereits Ende August nach Europa flog, um wieder an den Start zu gehen. Ich schaffte nur den ersten Kilometer des Rennens. Es war jedoch so, dass eine Bedingung in meinem Vertrag mit PDM forderte, bereits 1988 wieder Rennen zu fahren. Und mein Vertrag mit La Vie Claire sah vor, dass ich auch 1987 eine bestimmte Anzahl von Renntagen zu bestreiten hatte. Wenn ich nicht schon in dem Jahr wieder an den Start gegangen wäre, hätten sie die Möglichkeit gehabt, meinen Vertrag für null und nichtig zu erklären. Ich war gezwungen, sofort nach Europa zurückzukehren.«

Es sollte eine schmerzliche Erfahrung werden, doch zu jedermanns Überraschung erschien LeMond 1989 zum Giro d'Italia. Auf vielen Etappen wurde er abgehängt, nur einmal beim Zeitfahren konnte er dem Polen Lech Piasecki Paroli bieten. Viele litten mit ihm – mit einem Fahrer, der einmal der Beste gewesen war und nun einen Haufen demütigender Niederlagen einstecken musste. Seine Leber und Nieren waren dauerhaft geschädigt. Es schien ein unerreichbares Ziel zu sein, das er sich gesetzt hatte. Der Giro war zweifelsohne ein Misserfolg, auch wenn er ihn zu Ende fahren konnte.

Zur folgenden Tour de France erschien LeMond dann mit einem affektiert klingenden, von starkem amerikanischen Akzent durchsetzten Französisch, das er sich in den vergeudeten Jahren seiner Karriere angeeignet hatte. Und das sollte nur die erste Obskurität einer durch und durch kuriosen Rundfahrt bleiben. Die Tour begann damit, dass Pedro Delgado gleich zwei Minuten und 45 Sekunden verlor, weil er Autogramme geschrieben hatte, anstatt sich schleunigst zum Start des Prologs zu bewegen. Das Wunder setzte sich fort, als Greg LeMond auf der fünften Etappe ein 73 Kilometer langes Zeitfahren in Rennes gewann und L'Équipe veranlasste mit der Schlagzeile »La Résurrection!« aufzumachen. Es mündete darin, dass vor dem abschließenden Zeitfahren nach Paris nur 50 Sekunden zwischen Fignon und LeMond lagen.

Was dann folgte, ging als das epischste Finale in der Ära des modernen Radsports in die Geschichte ein. Ein Vierteljahrhundert nach dem Duell zwischen Anquetil und Poulidor sollten diesmal ganze 24,5 Kilometer die

Tour entscheiden. Fignon würde ein normales Zeitfahrrad benutzen. LeMond hingegen ließ einen Triathlon-Lenker montieren. Dessen rechtwinklig von der eigentlichen Lenkstange abstehende Zusatzgriffe hatten für einiges Missverständnis gesorgt, als sie erstmals in Europa auftauchten: Ein Radsportmagazin interpretierte es gar als einen ganz besonders verrückten Spleen des American Way of Life, Triathleten die Chance zu geben, sich auf ihrem Rad faulenzend lang zu machen. Dass die Konstruktion den Windwiderstand verringerte, sickerte erst später in die Köpfe. Laurent Fignon jedenfalls lernte die Lektion genau acht Sekunden zu spät. Hinzu kam, dass den Franzosen eine Zyste am Hinterteil plagte – auch, wenn er das erst dann der Erwähnung wert erachtete, nachdem das Rennen gelaufen war.

Drei Wochen lang hatten sich die Kontrahenten gebalgt, jetzt waren sie die beiden letzten der 138 verbliebenden Fahrer, die am Start standen. Zwei Minuten vor Fignon rollte Greg LeMond in seiner neuen Supermann-Hocke auf die Strecke. Der Franzose verzichtete an diesem Tag auf einen Helm, und ließ seinen Pferdeschwanz den Rücken hinunter baumeln. Der Amerikaner hingegen war unbequem, aber beängstigend schnell unterwegs.

Nach fünf Kilometern hatte LeMond fünf Sekunden gut gemacht. Das reichte aus, um Fignon bereits so sehr zu schockieren, dass er seinen Teammanager um eine Bestätigung der Zeiten bat. Als nach zehn Kilometern das Ufer der Seine erreicht war, hatte Fignon fast zwei Sekunden pro Kilometer verloren. 18 Sekunden des Vorsprungs waren bereits eingebüßt, doch nicht der Sieg. Wenn es so weiterliefe, würde LeMond 46 Sekunden aufholen: viel, aber nicht genug.

Eine rasche Abfolge kurzer Abfahrten und Anstiege führte die Straße dann unter mehreren Seinebrücken hindurch. LeMond blieb bei seiner Übersetzung von 52x12, zog und zerrte an seinem Triathlonlenker. Fignon ging aus dem Sattel und wechselte die Straßenseite, um die Zuschauermengen als Windschatten zu nutzen. Das war entweder ein Symptom seines nahen Endes oder dessen Grund. Als er auf die vom regen Straßenverkehr abgeriebenen Kopfsteinpflaster des Place de la

Concorde und dann auf die Champs Elysées einbog, hatte er 37 Sekunden verloren. Die beiden Rivalen rollten, in unterschiedliche Richtungen fahrend, auf einander zu.

Als LeMond schließlich ins Ziel kam, hatte er eine Durchschnittsgeschwindigkeit von 54,545 km/h erreicht und der Tour schnellstes Zeitfahren über mehr als 20 Kilometer auf die Straßen der Hauptstadt gezaubert. Da stand er nun, starrte mit pumpendem Brustkorb auf die Uhr und zählte die Sekunden bis zu Fignons Ankunft. In dem Moment, in dem er die Tour gewonnen hatte, stieß er einen Schrei hervor und umarmte alle, die für eine Umarmung verfügbar waren. Die Diplomaten aus der amerikanischen Botschaft auf der anderen Straßenseite stimmten in seine Jubelarie ein. Nach 3.285 Kilometern hatte Fignon den Sieg um acht Sekunden verpasst.

LeMond hingegen wurde noch im selben Jahr zum zweiten Mal Weltmeister. 1990 sicherte er sich seinen dritten Toursieg. Auch 1991 fuhr er noch einmal ins Gelbe Trikot, musste die Krone des Radsports aber an Miguel Indurain weiterreichen. In seinen letzten Profijahren ging LeMond dann nur noch selten an den Start. Er konzentrierte sich allein auf die Tour und die Weltmeisterschaften. Merckx beschuldigte ihn, er würde seinen Sport nicht wirklich respektieren, weil man ihn nie bei den großen Eintagesklassikern am Start sah. Andere sahen es ähnlich. Doch Merckx war der Held einer Ära, in der die Profis sich trotz all des Geldes, das sich schon verdienen ließ, in erster Linie als Radrennfahrer und erst dann als Geschäftsleute sahen. Sie alle saßen noch die ganze Saison über im Rennsattel, von Februar bis Oktober.

Für LeMond hingegen war der Radsport ein Business. Er kam aus einem Land, das zwar keine moderne Tradition im Radrennsport hatte, aber umso mehr Erfahrung aufwies, wenn es darum ging, Starruhm in klingende Münze umzusetzen. Er sagte: »Auf Bernard Hinault lastete genauso viel Druck von Renault wie auf dem Formel 1-Team des Konzerns, nur dass 50 Millionen Dollar in den Motorsport flossen und nur zwei Millionen Dollar in die Radsport-Equipe. Hinault war einer der berühmtesten Franzosen und verdiente im Jahr dennoch nur 150.000 Dollar, während ein Alain Prost acht oder neun Millionen Dollar kassierte. Jemand musste sich diesen Ungleichheiten annehmen.«

Heute ist Greg LeMond selbst Motorsportler. Seit ihn ein Freund zu einem Lehrgang im Cockpit eines Rennwagens überreden konnte, engagiert er sich in der Formel Ford 2000. Dem Journalisten Bryan Malessa von Bicyclist berichtete LeMond einmal von der anregenden Wirkung des Motorsports: »Aber selbst wenn ich viele Rennen fahre, erfordert es nicht diese Hingabe, die das Leben als Profiradsportler erfordert.« Dieses Leben hatte er schließlich inmitten von immer neuen Vorwürfen aufgegeben, er wäre alt, faul, ein schlichtweg müder Sack. Das war eine äußerst frustrierende Erfahrung für einen Mann, von dem man nur ein paar Jahre zuvor nicht erwartet hatte, dass er überhaupt weiterleben würde.

Manchmal, gibt LeMond zu, führe er Selbstgespräche: »Mein Gott, ich werde nie wieder die Tour de France bestreiten.« Es stimmt ihn immer noch sentimental, wenn er das Rennen sieht. 1994 wurde ihm eine mitochondriale Myopathie diagnostiziert, ein Leiden, das zu Muskelschwund führt. Immer noch stecken fünf Schrotkörner in seiner Herzwand, weitere fünf in seiner Leber und in seiner Wirbelsäule. Die Europäer hätten nie verstanden, sagt er, wie schwerwiegend sein Jagdunfall wirklich gewesen sei.

Mittlerweile ist die Krone des Radsports wieder weitergereicht worden. 1999 schloss Lance Armstrong das zweite Jahrtausend mit einem erneuten amerikanischen Sieg ab. Und genau wie Greg LeMond war auch er stärker als eine medizinische Katastrophe – in seinem Fall Hodenkrebs.

20

Blut auf dem Asphalt

»Sie hatten Fabios Namen aus den Listen entfernt. Das war der Moment, in dem es dir richtig bewusst wurde«, sagte der Neuseeländer Stephen Swart am 19. Juli 1995 in Tarbes. Es war der Tag, an dem die Tour mit einem Tod in den eigenen Reihen zurechtkommen musste. Fabio Casartelli hatte kurz vor seinem 25. Geburtstag gestanden. Er war noch ein Neoprofi gewesen, der den Sprung von seinem Olympiasieg 1992 in Barcelona zur etablierten Größe im Fahrerfeld noch nicht ganz geschafft hatte. Am Morgen des 18. Juli 1995 war er auf ein neues Titanrad gestiegen, um die 15. Etappe der Tour in Angriff zu nehmen. Eine Stunde später lagen beide zerschellt am Rand der Straße zum Col d'Aspet, dem ersten Anstieg des Tages. Fabio Casartelli war nur 34 Kilometer weit gekommen.

Casartelli, 1,83 Meter groß und fast 85 Kilogramm schwer, fuhr mit 90 Stundenkilometern vom d'Aspet hinab. Die Abfahrt sollte ihn 1.200 Höhenmeter hinunterführen. Doch dann machte die Passstraße einen Linksschwung, den Abgrund zur Rechten säumten Betonblöcke, um Autos im Notfall zu stoppen. Casartelli, Breukink, Baldinger, Perini, Rezze und Museeuw kamen allesamt zu Fall. Rezze stürzte den Hang hinab, hatte sich Minuten später wieder hinaufgekämpft. Die anderen konnten weiter fahren. Nur Casartelli nicht. Er war mit seiner linken Seite über den Asphalt geschleudert und genau gegen einen der Betonblöcke geprallt. Sein Blut lief über die Straße. Gérard Porte und Gérard Nicolet, die beiden Tourärzte, ließen ihn mit einem Rettungshubschrauber abtransportieren. Doch Casartellis Herz hörte drei Mal auf zu schlagen, bevor das Krankenhaus in Tarbes erreicht war. Er starb an einem Gehirnschaden.

Die Neuigkeit versetzte Radsportfreunde überall auf der Welt in einen Schockzustand. Vor allem in Italien, aber auch in den USA: Casartelli war für das amerikanische Motorola-Team gefahren.

Der Arzt Michel Disteldorf untersuchte Casartellis Leichnam und kam zu dem Schluss, dass ein Helm vielleicht einige der Verletzungen verhindert hätte. Andere hielten dagegen, es sei nicht nachzuvollziehen, wie das möglich gewesen wäre. Selbst wenn Casartelli mit 30 Stundenkilometern, also einem Drittel seines Renntempos, mit dem Betonblock kollidiert wäre, hätte der Aufprall selbst jeden Motorradhelm überfordert. Cyrille Guimard, sportlicher Leiter der Castorama-Mannschaft, sagte: »Wenn du mit 65 Stundenkilometern stürzt, macht es keinen Unterschied, ob du einen Helm aufhast oder nicht.«

Heute erinnert ein Denkmal an die Tragödie. Es steht ein paar hundert Meter von der tatsächlichen Unglücksstelle entfernt – genau so nah, wie es baulich machbar war. Ein mit Flügeln versehenes Laufrad aus weißem Marmor ruht auf einem grauen Fundament, in das eine Sonnenuhr eingraviert ist. Ochowicz erläutert, das Monument »symbolisiert sein Leben, seinen Olympiasieg und seinen Tod.« Motorola hat den Gedenkstein bezahlt und im darauf folgenden November eingeweiht – am Jahrestag des Waffenstillstands, der dem ersten Weltkrieg ein Ende setzte. Ochowicz sagt: »Vom tatsächlichen Unfallort kann man es nicht sehen, sondern erst, wenn man ein paar Schritte weitergeht.« Mitglieder der Tour-Organisation und der Casartelli-Stiftung besuchten die Gedenkstätte am Ruhetag der Tour 1999, um dem Verstorbenen die Ehre zu erweisen.

Der Fall Casartelli brachte die Tour in die Kritik. Casartelli war früh während des Tagesabschnitts gestorben. Doch als der Etappensieger Richard Virenque die Ziellinie überquerte, war er ahnungslos, was sich zugetragen hatte. Die Verantwortlichen des Festina-Teams hatten es vorgezogen, seine Solofahrt nicht zu stören, während die meisten anderen Fahrer schon nach 30 Minuten über das Unglück Bescheid wussten. Viele weinten während der Etappe. Virenque hingegen war sich der Tragödie selbst dann noch nicht bewusst, als er das Podium bestieg. Anders verhielt es sich mit den Organisatoren. Die Gazzetta dello Sport bezeichnete die

Siegesfeier als »grotesk, beleidigend und unverzeihlich«. Sogar der Vatikan beklagte sich, dass »alles genau so weiterging, als hätte es das unheilvolle Blut auf dem Asphalt nie gegeben.« Das Theater des schlechten Geschmacks war eröffnet. Unverbesserliche TV-Zuschauer beschwerten sich, sie hätten den Sturz nicht gesehen. Das Fernsehen entschädigte sie, indem es einen Leichensack mit dem toten Fabio Casartelli zeigte. Und am nächsten Tag veröffentlichte L'Équipe eine Karikatur, in der ein Radfahrer zu sehen ist, der einen Berg bis in den Himmel hinaufklettert; ein Zuschauer ruft: »Das ist Fabio!«

Einen Tag nach dem fatalen Sturz landete am Mailänder Flughafen eine Maschine, die Casartellis Leichnam überführte, der dann weiter nach Albese gebracht wurde – in eine Stadt nahe des Comer Sees, in der Fabio zu Hause gewesen war. Gemeinsam mit seiner Frau Annalisa und dem vier Monate alten Marco. Die Fahrer spendeten der Familie das gesamte Preisgeld der nächsten Etappe: 100.000 Dollar. Die Tourorganisation gab noch einmal den gleichen Betrag. Bei der Harris Trust and Savings Bank in Chicago wurde ein Spendenkonto eröffnet. Auf diesem waren schon bald 250.000 Dollar für Casartellis Sohn Marco eingegangen. Jim Ochowicz, damals sportlicher Leiter von Motorola erzählt, dass im Hauptquartier des Unternehmens in Milwaukee Schecks aus allen Teilen der Vereinigten Staaten eingegangen seien – Spenden von fünf Dollar ebenso wie Spenden von Tausend Dollar.

Die Tour ging normal weiter. Zumindest fast normal. Viele hatten erwartet, dass Motorola das Rennen beenden würde. Ochowicz hätte seine Fahrer in dieser Situation nie gegen ihre eigene Entscheidung gezwungen – ganz gleich, wie diese aussah. Die Mannschaft kam spät zum Start, hinter ihnen auf dem Begleitwagen stand das verbogene Unglücksrad, mit schwarzem Bändern behängt. Die Zuschauer applaudierten. Alle standen für eine Trauerminute auf, bis Lance Armstrong dann seine Mannschaft und das Peloton auf eine neue Touretappe führte.

»Die ersten 24 Stunden waren die schlimmsten« erinnert sich Ochowicz.

Man muss zweimal hinsehen, um die Schäden an jenem Rad zu bemerken, auf dem Fabio Casartelli zu Tode kam. Der Vorderbau ist verzogen, der Lack etwas zerkratzt, aber das ist auch schon fast alles. Die Unglücksmaschine steht heute nahe Casartellis Heimatstadt Como in der Radsportkapelle Madonna del Ghisallo – direkt hinter einem der Räder von Eddy Merckx.

Casartelli war das dritte offizielle Todesopfer der Tour. 1935 war der Spanier Francisco Cepeda in der Nähe von Bourg d'Oisans einen Felshang am Galibier hinabgestürzt und drei Tage später im Krankenhaus verstorben. 1967 kam dann Tom Simpson am Mont Ventoux zu Tode. Cepeda ist praktisch vergessen, aber viele Fahrer bekreuzigen sich, wenn sie den Gedenkstein für Tom Simpson passieren. Und sie stoppten gemeinsam für eine Gedenkminute an Casartellis Ehrenstätte, als die Tour das nächste Mal über den Col d'Aspet führte.

Radrennen ist ein relativ gefährlicher Sport – insbesondere dann, wenn hohe Geschwindigkeiten und eine komplizierte Streckenführung zusammenkommen. Der Weltmeister André Raynaud starb 1937 während eines Steherrennens auf der Bahn von Antwerpen, Richard Depoorter kam 1948 während der Tour de Suisse bei einem Sturz in einem Tunnel zu Tode, Camille Danguille wurde 1950 bei der französischen Meisterschaft von einem Motorrad erfasst. Und so setzt sich die Liste immer weiter fort. Auf ihr stehen auch Stan Ockers, der ebenfalls im Antwerpener Velodrom fatal stürzte, José Samyn, der bei einem Kirmesrennen in Belgien mit einem Programmverkäufer kollidierte, und Jempi Monseré, der als Amateurweltmeister des Vorjahres in seiner ersten Profisaison bei einem belgischen Rennen von einem Auto erfasst wurde.

An der Strecke der Lombardeirundfahrt steht die Madonna del Ghisallo, eine Kapelle, die im Laufe der Jahre zu einem Schrein für die größten Radsportler aller Zeiten geworden ist. Die kleine Kirche liegt entlang eines zehn Kilometer langen Anstiegs im Nordosten Comos. In ihrem Inneren finden Besucher ein Rad von Fausto Coppi und andere, mit denen Eddy Merckx, Felice Gimondi, Alfredo Binda und Gino Bartali gefahren sind. Auch die Maschine, mit der Francesco Moser den Stundenweltrekord brach, wird in der Kapelle aufbewahrt. Kleine Gedenktafeln erinnern an verstorbene Radsportler, die ansonsten längst vergessen wären. In der Nähe finden Besucher auch das Olympiatrikot von Fabio Casartelli und das Rad, das er fuhr, als er zu Tode kam. Die Gabel ist verbogen, das Vorderrad beschädigt, der Lack etwas zerkratzt. Doch ansonsten weist nicht viel daraufhin, wie fatal der Sturz wirklich gewesen ist.

Leiden und Ekstase. Kaum etwas fasst den Geist des Radsports so prägnant zusammen wie die Statue, die an der Madonna del Ghisallo vor der Kulisse Schnee bedeckter Berge und italienischer Seen steht.

Die Teilnehmer der Tour haben sich seit langem mit Skandalen, Tragödien und Maßlosigkeit herumzuschlagen. 1978 schienen sie genug zu haben. Am zwölften Tag der Tour stand eine Revolution ins Haus. Viele Fahrer beklagten sich, dass sie nach der ersten Woche nur noch sechs Stunden Schlaf pro Nacht bekommen hätten. Das allein würde schon genügen, jedem die Laune zu vermiesen – auch ohne die langen Etappen, ohne die Flugzeug- und Bahntransfers, für die sich die Veranstalter immer mehr begeisterten. Als die Revolution ausbrach, hatten die Fahrer nicht nur einen harten Tagesabschnitt hinter sich, sondern auch, bis sie um 21 Uhr endlich ihre Hotels erreichten, keinerlei Möglichkeiten der Regeneration gehabt. Und dann sollten auch noch am nächsten Morgen die Wecker bereits um 4 Uhr 30 schellen, weil der Weg nach Toulouse in zwei Halbetappen zu bestreiten war. Das Feld sollte zunächst von Tarbes in eine Kleinstadt namens Valence d'Agen fahren und von dort dann am Nachmittag nach Toulouse. Nach den viel zu kurzen Nächten, nach der stets notgedrungenen Eile beim Essen und bei den Massagen, nach dem Transfer in den neuen Startort Tarbes waren sich alle Fahrer einig: Sie hatten keinerlei Lust auf diesen zweigeteilten Tagesabschnitt über insgesamt 254 Kilometer.

Im Nachhinein war ihre Reaktion also nur allzu verständlich: Das Peloton legte die 157 Kilometer nach Valence im äußerst gemächlichen Tempo von 19 Stundenkilometern zurück. Niemand erhörte Jacques Goddet, der die Fahrer anflehte, das Rennen doch bitteschön endlich zu beginnen und alle Streitigkeiten dann einfach später auszuräumen. Und weil er mit diesem Ansinnen auf Ablehnung gestoßen war, strich er kurzerhand die Siegprämien – allerdings nicht, ohne noch ein Hintertürchen offen zu lassen: Das Geld würde ausgeschüttet, wenn es wenigstens auf den letzten 30 Kilometern richtig zur Sache gehen würde. In Valence, einem Marktflecken mit 14.000 Einwohnern und ebenso wenig zu sehen wie zu tun, fluchte derweil ein immer übler gelaunter Bürgermeister. Seine Stadt hatte eine Menge Scherereien gehabt, hatte eine ziemliche Stange Geld ausgegeben, nur wegen dieses großen Moments. Er wollte nicht hinnehmen, dass alles vergebens war. Er war außer sich vor Wut, als das ganze Fahrerfeld dann auch noch abstieg, um zu Fuß zur Ziellinie zu marschieren. Er beschimpfte Hinault, der als französischer Meister in die erste Reihe beordert worden war. Er bepöbelte Michel Pollentier und Freddy Maertens, die als Träger des Berg- und Punktetrikots die Spitze des schiebenden Pelotons komplettierten. Hinault versuchte, die Beweggründe der Fahrer zu erläutern, und wurde deshalb kurzerhand als Rädelsführer gebrandmarkt. Der Bürgermeister von Valence blieb untröstlich, aber zumindest hatte er den Fahrern das Versprechen abgerungen, im nächsten Jahr wieder zu kommen und ohne Antrittsgelder ein Rennen zu bestreiten.

»Ihr behandelt uns wie Tiere, nicht wie Sportler«, protestierten die Fahrer also erneut. Aber Goddet blieb hart und argumentierte: »Es ist unabdingbar, dass die Tour eine unmenschliche Seite bewahrt; Maßlosigkeit ist notwendig.« In welcher Maßlosigkeit sich das Rennen ergehen konnte, wurde schon kurz darauf bei der Etappe nach Alpe d'Huez sichtbar. Michel Pollentier, eben noch in der ersten Reihe der Streikenden, sollte die Schlagzeilen diesmal ganz allein beherrschen.

Pollentier, der belgische Meister, war damals 27 Jahre alt, aber bereits von schütterem Haar. Seine ansteckende Freundlichkeit wurde nur noch von seinem außergewöhnlichen Fahrstil übertroffen. Mit gekrümmtem, verdrehtem, verkrampftem Körper kletterte er den Anstieg nach Alpe d'Huez hoch. Was folgte, war eine Farce. Die Rennleitung beorderte drei Fahrer zur Dopingkontrolle. Neben Pollentier wollten sie José Nazabal und Antoine Guttierez testen. Als Nazabal seine Probe abgab, muss ihm schon geschwant haben, welches Ergebnis sie bringen sollte. Er verließ das Rennen noch am selben Abend.

Gemeinsam mit Pollentier hatte er im Wohnwagen des Arztes gesessen, als Gutierrez aufflog: In seiner Achselhöhle hielt der nämlich eine präparierte Gummiflasche mit unbelastetem Urin auf Körpertemperatur. Von hier aus verlief ein Schlauch unterhalb seines Trikots in seine Rennhosen oder einmal durch den langen Ärmel seines Hemdes hindurch. Wenn Gutierrez mit den Oberarmen auf die Gummiflasche drückte, sah es jedenfalls aus, als würde er pinkeln.

Da tastete der Arzt auch den Etappensieger Pollentier ab, nur um feststellen zu müssen, dass der sich ähnlich präpariert hatte. Beide wurden disqualifiziert, mit einer Geldstrafe belegt und gesperrt. Die Verwunderung war umso größer, weil Pollentier den Tagesabschnitt im Soloritt, also ganz gewiss nicht durch Zufall gewonnen hatte. Er wusste, dass sie ihn als Etappensieger testen würden. So war er wohl ziemlich sicher gewesen, dass seine List funktionierte. Das legt den Schluss nahe, dass die Achsel-Pump-Methode sich wohl schon mehrfach in der Praxis bewährte hatte. In Pollentiers Urin wurden dann Spuren von Amphetaminen gefunden.

Ich treffe Michel Pollentier an einem Nachmittag in Keiem, einem kleinen Dorf bei Dixmuide. Er lebt in der Dodepaardenstraat, der Totepferdestraße. Besondere Verlegenheit offenbart Pollentier nicht, wenn er sich an die folgenreiche Etappe nach Alpe d'Huez erinnert. Aber er hatte ja auch lang genug Zeit, um mit der Dummheit ins Reine zu kommen.

»Sie waren sehr verständnisvoll hier«, sagt Pollentier, der ein kariertes Hemd trägt und an einer Wasserflasche nippt. Seine Meisterschaftsurkunden hängen an den Wänden, seine Kinder turnen vor einem riesigen Fernsehbildschirm herum. »Ich habe Tausende von Briefen aus den unterschiedlichsten Ländern bekommen, die mir Glück wünschten und mich aufforderten, mich zu wehren und wieder zu kommen. Ich saß meine zweimonatige Sperre ab, die natürlich in die Phase der gut bezahlten Einladungsrennen fiel, so dass die Angelegenheit noch etwas kostspieliger wurde. Doch wenn ich diese Veranstaltungen besuchte, bekam ich immer viel Applaus. Ich kann mit Bestimmtheit sagen, dass mich niemand ausgelacht oder verhöhnt hat.«

Zahlreiche Gerüchte umrankten Pollentiers Tourausschluss: Es sei ein neuer Doktor da, der seine Aufgabe mit besonderer Sorgfalt erledigte. Die Tour habe keinen Belgier im Gelben Trikot gewollt. Irgendwer habe es persönlich auf ihn abgesehen. Viele dieser Argumente hat damals auch Pollentier vorgebracht, als er hinterher in seinem Hotel interviewt wurde. Er nannte sogar den Namen von einem Fahrer, der absichtlich eine Etappe verloren habe, um der Dopingkontrolle zu entgehen. Er sagte, das halbe Fahrerfeld nehme irgendwelche »Produkte« – ohne allerdings das Wort Doping in den Mund zu nehmen.

Ich erinnere ihn daran, dass das ziemlich nach jener windigen Ausdrucksweise klingt, die der Profiradsportzirkus fast immer an den Tag legt, wenn das Thema zu Sprache kommt. Er zuckt nur mit den Achseln: »Wer weiß schon, was die Wahrheit ist? Wer weiß schon, was dazu geführt hat, dass die Dinge so sind, wie sie eben sind? Das erscheint einem heute alles ziemlich befremdlich, aber es liegt auch schon eine lange Zeit zurück.« Das Thema war beendet. Aber nicht für die Tour. Denn der Pollentier-Skandal war nur ein kleines Gewitter gewesen im Vergleich zu dem, was noch folgen sollte.

Die 13. Etappe der Tour 1988 führte als Zeitfahren über 38 Kilometer durch die Ausläufer der Alpen. Pedro Delgado trug auf seiner sechsten Tour des Gelbe Trikot, das er von dem Kanadier Steve Bauer übernommen hatte. In seiner spanischen Heimat war *Perico*, wie sie ihn nannten, höchst populär. Die Regierung hatte gar einmal eine Sitzung unterbrochen, nur um Delgado im Fernsehen zu sehen. Aber der war auch eine reine Qual für alle Sponsoren und Veranstalter: Stundenlang konnte er über Antrittsgelder diskutieren. Stets führte er einen Notizblock mit sich, in den er eintrug, was seine Preisgelder denn in Peseten wert waren.

Der Reporter, der dafür sorgte, dass auch über *Perico* ein Skandal hereinbrach, war Patrick Chêne vom französischen Fernsehen. Pedro Delgado hatte seine Dopingprobe beim zuständigen Arzt Jean Court angegeben, der sie an Professor Jean-Pierre Lafarge in Clichy weiterleitete. Am 19. Juli stellte Lafarge fest, dass die Probe Spuren von Probenicid enthielt, einem Mittel, das die Einnahme von Amphetaminen verschleiert. Am 21. Juli um 19 Uhr verkündete Chêne im Journal du Tour von Antenne 2, dass Delgado positiv getestet worden sei. Die Tourleitung wollte die Meldung nicht kommentieren. Weder Court noch Tourarzt Gérard Porte wussten etwas. Vielmehr zeigte sich Porte höchst erbost, wie dieser Chêne zur besten Sendezeit so eine Behauptung aufstellen könne. Aber der Fernsehsender vertraute auf seine Informanten – und behielt Recht.

Noch am selben Abend nahm Delgado in einem Fernsehinterview Stellung. Von Alain Vernon befragt, räumte er ein, tatsächlich Probenicid eingenommen zu haben. Er nannte den Namen jenes französischen Arztes, der ihm das Mittel verabreicht habe. Dennoch war die Angelegenheit nicht so eindeutig, wie sie hätte sein können: Probenicid stand nur beim IOC auf der Liste der verbotenen Substanzen. Beim Radsportweltverband, der UCI, sollte das erst im August geschehen, also nach dem Ende der laufenden Tour. So bestand Delgado weiterhin auf seiner Unschuld. Er gewann die Rundfahrt, doch sein Sieg wird immer fragwürdig bleiben. Wenigstens aber hatte er eindeutig gesagt, was er genommen hatte.

Andere taten sich damit schwerer. Wer St. Germain du Plain in Paris besucht, stößt vielleicht auf ein Geschäft mit dem Namen *Établissement Rachel Dard – Cycles et Fabrication*. 1976 war Rachel Dard ein viel versprechender Radprofi, der für Peugeot fuhr. Maurice De Muer war der Chef des Teams, Bernard Thévenet und Jean-Pierre Danguillaume gehörten zu den Fahrern. Im Herbst des Jahres nahm die Mannschaft in Frankreich am Étoile des Espoirs teil. Jean-Luc Vandenbroucke führte, Dard hatte bereits eine Etappe gewonnen. Als die Rundfahrt dann jedoch nach Dax kam, rief man Dard und dessen Mannschaftskollegen Bourreau zur Dopingkontrolle. Sie wurden mit demselben Equipment erwischt, mit dem schon Pollentier hantiert hatte.

Der für die Dopingkontrolle verantwortliche Arzt war Bruno Chaumont, ein liebenswerter jüngerer Herr, der noch neu im Gewerbe war. Im Peloton hieß es, er würde alle Fahrer problemlos durch die Kontrolle winken. Doch dem war ganz und gar nicht so. Chaumont war Idealist, ein Verfechter des in jeder Hinsicht sauberen Sports. Das wusste vor allem Rachel Dard zu bestürzen. Er würde sein schönes Preisgeld wieder verlieren. Peugeot würde ihn wohl feuern. Es gäbe kein Gehalt mehr und wenig Chancen, jemals wieder Fuß zu fassen. Denn welche andere Mannschaft verpflichte denn schon einen Neoprofi, der es gleich in seinem ersten Jahr geschafft hatte, in solche Schwierigkeiten zu geraten.

Er hoffte, Chaumont mit dieser Litanei vielleicht davon überzeugt zu haben, dass er diese Konsequenzen nicht verdiene. Er hoffte, der Doktor würde seinen Bericht in Fetzen reißen. Doch dann wurde ihm klar, dass Chaumont ja schon die Behälter für die Urinprobe vorbereitet hatte, um sie dann umgehend ins Labor nach Paris zurückzubringen. Noch waren sie leer, weil Dard ja bereits aufgeflogen war, bevor er sie hätte füllen können. Doch das musste sich ja noch ändern. Ein verschwundener Bericht wäre ja ganz nett gewesen, aber eine leere Urinprobe würde ihn genauso in Teufels Küche bringen wie eine, in denen sich Spuren unerlaubter Substanzen fanden.

Dard und sein Mannschaftskollege Bernard Croyet verfolgten Chaumont in die Innenstadt von Dax. Sie sahen, wie er den Zug nach Paris bestieg. Da sprangen die beiden ins Auto und jagten selbst in die Hauptstadt. Gard wartete am Gare d'Austerlitz, als Chaumont ausstieg. Das Betteln begann von neuem. Und diesmal wurde Chaumont weich und warf die Fläschchen mit Dards Urin kaputt.

Hier wäre die Geschichte zu Ende gewesen, hätte die L'Équipe nun nicht eine Denkschrift zum Doping im Radsport veröffentlicht. Das schlechte Gewissen begann, Chaumont zu plagen. Er besuchte die Redaktion. Schon am nächsten Morgen stand sein Bericht in der Zeitung. Der französische Radsportverband tobte und warf zur Vergeltung mit Geldstrafen und Sperren nur so um sich.

Nun hatte aber auch Dard nichts mehr zu verlieren. Er erzählte der L'Équipe haarklein, wann man ihm welche Dopingmittel gegeben habe. Nun war die allgemeine Verlegenheit komplett. Die Funktionäre sahen davon ab, Dard zusätzlich zu bestrafen, um ihn nicht zum Sündenbock zu machen. Der saß seine Sperre ab, kehrte ins Peugeot-Team zurück, wo ihn De Muer noch für ein paar unbedeutende Rennen aufstellte. Im nächsten Jahr probierte er es noch bei einem anderen Team, dann ließ er es mit dem Profiradsport sein.

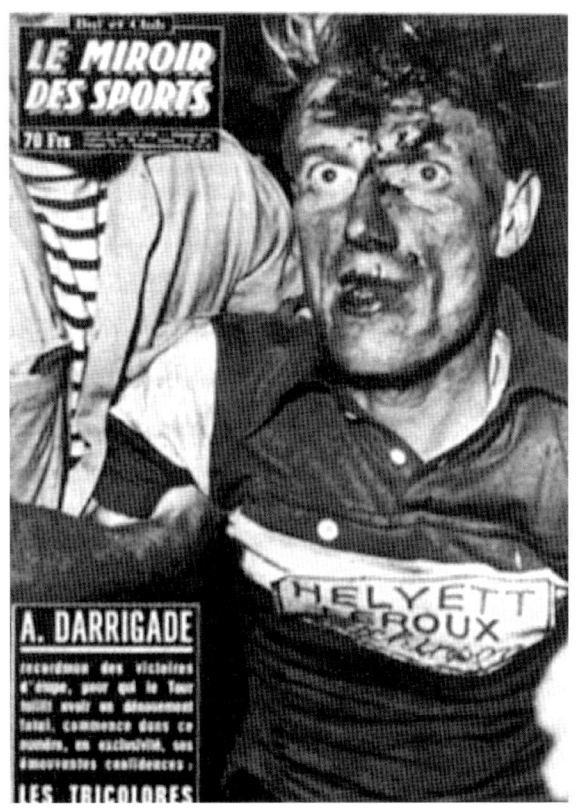

Auch André Darrigade wäre beinahe in der Tour de France zu Tode gekommen. Bei einem Massensprint schoss er in einen Mann, der auf die Bahn gelaufen war: Kopf prallte auf Kopf. Der unachtsame Offizielle war tot, bevor er den Boden berührte. Darrigade hingegen sah zwar übel zugerichtet aus, war aber nur leicht verletzt.

Manchmal kamen die Störfeuer aber auch von außen. Spanische Terroristen zündeten einmal die Autos von Journalisten im Tourtross an – darunter auch den Wagen des britischen TV-Senders Channel 4, der über den Vorfall dann in einer seltsamen Mischung aus Verwunderung und Groll berichtete. Streikende Stahlarbeiter stoppten 1982 ein Mannschaftszeitfahren in Denain. Ein Neustart war der Tourdirektion nicht möglich, zum ersten Mal in der Geschichte musste sie eine Etappe ausfallen lassen. Französische Landarbeiter setzten die Serie schon kurz darauf fort. Binnen kürzester Zeit war die Blockade von Radrennen zu einem wahren Volkssport avanciert. Das war nur allzu natürlich in einem Land, dessen Arbeiter seit jeher dazu neigen, erst zu streiken und dann zu verhandeln.

Die Fahrer waren es bald leid, in Flugblättern zu duschen und von vermeintlichen Fans am Straßenrand gestoppt zu werden. Bei Paris–Nizza revanchierte sich Bernard Hinault einmal auf sehr unterhaltsame Art und Weise für einen Fausthieb und verprügelte anständig den erstbesten der Aufständigen. Irgendwann entschlossen sich die Gewerkschaften dann, sich auf andere Protestformen zu verlegen und das Rennen wieder ungehindert seinen Weg fahren zu lassen – zumindest bis 1999, als streikende Feuerwehrleute das Rennen blockierten und eine Horde Hooligans das Fahrerfeld mit Stinkbomben traktierte.

21

Friede ihrer Kohle

Ich traf Peter Post in seinem Haus im Großraum Amsterdam. Cobe Ritsmahof, Amstelveen, lautete die Adresse und dürfte so manchem Radsportfreund ein Begriff sein: Cobe Ritsmahof war auch die offizielle Postanschrift des Raleigh-Teams, das Post zwölf Jahre lang geleitet hat – und später dann auch die der Panasonic-Mannschaft, die an dessen Stelle trat.

Sein erstes Profirennen gewann Peter Post 1957: das Sechstagerennen von Chicago. 18 Jahre und weltrekordträchtige 65 Sixday-Siege später beendete Post seine Karriere mit einem ersten Platz beim Sechstagerennen von Frankfurt. 1964 gewann er Paris–Roubaix trotz Regenwetter und entsprechend seifigem Kopfsteinpflaster mit einer Durchschnittsgeschwindigkeit von 45,13 Stundenkilometern. Das markierte nicht nur einen neuen Rekord für den Ritt durch die Hölle des Nordens, sondern blieb für fast 30 Jahre der schnellste Eintagesklassiker aller Zeiten.

Nach dem Ende seiner eigenen Profilaufbahn wurde Peter Post einer der erfolgreichsten Teamchefs, den der Sport je hatte. Raleigh gewann mit ihm 15 Weltmeisterschaften, fünf Weltcups, eine Tour de France und 77 ihrer Etappen. Die Mannschaft siegte beim Giro d'Italia, bei 37 Klassikern und 55 nationalen Meisterschaften. Es könnte sein, dass Peter Post weiß, wie Radrennen funktionieren.

Sein Bungalow war hell und modern eingerichtet. Draußen stand ein roter Mercedes. Seine Frau sagte mir, er entschuldige sich für seine Verspätung. In ein paar Minuten sei er da. Als er dann hineinkam, fiel sofort jene bärenhafte Gestalt auf, die ihn bereits auf dem Rennrad gekennzeichnet hatte. Mit offenherziger Freundlichkeit wusste er jenen eisernen Kern seiner Persönlichkeit zu verbergen, der einen Fahrer veranlasst hatte, ihn als »hart wie ein Stein« zu charakterisieren. Die Narbe unter einem Auge war ein beredtes Zeugnis der vielen Gefahren, die in seinem Geschäft lauern. Das Gesicht war ähnlich ramponiert wie das eines Ex-Boxers: Der Ausdruck erzählte von Millionen harter Nächte in dunklen Arenen.

Höflich staunte er über die 60 Kilometer, die ich mit dem Rad zurückgelegt hatte, nur um ihn zu sehen. Dann schaltete Peter Post den Videotext des niederländischen Fernsehens ein und wies mich darauf hin, dass das Pfund mal wieder einen Cent gegenüber dem Gulden verloren hat. Er schien darüber mehr verstimmt zu sein als ich. Schließlich hat das Pfund, seit ich denken kann, kontinuierlich einen Cent gegenüber dem Gulden verloren. Für eine Weile tauschten wir Höflichkeiten aus, dann warf ich ein: »Die Leute sagen, sie seien niemand, mit dem sonderlich leicht auszukommen sei. Vielmehr heißt es, sie seien zwar ein guter Freund, aber ein furchtbarer Feind.«

Ich erinnere mich an britische Nachwuchsfahrer der 70er Jahre, denen Post in den Anfangstagen von Raleigh eine Chance gegeben hatte. Diese Rookies motzten allesamt, als sie früher oder später wieder den Heimweg über den Kanal antraten, wie schrecklich man sie behandelt hätte. Andere Mannschaften verhöhnten Posts Mannschaft als Panzer Gruppe Post oder sie verkürzten TI-Raleigh zur *Tirgruppe*, zum Exekutionskommando der Radsportwelt.

Hennie Kuiper hatte seine besten Jahre bei Raleigh: Unter Peter Post wurde er Weltmeister und fuhr mit einem Lenkerband in den Farben des Regenbogens. Ich habe Kuiper einmal in seinem Haus in Putte an der belgischen Grenze angerufen, um ihn zu fragen, ob er – die guten Ergebnisse einmal außer acht gelassen – auch glücklich gewesen sei bei Raleigh.

»Nein! Absolut nicht«, gab er zu verstehen.
»Warum?«, wollte ich wissen.

Er zögerte einen Augenblick, um dann mit viel Charisma zu stammeln: »Mein Charakter und Peter Posts Charakter sind total unterschiedlich. Ich war noch ein Nachwuchsfahrer. Und wenn du jung bist und ein Problem hast, dann musst du darüber reden können. Aber das war fast unmöglich. Er ist hart wie Stein. Ich kann auch hart sein, aber der Unterschied zwischen uns beiden war einfach zu groß.« Es ist zu bezweifeln, dass sich Post und Kuiper heute gegenseitig mit Weihnachtskarten beglücken.

An diese Worte musste ich denken, als ich Post mit diesem Vorwurf konfrontierte. Der aber zuckte nur mit den Achseln und schlug die Beine übereinander. Nach einer Weile sagte er dann: »Ich bin auch gegenüber mir selbst hart. Ich glaube einfach nicht, dass es im modernen Radsport möglich ist, ein netter Kerl zu sein. Wenn du die Verantwortung für eine Mannschaft trägst, dafür dass das Geld stimmt, dann musst du das Recht haben, den Fahrern zu sagen, wo es lang geht.« Peter Post hatte laut Gerald O'Donnovan, seinem englischen Geldgeber mit einem Budget zu kämpfen, das so knapp war, dass »sich die Fahrer eine Quittung in dreifacher Ausführung geben lassen mussten, wenn sie eine Flasche Cola kauften.« Wenn sich die britischen Nachwuchsfahrer also beschwerten, dass Peter Post ihnen längst ruiniertes Material gab, nur um sie zu triezen und zu demoralisieren, dann mag die Wahrheit eine etwas andere gewesen sein: Die gesamte Mannschaft musste ihr Material so lange fahren, bis es endgültig auseinander fiel. Da verwundert es kaum, dass die Atmosphäre bei Raleigh von Disziplin bestimmt war und ein Peter Post seine wahren Gefühle nur selten vor den Fahrern zu verbergen vermochte.

»Wenn jemand nicht gut fährt, nun, dann musst du ihm auch genau das sagen«, unterstrich Post seine Philosophie als Teamchef: »Die meisten Fahrer wollen die Wahrheit nicht hören. Aber ich konfrontiere mich ja auch selbst mit der harten Wahrheit. Es hilft nichts, Konflikten aus dem Weg zu gehen, indem man stets nach dem einfachsten Ausweg sucht.«

»Als was haben Sie ihre Fahrer denn betrachtet: Als Freunde? Als Angestellte?«, fragte ich ihn.

Als sportlicher Leiter war Peter Post als harter Hund gefürchtet.
1968 gewann er gemeinsam mit Wolfgang Schulze das Berliner
Sechstagerennen – nur einer von insgesamt 65 Sixdays-Erfolgen.

Er antwortete mit Bestimmtheit: »Gewiss nicht als Freunde. Als Angestellte. Aber dass sie nicht meine Freunde sind, hindert mich nicht am Versuch, mit ihnen eine vernünftige Beziehung zu pflegen. Es liegt in der Natur der Sache, dass man mit einem Fahrer besser auskommt als mit einem anderen. Jeder ist ein Individuum.«

Wir schlürften für eine Weile den Kaffee, den seine Frau gebracht hatte, die er *Schat* nannte. Er trug Jeans zum Jackett. Wir saßen auf einem immensen Ledersofa, an den Wänden hingen großformatige Bilder mit sportiven Motiven: Motocross und American Football. Ein weiteres Gemälde zeigte in Lebensgröße einen Raleigh-Fahrer, der die Arme jubelnd in die Höhe warf. Peter Posts Arbeitszimmer wurde von einem weißen Tisch dominiert, mit zwei Telefonen auf der einen Seite, einem Stapel Panasonic-Trikots und einem Fernseher auf der anderen. Der Raum war nicht nur geschmackvoll und modern eingerichtet, sondern auch ziemlich groß für holländische Verhältnisse, wo Grundstücke rar und entsprechend teuer sind. Wer sich einmal köstlich amüsieren möchte, muss Peter Post dennoch nur auf die Verdienstmöglichkeiten der heutigen Fahrergeneration ansprechen.

»Ja-a-a!«, antwortet der dann: »Die Gehälter sind ziemlich hoch. Sehr hoch. Die Lohnkosten sind fünf oder sechs Mal so hoch wie vor sechs Jahren. Für einige Fahrer zahlt man das Zehnfache. Aber was soll's? Sie fragen danach, und die Leute bezahlen es.«

Für Jan Janssen, der im selben Dorf zu Hause ist wie Hennie Kuiper, sind es insbesondere die exorbitanten Gehälter, die dazu beitragen, den Radsport zusehends zu verweichlichen.

»Wir mussten die ganze Zeit gut sein, vom 1. Februar bis Ende Oktober«, sagt er: »Es war meine Pflicht, das meiste aus dem Namen unseres Sponsoren zu machen und für Publicity zu sorgen. Es gab andere starke Fahrer im Team, aber zu 80 Prozent lastete es auf meinen Schultern, diese Aufmerksamkeit der Öffentlichkeit zu schaffen. Hattest du einen schlechten Tag, nun, dann war das so, als ließest du deinen Geldgeber im Stich.« Janssens Reminiszenzen erinnern an eine Satire in CycleSport, in der ein gewisser *Old Pro* seine Litanei stets mit der ewig gleichen Klage beendete: »Nun, in meinen Tagen war alles noch ganz anders.« Der Unterschied ist nur, dass Jan Janssen tatsächlich die Tour und die Straßenweltmeisterschaft gewonnen hat und sich immer noch im Radsportverein Zuid-West Hoek von Bergen-op-Zoom engagiert. Man sollte seine Ansichten nicht unbedingt als die eines Ahnungslosen unter den Ewiggestrigen vom Tisch fegen.

Wie viel aber kassieren die Fahrer denn nun wirklich? Schwer zu sagen. Gehälter gehören nicht unbedingt zu jenen Themen, über die Radprofis bereitwillig Auskunft erteilen. Einen Hinweis lieferte der Eklat um den französischen Fahrer Christophe Bassons bei der Tour 1999. Bassons war mit der Begründung ausgestiegen, er wolle nicht länger vom übrigen Peloton als Aussätziger behandelt werden, nur weil er eine Zeitungskolumne geschrieben habe – eine Zeitungskolumne wohlgemerkt, deren Kernaussage der Behauptung ziemlich nahe kam, er sei der einzige im Fahrerfeld, der ohne Doping unterwegs wäre. Tourdirektor Jean-Marie Leblanc mutmaßte, Bassons Ausstieg sei pures *Le Marketing* gewesen: Er könne seine Antrittsgelder für die Kriterien im Anschluss an die Tour vervielfachen, ohne das Rennen zu Ende fahren zu müssen.

Einen Tag später lieferte der Franzose Thierry Bourguignon Details zum sprunghaft gestiegenem Einkommen des Aussteigers: Der Tourveteran sagte, Bassons könne pro Rennen nun 12.000 Francs einstreichen, während er selbst trotz zehn Jahren Profiradsports auf dem Buckel nur mit 7.000 Francs rechnen dürfe – allerdings nicht ohne sich den Hinweis zu verkneifen, dass zumindest seine Frau der Ansicht sei, er wäre mehr wert. Ein Lance Armstrong, vermutete Bourguignon, dürfte 15.000 Francs kassieren – obwohl vor der sein Gelbes Trikot zu diesem Zeitpunkt noch längst nicht erfolgreich bis nach Paris gerettet hatte. Es gab Gerüchte, Armstrong hätte für seinen ersten Toursieg von seinem Sponsor einen Bonus von einer Million Dollar erhalten. Aber das dürfte wohl dem Vorteil geschuldet sein, den es hat, für ein Team zu fahren, das eher in amerikanischen denn in europäischen Dimensionen denkt.

Es bietet sich an, den verlautbarten Zahlungen der Teams an ihre Fahrer mit Misstrauen zu begegnen. Im Radsport geben Arbeitgeber nur höchst selten die Gehälter ihrer Fahrer an – erstens, um deren Privatsphäre zu schützen, und zweitens, um die Preise für mitbietende Konkurrenten in die Höhe zu treiben. Umgekehrt sind auch die von Beratern vorgelegten Zahlen verdächtig: Manager werden nie ein zu niedriges Einkommen veranschlagen. Es ist in ihrem Interesse und in dem ihrer Fahrer, Gehälter in den Raum zu werfen, die über den tatsächlich gezahlten liegen.

Auch wer die Gehälter für die einzelnen Fahrer eines Teams addiert, kommt nur selten auf eine Summe, die im Einklang mit dem Gesamtbudget der Mannschaften steht. Die Materie ist komplex: Was ein Fahrer tatsächlich verdient, ist eine Kombination aus einem Grundgehalt von der Mannschaft, Preis- und Startgeldern sowie weiteren Zahlungen aus den unterschiedlichsten Quellen. Unter allen Mannschaften, die im Jahr 2000 an der Tour de France teilnahmen, verfügte das von einer spanischen Blindenlotterie und einer deutschen Bank finanzierte Once-Team über den größten Jahresetat: 42 Millionen. Das kleinste Budget betrug 15 Millionen. Mit diesem hatte die von einer belgischen Lotteriegesellschaft und einem Telekommunikationsunternehmen gesponserte Lotto-Mannschaft zu wirtschaften. Die Millionenbeträge beziehen sich wohlgemerkt auf Französische Francs und nicht auf US-Dollar oder Britische Pfund. Zudem müssen sie ausreichen, um alle Fahrer, deren gesamtes Material und vielfältige sonstige Auslagen zu bezahlen. Es wird klar, dass so manch vermeintliches Radsportler-Gehalt, das Neid und Kopfschütteln verursacht, eigentlich nur das Ergebnis einer schwärmerischen Phantasie ist.

Aber natürlich hat Peter Post Recht, wenn er behauptet, die Verdienstmöglichkeiten hätten sich vervielfacht. Der Kletterer Julio Jimenez erzählte, dass viele spanische Profis in den 60er Jahren nur 4.000 Peseten im Monat verdienten, umgerechnet 30 Dollar. So hätten sie sich denn im Winter als Lkw-Fahrer oder Stuckateure verdingen müssen. Das gesamte belgische Flandria-Team kam Mitte der 70er Jahre mit einem

Jahresetat von 500.000 Dollar über die Runden – und das, obwohl mit Freddy Maertens, Roger De Vlaeminck und Michel Pollentier äußerst erfolgreiche Fahrer zur Equipe gehörten, die allesamt schon Siege bei Eintagesklassikern und Touretappen feiern durften. Ein Gehalt erhielten sie dennoch nur in zehn Monaten pro Jahr. Und als Brian Robinson – der erste englischsprachige Etappengewinner bei der Tour – für Cila einen neunten Platz bei der Tour de Suisse belegte, hatte ihm der Arbeitgeber nur ein Trikot, ein Rad und ein paar Münzen Taschengeld zukommen lassen.

Wer nur für einen Teil seiner Ausrüstung und die Hoffnung auf Erfolgsprämien an Rennen teilnahm, fuhr – wie es damals hieß – *à la Musette*. Der Begriff bezieht sich auf die Stofftasche, die sich die Profis an der Verpflegungskontrolle über die Schulter warfen und die für so manchen von ihnen alles war, was sie umsonst bekamen.

Dann führte die UCI gar eine Zwischenkategorie noch günstigerer Radsportler ein: die so genannten Unabhängigen. Diese waren weder Amateure noch Profis, durften aber Werbung auf ihren Trikots und ihren Rädern platzieren und alles an Preisgeldern mitnehmen, was auf ihrem Weg lag. Alsbald befand sich Belgien in der aberwitzigen Situation, über genau so viele *Onafhankelijken* und Profis zu verfügen wie über Amateure. Eigentlich hatte die Absicht darin bestanden, dass Profis die *Crème de la Crème* des Radsports bleiben würden, während die neue Klasse der Unabhängigen ein Sprungbrett in die ein oder andere Richtung bieten sollte – entweder auf dem Weg zum Profi oder zurück zum Amateur. Aber Großbritannien beispielsweise hatte damals keine im Inland tätigen Profis. Währenddessen stellten die Unabhängigen komplette Fahrerfelder, die sich selbst als Krone des Radsports erachteten.

So wäre es geblieben, wäre nicht irgendwann auch die UCI an der Tatsache verzweifelt, dass die Unabhängigen in der Realität nichts weiter waren als extrem schlecht bezahlte Profis, die den Sport eher schwächten als stärkten. Hinzu kam, dass die französische Regierung mit einiger

Verspätung auf die Idee kam, dass Radsportler ein eigenständiger Beruf sei und die Akteure zumindest den landesweiten Mindestlohn verdienen müssen. Die Zeit des Radsports *à la Musette* war vorbei, aber Mindestlohn hieß für viele weiterhin Minimallohn.

Es bedurfte eines großen Namens, um das System zu ändern. Eddy Merckx lieferte ihn. Der nämlich war als erster Star des Radsports in der Lage, auch das einem Star gemäßes Arbeitsentgelt einzufordern – selbst wenn dieses nicht mit den Gehältern konkurrieren konnte, die andere Sportarten ihren Besten zahlten. Und nachdem Merckx der Durchbruch geglückt war, die Gehälter und Preisgelder mitbestimmen zu dürfen, gelang es Greg LeMond, die noch heute gültige Art und Weise zu definieren, nach der Verträge zwischen Mannschaften und Fahrern ausgehandelt werden. Bis dahin war das Verhältnis zwischen Arbeitgebern und Arbeitnehmern im Radsport dem Lehnswesen des Mittelalters sehr nahe gekommen.

Ob LeMond die Festgehälter tatsächlich so sehr in die Höhe treiben konnte, wie behauptet wird, ist fraglich. Auf jeden Fall aber nahmen diese beträchtlich zu. Und das schaffte die Voraussetzungen dafür, dass die Fahrer heute – genau wie es LeMond tat – ihre eigene Saison planen können, anstatt immer dann antreten zu müssen, wenn ihr Teamchef ein Kreuz im Kalender macht. Diese früher gängige Praxis hatte den Briten Barry Hoban noch zu der Bemerkung veranlasst, dass es nicht ratsam war, immer alles aus sich herauszuholen. Nur so hätte man vermeiden können, vom eigenen Sportchef zu Tode gehetzt zu werden.

Noch einmal Jan Janssen zu diesem Thema:

»*Ich glaube, die Motivation ist heute eine andere. Nach der Tour hört man Fahrer sagen, dass sie sich jetzt zu Hause ausruhen, weil sie sich nicht mit Kriterien rumplagen möchten. Das ist nicht unbedingt attraktiv für das Publikum. Ich glaube, wer so verfährt, verzichtet darauf, seinem Sport zu dienen. Schließlich profitieren im Endeffekt alle Fahrer davon, wenn der Radsport an Popularität gewinnt. Natürlich ist es schön, dass sie heute gut bezahlt werden, aber dafür sollten sie dann auch wirklich alles geben müssen. Doch heute gibt es eine Menge Fahrer, die sagen: ›Ich möchte nur die Frühjahrsklassiker fahren, aber keine Tour de France, keinen Giro und keine Spanienrundfahrt, denn da ist es mir zu heiß, denn da gibt es mir zu viele Berge und so weiter und so fort‹. Und dann gibt es Fahrer, die auf Paris–Roubaix verzichten, weil die Straßen zu schlecht sind. Und auf die Flandernrundfahrt, weil es dort schneit oder regnet. Wählerisch picken sie sich ihre Rennen heraus.*

Nun, das war nicht immer so. Wir bekamen von unserem Teammanager noch eine Liste mit Rennen. Und genau die hatten wir dann auch zu fahren. Der ganze Radsport hat sich verändert. Die Fahrer sind nicht mehr hungrig. Heute gibt es so viel Geld zu verdienen – selbst für drittklassige Fahrer. Vor einem Vierteljahrhundert verdienten sich drittklassige Fahrer nicht einmal die Marmelade auf dem Brot. Wenn man ihnen also 50 Gulden für ein Kriterium bot, dann fuhren sie auch. Heute aber sind sie allesamt gut bezahlt, ohne dafür viel tun zu müssen. Sie sagen: ›Oh, ich habe einen guten Vertrag von unserem Sponsor. Also ist alles in Butter.‹ Vergangen ist der Hunger, erst einmal gut zu fahren und Erfolg zu haben und nur wenn das klappt, auch Geld zu verdienen.«

Robert Millar betont, dass eine Tourteilnahme für einen Fahrer zwar die Hölle, aber auch ein Karrieresprungbrett ist. In anderen Worten: Die Tour hat die Kraft, Grundgehälter und Startprämien mächtig in die Höhe zu treiben. Heute gibt ein Kapitän seine Preisgelder zudem an seine Mannschaftskollegen weiter, um ihren Einsatz zu honorieren – aber auch, um sie bei der Stange zu halten. Diese Praxis gab ihr Debut 1953 bei einem Treffen des französischen Teams. Zu dem gehörte neben anderen wahrscheinlichen Tourteilnehmern auch Louison Bobet, ein großer, ansehnlicher Kerl und der erste Fahrer, dem es gelingen sollte, die Tour de France drei Mal in Serie erfolgreich zu beenden.

Als Sportler mit superben Qualitäten ausgestattet, mangelte es Bobet nur an einem: an Selbstbewusstsein. Dieses Defizit veranlasste ihn, sich wie David Niven aufzuführen, der sanfte, Süßholz raspelnde

Leinwandstar jener Jahre. Bobet sehnte sich danach, sich in höflicher Gesellschaft zu bewegen. Um Geschmacklosigkeiten zu umgehen, verstieg er sich in gestelzten Reden, die sich unnötig in die Länge zogen. Einmal wurde er bei einer Dinner-Party von einer Dame der Gesellschaft nach den Gründen für seinen jüngsten Krankenhausaufenthalt gefragt. Bobet errötete.

»Der Radsport ist ein kompliziertes Metier«, begann er seine umständliche Ausführung: »Verstehen Sie, *Madame*, wir sitzen im Jahr sehr, sehr viele Kilometer im Sattel. Das bereitet uns gewisse Schwierigkeiten.«

Doch die *Madame* schaute ihn nur noch verwirrter an, während andere anwesende Fahrer sich an dem Schauspiel mit zunehmend schadenfrohem Interesse ergötzten.

»Mit unseren..., mit unseren ...«, stammelte ein längst puterroter Bobet: »Mit unseren, äh, Taschen.«

»Mit ihren Taschen, *Monsieur* Bobet?«, fragte die nun vollends in die Irre geleitete Dame.

Zaghaft öffnete Bobet wieder den Mund, doch dann, als er nach weiteren gesellschaftsfähigen Worten für die weniger gesellschaftsfähige Angelegenheit suchte, sprang Raphaël Géminiani ein: »Um Himmels Willen, *Zozon*, erzähl ihr doch einfach, dass du blutige Eier hast.«

Bei der Tour de France 1953 sollen die Spannungen innerhalb des französischen Teams so groß gewesen sein, dass Géminiani einmal den Inhalt einer Suppenschüssel auf Bobets Kopf ausgeleert habe. Diese Episode mag, je öfter man sie erzählte, immer mehr an Dramatik zugelegt haben. Auf jeden Fall aber vermittelt sie eine Vorstellung von der angespannten Atmosphäre. Wie also konnte es passieren, dass diese beiden sich nicht unbedingt freundschaftlich zugewandten Fahrer überhaupt für dieselbe Mannschaft an den Start gingen? Nun, Bobet, Géminiani und die übrigen Tourteilnehmer wurden von Marcel Bidot zusammengewürfelt, dem französischen Auswahltrainer. Der war bei jenem Treffen um den Tisch gewandert und hatte jeden gefragt, was er sich zutraue.

»Kannst du gewinnen?«

»Ich glaube nicht. Wenn es gut läuft, kann ich unter den ersten fünf ankommen«, lauteten die typischen Antworten.

Als er bei Bobet ankam, sagte der Beau aus der Bretagne: »Ja, ich kann gewinnen, wenn der Rest der Mannschaft das Rennen für mich kontrolliert.« Die Aufgeforderten starrten ihn aber nur mit großen Augen an. Da legte Bobet nach: »Und wenn ich gewinne, gebe ich mein ganzes Preisgeld an meine Mannschaftskollegen weiter.«

So nahm die Tradition ihren Anfang. Talent allein genügte einem Kapitän fortan nicht mehr. Er brauchte auch eine entsprechend gefüllte Brieftasche, um sich die erforderliche Unterstützung zu sichern. Als Gegenleistung erhielt er nach der Ankunft in Paris gut dotierte Einladungen für Kriterienrennen und einen besseren Vertrag von seinem Sponsor.

Ist das auch heute noch so? Verschenkt ein Tourgewinner immer noch seine Siegprämie für die wenigen verbliebenen Kriterien? Nun, ganz gewiss nicht für die Kriterien. Aber Stephen Roche zum Beispiel betont, dass er nie einen Penny von den Preisgeldern behalten habe, die er als Mannschaftskapitän einfuhr. Und damit meint er nicht nur seinen Toursieg, sondern alle Siegprämien:

»Ich gehörte zu den wenigen Glücklichen. Ich hatte einen guten Vertrag, musste folglich aber auch viel Steuern zahlen. Wenn ich bei einem Rennen 10.000 Pfund gewann, steckte das Finanzamt die Hälfte ein und mir blieben noch 5.000 Pfund. Im Verhältnis zum Grundgehalt waren die Preisgelder für mich nur ein Bonus – insbesondere netto. Also bedeuteten mir Siegprämien naturgemäß weniger als meinen Mannschaftskollegen. Für gewöhnlich gab ich zehn Prozent an die Mechaniker und Masseure, den Rest an die anderen Fahrer. Als ich Profi wurde, war so etwas noch nicht üblich. Heute wird es einfach so erwartet«, erzählt er mir in Dublin, während er sich auf seinen Umzug an die Côte d'Azur vorbereitet.

Peter Post war im Gegensatz zu Stephen Roche kein Mann für die großen Rundfahrten, aber er genoss den Ruf als Sechstagekönig und war häufig ein Sieganwärter bei Kriterien und Eintagesklassikern. Nach dem

In den 50ern war Louison Bobet ein Star. Das größte französische Magazin widmete ihm die Titelseite, nachdem er die Tour 1954 gewonnen hatte. Doch es mangelte ihm an Selbstbewusstsein. Andere Fahrer verspotteten ihn ob seiner Ambition, sich in »*un gentleman*« zu verwandeln.

Ende seiner Karriere veranstaltete er die Sechstagerennen in Rotterdam und London. Zudem arbeitete er ja als Teammanager. Also fragte ich, ob ihm der Sport zu Reichtümern verholfen habe.

»Ich weiß nicht, was sie als Reichtümer bezeichnen würden«, entgegnete er: »Ich bin gesund. Ich kann alles tun. Ich kann jeden Tag arbeiten. Aber, ja, wenn man dreißig Jahre lang sieben Tage die Woche geschuftet hat, liegt es nahe, dass etwas hängen bleibt.«

Einige Jahre nach unserem Gespräch ging Peter Post dann in Rente. Jetzt liegt es nahe, dass er sein Leben mit den Resten dieses »Etwas« bestreitet. Damals stand in seinem Arbeitszimmer ein Trainingsrad, aber das war ein Heimtrainer. Er erzählte mir, dass er keine Lust mehr habe, auf der Straße herumzufahren. Man hat mir zugetragen, dass sich das mittlerweile geändert habe. Aber ich wette, er fährt nicht mehr mit jener Härte, für die er gefürchtet war.

22

Das Ende vom Anfang

Im Tross der Tour de France sind allein die Journalisten mit ihren eigenen Autos unterwegs. Die Teams und die Offiziellen wählen ihre Fortbewegungsmittel aus einem Fuhrpark, den ein Sponsor stellt. Welches Markenzeichen die Autos tragen, wechselt von Jahr zu Jahr. Am Dienstag des 7. Juli 1998 waren es außerhalb von Paris registrierte Fiats, die auf dem Vorhof einer Werkstatt in Evry nahe der französischen Hauptstadt standen. Willy Voet, belgischer Mitarbeiter einer der bekanntesten Tourmannschaften, holte hier an diesem Morgen jenes Fahrzeug ab, das er während der Rundfahrt nutzen wollte. Sein Plan war, den Startort der Tour in Irland anzusteuern und hier die Fahrer und die Teamleitung von Festina zu treffen, eines kostspieligen Ensembles, zu dem hauptsächlich Franzosen gehörten – unter ihnen Richard Virenque, der Kletterer mit dem Babyface.

Wie seine Kollegen wurde Virenque, dessen niedliches Äußeres alle Schwiegermütter des Landes ins Schwärmen brachte, von einem spanischen Uhrenhersteller bezahlt, der zu diesem Zweck eine Sportagentur in Andorra betrieb. Denn außerhalb des Steuerrechts der Europäischen Union gelegen, hat sich der Kleinstaat in den Pyrenäen zum attraktiven Standort für Unternehmen und deren Konten gemausert.

Laut Bruno Roussel, 1998 Sportmanager bei Festina, sollte Willy Voet den Großraum Paris eigentlich über die Autobahn in Richtung Norden verlassen, am Hafen von Calais die Kanalfähre nach Dover entern, einmal quer durch England fahren, um eine zweite Fähre ins irische Dun Laoghaire zu nehmen. Von hier aus sollte er sich dann zum Start nach Dublin begeben. Die komplizierte Anreise hätte dennoch ohne Probleme vonstatten gehen können. Schließlich hat das Schengener Abkommen Grenzkontrollen innerhalb der EU im Sinne eines freien Reiseverkehrs weitgehend außer Kraft gesetzt. Großbritannien und Irland waren dem Abkommen zwar nicht beigetreten, hatten aber zugestimmt, dass EU-Bürger unkontrolliert ihre Grenzen passieren dürften. Willy Voet erwartete also keinerlei Probleme.

Doch anstatt direkt Calais anzusteuern, fuhr er in einem Bogen zunächst in die belgische Heimat und von dort wieder nach Frankreich hinein – über eine Nebenstraße zwischen Dronkaert und Neuville-en-Ferrain, einem Dorf nahe Lille. Am 8. Juli erreichte er morgens um halb sieben die Grenze, um sie ohne viel Aufhebens zu passieren. Doch sein Fiat stach ins Auge. Denn für die Fernsehkameras hatte der Automobilhersteller auf Voets Fahrzeug eine Menge Aufkleber mit dem Firmenschriftzug befestigt. Hinzu kamen weitere Festina-Logos. Derlei Aufmerksamkeitshascherei erlegen, winkten die Grenzposten Willy Voet also an den Straßenrand und baten ihn auszusteigen. Einer öffnete den Kofferraum. Und dort fanden sich schließlich in allerlei Pappkartons eine ganze Menge Spritzen, hunderte von Fläschchen mit obskuren Arzneien und Mittel gegen Hepatitis B, eine Krankheit, die mit Nadeln und Injektionen assoziiert wird. Die Flüssigkeiten in den Ampullen stellten sich unter anderem als anabole Stereoide und als Blut verlängernde Wirkstoffe heraus, die vor allem unter dem Kürzel EPO bekannt sind. Von diesem Moment an vergingen nur noch wenige Tage, bis aus der Tour de France die Tour de Farce geworden war und eine ehedem schon misstrauische Öffentlichkeit wusste, dass Festina die eigenen Fahrer systematisch mit Dopingmitteln versorgt und über eine Schwarzgeldkasse verfügt hatte, um diese zu finanzieren.

Der Rest der Geschichte ist zu gut bekannt, um sie noch einmal zu erzählen. Das juristische Nachspiel des Vorfalls sorgte aber auch dann noch für etliche Störgeräusche, als Lance Armstrong im folgenden Jahr mit einem überdimensionierten Sternenbanner die Champs Elysées hinunterfuhr. Mit dabei waren auch einige der Fahrer, die im Mittelpunkt des Skandals gestanden hatten: etwa Alex Zülle, der die Tour 1999 hinter Armstrong gar als Zweiter beendete, und Richard Virenque, den die Tourdirektion hatte ausschließen wollen, bis die UCI, von allerhand Rechtsanwaltsschreiben wankelmütig geworden, ihm dann doch die Teilnahme erlaubte. Derweil stand Willy Voet als Zuschauer am Straßenrand – in der Ungewissheit, ob ihn die nächste »Etappe« der staatsanwaltschaftlichen Untersuchung wieder zurück ins Gefängnis führen würde. Vor dem Start der Rundfahrt hatte er noch in einem Bücherkrieg die Hörner mit seinem einstigen Schützling aneinander gerieben. In *Ma Verité*, meine Wahrheit, verwies Virenque die Liste der ihm angeblich verabreichten Dopingmittel, die Willy Voet in *Massacre à la Chaine* wiedergegeben hatte, mehr oder weniger ins Reich der Fabeln.

Die Zahl der akkreditierten Journalisten stieg von 3.500 im Jahr zuvor auf nun mehr 7.500: Die Zeitungen bereiteten sich augenscheinlich auf einen noch größeren Skandal vor. Thierry Bourguignon sagte, die ersten Etappen »fühlten sich an, als bewege man sich in einer Beerdigungsprozession«. So habe dem gebrandmarkten Fahrerfeld denn auch die Geschlossenheit gefehlt, um sich gegen die gefährliche Fahrt über einen Damm im Atlantik zu wehren. Das Ergebnis war ein Massensturz, der das Endresultat der Rundfahrt schon früh maßgeblich bestimmte. Frankreich, die Tour und der Radsport hielten den Atem an. Crédit Lyonnais, der Sponsor des Gelben Trikots, dachte öffentlich über den Ausstieg nach, nachdem Richard Virenque von der UCI der Rückweg ins Fahrerfeld geebnet worden war. Jean-Marie Leblanc, den Bernard Hinault einmal während der aus den Fugen geratenen Tour 1998 den Tränen nahe vorgefunden hatte, kreuzte beschwörend die Finger, als er das Jahr 1999 als »Tour der Erneuerung« bezeichnete.

Die Anspannung verschlimmerte sich sogar noch, als die Polizei sich zurückhielt – anstatt wie noch 1998 die Tourhotels gelegentlichen Razzien zu unterziehen und Fahrer zu Verhören mitzunehmen. Doch niemand freute sich, dass es noch nicht passiert war. Der allgemeine Pessimismus ließ die meisten glauben: Dann kommen sie halt morgen. Tatsächlich aber kamen sie gar nicht. Leblanc hatte die Polizei und insbesondere *Les Stups*, die Drogenfahnder, um Diskretion gebeten. Ob deren Fernbleiben aber das Ergebnis dieses Appells war, ist natürlich fraglich.

Es blieb jedoch unvermeidlich, dass jedes kleinste Anzeichen einer Betrügerei sofort mächtige Blüten trieb. Ein Belgier wurde nach Hause geschickt: Nicht weil er in einem Dopingtest aufgefallen war, sondern weil er eine Verletzung mit einem Medikament behandeln ließ, das auf der schwarzen Liste stand. Und als bekannt wurde, dass man zu Beginn des Rennens in einer Dopingprobe von Lance Armstrong Stereoide gefunden hatte, war der Aufruhr groß – auch wenn die identifizierte Menge nicht genügte, um eine Disqualifikation zu rechtfertigen. Armstrong trat daraufhin gemeinsam mit Paul Sherwen als seinem Übersetzer, einem mittlerweile als Fernsehkommentator arbeitenden Exprofi, im Vélo-Club des französischen Fernsehens auf. Er erklärte, er hätte eine Hautcreme benutzt, um eine Verletzung zu behandeln. Sherwens Übersetzung ergänzte Armstrongs Argumentation ein wenig: Er gab Sitzbeschwerden als Grund an und legte nahe, dass es Leute gebe, die »vielleicht gegen mich sind«, das heißt natürlich gegen Armstrong. Der selbst aber hatte weder Namen genannt, noch über vermeintliche Intriganten geklagt – zumindest nicht im Vélo-Club. Aber in der Folge war sie doch ziemlich angespannt, die Atmosphäre zwischen Armstrong und Le Monde, der seriösen Tageszeitung, die als erste mit der Neuigkeit aufgewartet hatte.

Eigentlich war Lance Armstrong der Tour de France jedoch ein höchst willkommener Sieger. Er war zwar kein Franzose, aber der beste Fahrer des Gastgebers hieß nun einmal Richard Virenque, dessen Sieg sich Jean-Marie Leblanc nur in Alpträumen vorstellen mochte: Auch der formelle Handschlag, den Virenque dem Tourdirektor abgerungen hatte, änderte nichts daran, dass er weiterhin wenig willkommen war.

Virenques Fans waren nicht mehr so zahlreich an der Strecke erschienen, doch im Ziel jeder Etappe umso lautstärker zu vernehmen. Sein charakteristisches Lächeln war »nach den Schwierigkeiten, die ich in diesem Jahr durchmachen musste«, mächtig gedämpft. Nur einmal, nämlich als ihm in Paris das Trikot des Bergkönigs übergestreift wurde, lösten sich die angespannten Gesichtszüge Virenques. Doch zu diesem Zeitpunkt machten bereits Gerüchte die Runde, er hätte Organisatoren der folgenden Einladungsrennen mit einer Liste seiner zahlreichen Kritiker im Peloton vor die Wahl gestellt: Wenn einer von denen starten würde, bliebe ein Virenque fern.

Für Frankreich sollte 1999 eine ganz schlechte Tour werden: Zum ersten Mal seit Jahrzehnten gelang keinem Franzosen ein Etappensieg. Nun, das war *tant pis*, allzu schade, aber wenigstens durfte es mit dem von Hodenkrebs genesenen Lance Armstrong einen Sieger wie aus dem Märchenbuch feiern. Der war, 30 Jahre nachdem ein Namensvetter den Mond betreten hatte, während der Rundfahrt mehrfach abgegangen wie eine Rakete. L'Équipe und andere französische Zeitungen ergingen sich in Schlagzeilen wie »Armstrong holt den Mond vom Himmel« oder »Von einem anderen Planeten«. Hinzu kam, dass Armstrong ein wenig Französisch sprach, Risiken einging und Charisma hatte. Nach Miguel Indurain war das ein Segen.

Denn den Franzosen war Indurain stets als Roboter vorgekommen. Der Spanier fuhr ähnlich strategisch wie ein Jacques Anquetil, ließ jedoch dessen Magie vermissen. Darüber hinaus mangelte es ihm an Persönlichkeit. Wie Anquetil dominierte Indurain die Zeitfahren, um sich dann in den Bergen einfach nicht abhängen zu lassen. Aber jene, die am Straßenrand standen, um zu staunen, scheiterten beim Versuch, diesen Mann auch zu mögen. Man sollte meinen, dass jemand, der als erster die Tour de France fünf Mal in Serie gewann, die Produktion von Geschirrtüchern, Schlüsselanhängern und Fotos seines nackten Hinterteils rechtfertigen würde – so wie Eddy Merckx es in Belgien getan hatte. Nun, vielleicht war ihm das in seiner spanischen Heimat auch gelungen. Aber nicht in Frankreich, nicht in Belgien und nicht in irgendeinem der anderen Länder, die ich in der Ära Indurain besuchte. Er war *Big Mig*. Er war ein Rätsel, das sich hinter einer Sonnenbrille versteckte. Er war der General, der sich nur höchst selten auf ein offenes Gefecht einließ.

Oft genug blockierten Streiks die Route der Tour. 1998 drehten die Fahrer den Spieß um: Mit einem Sitzstreik protestierten sie gegen ihre pauschale Kriminalisierung im Zuge des Doping-Skandals.

Natürlich hatte Frankreich sein ureigenstes Rennen nicht verloren, weil ihm ein Amerikaner den letzten Sieg im 20. Jahrhundert wegschnappte, sondern weil es selbst nicht mehr genug talentierten Nachwuchs hervorbrachte. Einige behaupten, das sei eine Folge der ganzjährigen Dopingkontrollen, die Frankreich im Anschluss an den Festina-Skandal und im Gegensatz zu anderen Ländern eingeführt hatte. Es würden fortan stets zwei Rennen gefahren, klagten die Anhänger dieser Theorie: Die Franzosen würden zu jenen gehören, denen in diesem ungleichen Wettbewerb nur das kleinere Kettenblatt blieb. Doch es ist seit jeher so, dass das Talent von Nation zu Nation huscht wie eine kapriziöse Elfe. Mal war Frankreich an der Reihe, dann Belgien, dann Italien, dann wieder Frankreich und schließlich die Niederlande, die USA und Spanien. Dann gewann sogar ein Däne die Tour.

In jedem dieser Länder wurde der Radsport im Zuge der Erfolge von Landsleuten plötzlich populär – oder zumindest populärer denn zuvor. Als Bjarne Riis 1996 seinem Sieg entgegenfuhr, tauchten im Tourtross plötzlich dänische Journalisten auf, die zuvor nie über den Tellerrand Skandinaviens hinausgeschaut hatten. Ähnliches galt für amerikanische Reporter, als Lance Armstrong und Greg LeMond siegten. Ed Pavelka, der ehemalige Chefredakteur von Velo-News und Bicycling, erzählte mir vor der Tour 1999: »Jedes Jahr im Juli schossen die Verkaufszahlen von Bicycling am Kiosk in die Höhe, wenn Greg durch Frankreich fuhr. Über die Tour war vorher nur im Kabelfernsehen berichtet worden, die Durchschnittsbürger wussten so gut wie nichts über das Rennen. Aber mit Greg an der Spitze der Rundfahrt zogen die Fernsehsender alle Register. Jedes Wochenende konnten wir lange Reportagen sehen, die gut genug waren, um einen Emmy einzuheimsen. Währenddessen berichtete Samuel Abt tagtäglich für die New York Times über die Etappen. Und auch USA Today widmete Greg und dem Rennen plötzlich viel Druckerschwärze.

Das Interesse flaute natürlich ab, nachdem Greg seine Karriere beendet hatte. Aber wenn Lance gesund bleibt, könnte dieses Interesse der breiten Öffentlichkeit wiederaufleben. Amerikaner brauchen nun einmal einen einheimischen Helden zwischen all den Marios, Marcos und

Jean-Maries, sonst kümmert es sie nicht im Geringsten. Und Lance genießt einen gewissen Bekanntsheitsgrad, weil auch radsportfremde Publikationen über seine Krebserkrankung und sein Comeback berichtet haben.« Mittlerweile erfreut sich Lance Armstrong in den USA natürlich weit mehr als nur eines »gewissen Bekanntheitsgrades«. Und auch in Europa ist sein Name längst so geläufig wie der eines Michael Schumacher oder David Beckham.

Vorbei sind die Tage, in denen Fahrer zu Göttern erhoben wurden von Zeitungen, deren Leser sie nur selten je einmal auch gesehen hatten. Noch weiter entfernt liegt jene Welt der Schwarzweißfotos, die Fahrer zeigen, wie sie ihre Laufräder auf dem Rücken trugen oder ihr Equipment in Dorfscheunen wieder in die ursprüngliche Form hämmerten. Aber die Show bleibt eine Show, selbst wenn sich ihre Spielregeln etwas geändert haben. Die Tour ist großartig, die Tour ist geschmacklos, die Tour ist heroisch. Das Rennen beschwört die Extreme herauf und erfordert Männer, die unmenschlichen Herausforderungen trotzen können – und wenn ihnen das gelingt, dann sorgen sie doch nur dafür, im nächsten Jahr noch größere Extreme überwinden zu müssen. Die Tour ist das längste Spiel der Welt, sie vereint Tod und Triumph, Leid und Hochgefühl. Das Rennen produziert Melodien und Missklänge. Es weicht sich selbst in ungeschminktem Kommerz auf und bleibt doch die größte frei zugängliche Revue der Erde. Es bleibt die Tour de France: Wenn sie nicht existieren würde, käme niemand mehr auf die Idee, sie zu erfinden.

Wir sind Géo Lefèvre eine Menge schuldig.

23

Ein Tag beim Rennen

Auch das muss einmal deutlich gesagt werden: Die Tour de France ist frei. Die Tour de France braucht keine Stadien. Man muss keine Eintrittskarten kaufen, man erhält aber auch keinerlei Garantien. Manch einer lästert, dass die Zuschauer ja doch in den meisten Fällen nur einen viel zu kurzen Augenblick etwas erleben würden. Doch welch trübsinnige Art und Weise ist das, die Begeisterung der Menschen zu betrachten? Welch miserable Ausrede, um die größte kostenlose Party der Erde zu verpassen?

Nur am Start gibt es die Möglichkeit, einmal alle Fahrer zu sehen und auch zu erkennen. Die *Brigade Orange,* eine Horde von Schwergewichten in leuchtenden Overalls, baut das Tourdorf Tag für Tag von neuem auf – lange, bevor sich irgendjemand am Start sehen lässt. Jeder Morgen, bevor die Sonne sich am Horizont erhebt, ist schon so viel passiert: Die vielen namenlosen Helfer arbeiten die Nacht hindurch in Gruppen, die sich nur selten einmal zu Gesicht bekommen. Einige bauen den Start auf, andere das Ziel und noch mehr sind damit beschäftigt, an allerlei Schlüsselstellen Zuschauerabsperrungen aufzustellen. Schlaf finden sie nur während des Tages. Ihre Leistung ist schlichtweg bewundernswert. Zu ihren Aufgaben gehört es gar, die Temperatur des Straßenbelags zu messen und diesen mit Wasser zu kühlen, wenn er zu schmelzen droht. Sie sind auch dafür verantwortlich, ramponierte Straßenabschnitte kurzfristig zu flicken – eine Tradition, die bis in die Anfangstage des Rennens zurückreicht, als die Tourdirektion für die Instandsetzung der Landstraßen durch die Pyrenäen zahlte.

Vor Jahren war es noch möglich, den Teilnehmern dicht auf die Pelle zu rücken. Der Druck, der auf den Fahrern lastete, war noch nicht so groß, sie waren allesamt noch weniger umhegt und umpflegt. Heute aber bleiben die Fahrer hinter von Polizisten abgeschrittenen Absperrgittern weitgehend unter sich. Eine Stunde vor dem Start tauchen sie nach und nach auf, um sich einzuschreiben. Hier lässt sich dann miterleben, warum Daniel Mangeas, dessen Stimme seit Jahren aus den Lautsprechern dröhnt, sein Geld wert ist: Nie kann er wissen, in welcher Reihenfolge die Fahrer erscheinen, und doch ist er stets in der Lage, sie allesamt mit langen Erfolgslisten anzukündigen und jeden einzelnen zum Helden avancieren zu lassen.

Im *Village* laufen jetzt die Vorbereitungsarbeiten für den Start. Wie bei den meisten Orten, an denen viele Menschen gerne wären, ist der Zutritt jenen vorbehalten, die eine entsprechende Akkreditierung vorlegen können. Tag für Tag begrüßt die Tour zahllose Gäste. Und wer auf sein Glück vertraut, kann durchaus probieren, sich Anfang des Jahres schriftlich um eine Einladung zu bewerben. Oder man ist Journalist. Dann kann man sein Anliegen in der mobilen Pressestelle vortragen. Nichts geht jedoch ohne ein Akkreditierungsschreiben von einer Zeitung, einem Magazin oder einer Rundfunkanstalt und ohne einen gültigen Journalistenausweis.

Die Farbe des Akkreditierungspasses gibt Auskunft über die eigenen Rechte. Auch innerhalb der einzelnen Farbcodes gibt es noch spitzfindige Nuancen. Eine *Invité de l'Étape* beispielsweise ist eine Eintages-Akkreditierung, die einem den Zutritt zum Pressesaal, zum Bereich der Pfleger und auf die provisorische Haupttribüne verschafft, wo man eines jener runden Sitzkissen mit dem Tour de France-Logo als Souvenir ergattern kann. In das Getümmel hinter der Ziellinie darf man sich jedoch nicht stürzen.

Le Village ist ein exklusiver Ort. Die Fahrer bestellen in der Regel noch etwas zu trinken, nachdem sie sich eingeschrieben haben. Sie blättern eine Zeitung durch oder unterhalten sich mit Journalisten. Crédit Lyonnais versorgt die Reporter mit Stapeln von Rennunterlagen, die mit der jeweiligen Akkreditierungsnummer versehen sind. So erweist sich das Tourdorf als guter Platz, den Fahrern doch noch recht nahe zu kommen. Keiner kann das *Village* umgehen.

Mitunter erlebt man am Start auch die ein oder andere Showeinlage, zum Beispiel von den Coca-Cola-Cheerleaders, die – wie ein etwas ungehobelter Journalist einmal feststellte – wohl eher ob ihrer hübschen Erscheinung als wegen ihres Talents ausgewählt werden. Die Pressevertreter gehören nun einmal nicht zum nachsichtigsten Menschenschlag. Und das gilt insbesondere, wenn nach mehreren Wochen Beisammensein mit Fahrern und Fotografenkollegen der Tourkoller ausbricht. So müssen sich die Mädchen so manche Derbheit anhören, wenn sie ihre roten Röcke hochfliegen lassen und mit derlei Einblicken die Sicherheit der Tribünengäste gefährden.

Die Werbekarawane sammelt sich, bevor das eigentliche Rennen beginnt – entweder direkt auf der Strecke oder auf einem Gelände, das die vor jeder einzelnen Etappe ausgeteilten Lagepläne für diesen Zweck vorsehen. Im fortgeschrittenen Stadium der Tour ist die Laune der Akteure zumeist nicht mehr die beste: Seit Wochen schon haben sie sich ihre Arme in langen Arbeitstagen voller Winken in französischer Sonne verbrannt. Und doch bahnt sich ihr bezahlter Enthusiasmus in just jenem Moment seine Bahn, in dem sie eine Stunde vor dem Fahrerfeld auf die Strecke gehen. Mit ihnen machen sich dann auch die Journalisten und Offiziellen auf den Weg. Sie reihen sich ebenfalls *en avant* auf, also vor dem Fahrerfeld, um diesen Vorsprung ins Ziel zu retten. Dabei folgen sie hunderten von Wegweisern, die Helfer in den Stunden zuvor an allen Kreuzungen entlang der Strecke aufgehängt haben. Oder sie nehmen Abkürzungen, die ein spezielles Rennprogramm empfiehlt.

13.000 Polizisten und 3.500 Ordner sorgen derweil für die *Securité* auf der Strecke. Selbst an den kleinsten Weggabelungen patrouillieren ab sechs Uhr morgens die *Flics*. Oder sie winken über dem Kopf mit dreieckigen gelben Fahnen, um Tourtross und Fahrerfeld schadlos an Hindernissen auf der Route vorbeizuführen.

Über einen Kilometer erstrecken sich das Fahrerfeld und sein Gefolge am Start, um sich zunächst sehr langsam in Gang zu setzen. In den ersten Minuten nach dem *Départ fictif* ist das Rennen noch neutralisiert. Der offizielle Start, der *Départ réel*, erfolgt erst nach einem *Panneau*, einem Banner über der Straße, das anzeigt, dass die größten Hindernisse der Stadt passiert sind. Dann verkünden die Lautsprecher in *Le Village*, dass es in fünf Minuten seine Tore schließt. Die starken Männer in Orange bauen das Tourdorf ab, um es zum nächsten Startort zu transportieren.

Der beste Weg, die Tour de France zielgenau zu finden, ist ein Blick in L'Équipe oder in eines der zahlreichen Radsportmagazine, von denen Vélo als Schwesterzeitschrift von L'Équipe wohl die ergiebigsten Informationen liefert: Vélo listet die komplette Streckenführung auf, inklusive den Entfernungen, den Namen der passierten Orte, den Nummern der Straßen und der Beschreibung sonstiger Vorkehrungen:

Caravan publicitaire. Parking de la gare. Départ: 12 heures. Rassemblement du marché. Signature: de 12h 30 à 13 30. Appel 13h 35. Départ fictif: 13h 40 par la Grand-Rue, boulevard Ernest-Girault, rue de la Libération. Départ réel: 13h 35 sur D.152, route d'Arpajon, à hauteur du panneau entrée Ollainville, soit à 1,24 km du lieu de rassemblement.

Es braucht keine großartigen Französischkenntnisse, nur ein bisschen Gespür und Vorstellungskraft, um zu verstehen, was gemeint ist. Vélo teilt seinen Lesern auch die Adressen und Telefonnummern aller Tourist-Informationen ebenso mit wie die nahe gelegenen Campingplätze.

Die grobe Route des kommenden Jahres wird jeweils im Herbst auf einer Konferenz in Paris verkündet, bei der aktuelle Fahrer, Tourgrößen der Vergangenheit und alle anderen, die nur irgendetwas beitragen könnten, in langwierigen Interviews ausgequetscht werden. Die Diskussion rankt sich in der Regel darum, wie viele Berge in welcher Reihenfolge und auf wie vielen Etappen im Tourverlauf auftauchen, ob es erst in die Alpen oder zunächst in die Pyrenäen geht und wann und wo

Zeitfahren stattfinden. Die exakte Route mit Angabe aller durchquerten Dörfer wird jedoch erst nach allerhand Diskussionen mit Stadträten und Polizeistellen bekannt gegeben. Wochen vor dem Start der Tour werden dann in ganz Frankreich große gelbe Schilder aufgestellt, die Autofahrer davor warnen, dass diese oder jene Landstraße an einem bestimmten Morgen, Nachmittag oder Tag für den Verkehr gesperrt ist.

Früher hinderte niemand die Tourdirektion daran, das Rennen genau so lang zu machen, wie es ihr zupasse kam. So glich es für Jahrzehnte tatsächlich einer Rundstrecke durch das ganze Land. Der Tod Tom Simpsons 1967 ließ jedoch die UCI intervenieren. Seitdem haben sich Radsportveranstalter überall auf der Welt mit Vorgaben der Streckenlängen sowie der Anzahl von Etappen und Ruhetagen zu plagen. Sogar die Zahl der weltweiten Rundfahrten wurde limitiert.

Der Tour am Straßenrand beizuwohnen, ist ein Glücksspiel. Niemand weiß vorher, was er sehen wird. Es könnte ein lang gezogenes, aber doch geschlossenes Peloton sein, eine Ausreißergruppe mit mehreren Minuten Vorsprung oder ein gemächlich vorbeirollendes Feld, das sich von vorhergehenden Strapazen erholt oder auf jene vorbereitet, die da noch kommen mögen. Die von der Tourdirektion verlautbarten *Heures de Passage* tragen dieser Tatsache Rechnung: Die Zeitpläne werden in mehreren Durchschnittsgeschwindigkeiten berechnet – zwischen 38 und 42 km/h bei flachen Tagesabschnitten, deutlich langsamer bei Bergetappen.

In einem schnell vorbeirauschenden Feld stechen das Gelbe Trikot und das Bergtrikot deutlicher ins Auge als das grüne Jersey des Punktbesten. Noch unauffälliger ist die rote Startnummer, die den angriffslustigsten Fahrer ausweist. Im motorisierten Gefolge kommen erst rote, dann blaue Autos. An der Spitze fährt stets der Begleitwagen, in dem Jean-Marie Leblanc sitzt. Dahinter folgen die Rennkommissare mit ihren orangefarbenen Motorradhelmen, dann die Fernseh- und Radiokommentatoren, die Begleitfahrzeuge der Mannschaften und schließlich die Pressejournalisten.

Der enge, kurvenreiche Aufstieg zum Col d'Aubisque hat schon so
manche Tour de France vorentschieden. Hier war es auch, wo Wim
van Est als Träger des Gelben Trikots im Abhang verschwand.
Ein Ausflug auf den Aubisque ist auch für Zuschauer
und Radtouristen nicht unbedingt ein Genuss:
Der Berg ist fast permanent in dichten Nebel gehüllt.

Koordiniert wird der bunte Haufen von Radio Tour, einem mehrsprachigen Informationsdienst, der die Mannschaftswagen auf den Plan ruft, wenn einer ihrer Fahrer den Arm hebt – »*US Postal est demande*« – und mit rudimentären Kommentaren des Rennverlaufs aufwartet. Sobald dabei das Wort *Chute* ertönt, bereiten sich die Insassen der in einer langen Schlange aufgereihten Mannschaftswagen hektisch darauf vor, die Verwüstungen eines Massensturzes zu beheben. Dann zahlt es sich aus, einen Fahrer vorn im Gesamtklassement platziert zu haben. Denn das sichert auch dem Begleitfahrzeug eine gute Position.

Die Farbe Gelb kennzeichnet die Autos und Motorräder des neutralen Service-Teams, das seit Jahren vom Laufradproduzenten Mavic gestellt wird. Sie kreisen kontinuierlich um das Peloton oder fahren in Erwartung einer Ausreißergruppe voraus. Rennkommissare mit Signalstäben, die an riesige Lutscher erinnern, hindern derweil die Mannschaftswagen, sich zwischen noch nicht weit enteilte Ausreißern und dem Feld einzuordnen, sobald dies die Fahrer bei dem Versuch unterstützen oder behindern könnte, die Lücke wieder zu schließen. In einem solchen Fall müssen dann die neutralen Materialfahrzeuge einspringen. Und wenn das Feld in den Bergen komplett auseinander bricht, verteilen sich diese auf die einzelnen Gruppen.

Ohne Beschränkungen darf sich das Motorrad bewegen, auf dessen Rücksitz der Mann mit der Kreidetafel sitzt. Seine Passagiere sind wochenlang damit beschäftigt, den Vorsprung von Ausreißern zu stoppen, deren Startnummern zu identifizieren, diese Informationen auf die Tafel zu kritzeln und unablässlich hin- und herzufahren, damit ein jeder diese Neuigkeiten auch mitbekommt. Diese Aufgabe bleibt weiterhin essenziell, auch wenn die Teamverantwortlichen in den Mannschaftswagen längst im Fernsehen den Rennverlauf verfolgen können und per Funk mit kleinen Kopfhörern im Ohr vieler Fahrer verbunden sind.

Die Strecke der Tour de France ist übersät mit Zwischenwertungen, die aber nur selten für zusätzliches Spektakel sorgen. Das Fahrerfeld kümmert sich nicht sonderlich um die Prämien, die dem Ersten winken, der sie passiert. Nur jene, die um das Grüne Trikot konkurrieren, sprinten um die Bonuspunkte. Für Zuschauer sind die Berge attraktiver, erfordern jedoch auch frühzeitiges Aufstehen. Am populärsten wohl ist der Anstieg nach Alpe d'Huez, wo sich viele Fans schon zwei Tage vorher ihren Platz am Straßenrand sichern. Am Renntag sind die Zuschauermassen hier so groß, dass es oft längst Mitternacht ist, bis man es nach dem Ende der Etappe wieder ins Tal geschafft hat. In der Beliebtheitsskala folgen die übrigen Anstiege der Alpen und Pyrenäen – allen voran wohl Galibier und Tourmalet. Doch wie auch Soulor und Aubisque ist der Galibier nicht immer einen Besuch wert: Alle drei Berge bieten einen superben Blick auf superben Sport, doch ebenso sehr neigen sie ob besonderer Luftströmungen auch zu wirklich fiesem Wetter. Beim Aubisque kommt hinzu, dass der Aufstieg äußerst schmal und kurvenreich ist. Vorzuziehen ist der Tourmalet: Er bietet einen atemberaubenden Blick hinunter auf die sich windende Straße, auf der die Fahrer hinaufkommen. Darüber hinaus wartet er direkt auf der Passhöhe mit einer Bar sowie auf halbem Weg mit einer Skistation auf.

Mindestens drei Stunden, bevor die Fahrer vorbeikommen, werden die Passstraßen gesperrt. Doch in der Regel lässt die Polizei Radfahrer noch durch, wenn denen das Rennen noch nicht allzu sehr auf den Fersen ist. Viele Anstiege verfügen über spezielle Hinweistafeln, die über Steigungsprozente und die Entfernung bis zum Gipfel informieren. Doch auch, wenn der normale Straßenverkehr außen vor bleibt, ist es für Besucher der Tour doch recht ratsam, am Wegesrand zu verharren. Jedes Jahr aufs Neue springen einige Irre auf die Straße, um die Fahrer eher zu behindern als anzufeuern. Die schlagen darob mitunter genervt aus. Und es ist schon vorgekommen, dass sie auch getroffen haben.

In der Regel stehen in der Nähe andere Zuschauer, die einen Fernseher mitgebracht haben. So kriegt man – wenn auch zumeist in einigem Gedränge – mit, wie die Fahrer dem eigenen Standort allmählich näher kommen. Es schadet jedoch nie, ein Radio mitzunehmen und France-Info zu hören, den Nachrichtenkanal irgendwo um die 105 auf der UKW-Skala. Ein anderer empfehlenswerter Sender ist Europe 1.

Der 2.115 Meter hohe Col du Tourmalet sah unzählige legendäre Schlachten. 1965 erreichte Jacques Anquetil kurz vor dem ewigen Rivalen Raymond Poulidor die Passhöhe.

Reines Glücksspiel ist hingegen ein Nachmittag im Zielort eines Tagesabschnitts. In der Anfangsphase der Rundfahrt und bei traditionellen Etappenankünften wie etwa Bordeaux enden die Tagesabschnitte zumeist mit einem Massensprint. Ob der immensen Menschenmengen sehen die Zuschauer dann nur sehr wenig von der Ankunft der Fahrer. Doch sie haben zuvor wenigstens die Chance, auf einem riesigen Bildschirm, dem *L'Écran géant*, mitzuerleben, wie sich das Rennen entwickelt. Das Monstrum steht etwas vor dem Ziel, so dass jene, die den Zielstrich selbst nicht sehen können, umso mehr vom vorherigen Renngeschehen mitbekommen können.

Drei Stunden vor der Ankunft stehen dann auch die letzten Aufbauten im Ziel. Gleichzeitig malen die an roten Overalls erkennbaren Männer von ESP Publicité allerlei Werbeslogans auf die Straße. Ich versuchte einmal mich mit einem von ihnen zu unterhalten, während er mit einem Kollegen direkt vor dem Zielstrich niederkniete und die Schablonen auslegte, durch die es dann fünf blau-weiße FIAT-Schriftzüge auf die Straße zu sprühen galt.

»Mehr als hundert während des Rennens, *M'sieur*«, war alles, was ich aus ihm herausbekam, bevor er wieder in einen roten Lieferwagen stieg, den ein Fahrer mit jubelnd in die Höhe gerissenen Armen zierte. Ich konnte einen kurzen Blick auf die Ladefläche werfen und sah, nicht unbedingt zu meiner Überraschung, ein Arsenal riesiger Farbdosen.

Der Bogen, der genau einen Kilometer vor dem Ziel die *Flambe Rouge* trägt, wird gleichzeitig mit dem Podium errichtet, einem großen, muschelartigen Aufbau, der mittels Luftdruck aus einem Lastwagen herauswächst. Weiter unten im Dynapost-Lieferwagen bereitet Thierry Babereau derweil die Postfächer vor, in denen die Tour alle an Fahrer, Journalisten und Mitglieder der Karawane adressierten Briefe und Postkarten sammelt. Er kommt erst später dazu, sie auszuliefern: Seine wirkliche Arbeit beginnt dann, wenn alle in ihren Hotels sind.

Während seine Kollegen um einen Tisch neben dem Lieferwagen sitzen, sich unterhalten und Kaffee trinken, erläutert Babereau: »Wenn man irgendjemandem auf der Tour schreiben möchte, muss man auf dem

Umschlag nur den Namen sowie den jeweiligen Etappenort angeben und dann noch Dynapost und Frankreich darunter setzen.« Schon ein paar Tage später wird Thierry Babereau oder einer der anderen Mitarbeiter von Dynapost das Hotel des Adressaten ausgemacht haben und die Post ausliefern.

Im Inneren des Lieferwagens steht ein Metallregal, an jedem Fach steht der Name einer Mannschaft.

»Wir machen Aufzeichnungen, welcher Fahrer wie viel Briefe bekommt«, erzählt Babereau: »Wollen Sie ein paar Zahlen hören?« Als ich mein Interesse bekunde, zaubert er mit seinem Computer eine Liste hervor, die aufführt, wie viel Post die einzelnen Fahrer bis zur Etappenankunft in Bordeaux erhalten haben. »Eine Zeit lang bekam Lance Armstrong am meisten«, sagt er: »Vor allem aus Amerika, aber auch aus England und anderen Nationen.« Neben seinem Namen steht die Zahl 187. »Aber plötzlich ging die ganze Post nur noch an Thierry Bourguignon. Er war in jüngster Zeit häufig im Fernsehen. Die Leute mögen ihn.« So hielten ihn bereits insgesamt 649 Briefe auf Trab. Aber auch so konnte er nicht mit den 843 an Richard Virenque adressierten Briefen und Karten konkurrieren.

Grundsätzlich hatte das Postaufkommen jedoch nachgelassen. Die Tour erreichte Bordeaux zwei Tage, bevor sie in Paris zu Ende ging. Es blieb also nicht mehr viel Zeit, um gegenüber den Vorjahren aufzuholen. 1995 beispielsweise erhielt Richard Virenque noch 1.825 Briefe, Miguel Indurain 1.674, Claudio Chiapucci 245 und Jacky Durand, 1999 Träger der *Lanterne Rouge*, immerhin noch 188.

Vier Stunden vor der Ankunft der Fahrer beginnen die Menschen, sich um das Ziel zu scharen. Zwei Stunden später ist es dann bereits enorm schwierig, sich in die Nähe der Ziellinie vorzukämpfen oder gar einen Platz in der ersten Reihe der Schaulustigen zu ergattern. Noch ein Stunde darauf ist derlei dann vollkommen unmöglich. Das klingt eher nach Strafarbeit als nach einem Vergnügen für die Zuschauer. Doch die Motivation, direkt am Ziel zu stehen, speist sich weniger aus dem Wunsch,

Thierry Babereau ist der Briefträger der Tour de France. Sein Tipp: »Man muss nur den Namen des Fahrers, den Etappenort, Dynapost und Frankreich auf den Umschlag schreiben.« Wenige Tage später wird Babereau den Adressaten in seinem Hotel ausfindig gemacht haben.

das Rennen zu sehen – auch wenn alle das behaupten. Vielmehr geht es darum, die Atmosphäre zu genießen, Teil der Tour de France zu werden, schlicht und ergreifend da zu sein.

Eine Stunde vor der Ankunft der Fahrer kommen, angefeuert von den passioniertesten Fans in der Zuschauermenge, die ersten Lastwagen und Busse der Mannschaften ins Ziel. In ihrem Gefolge ergießt sich ein allmählich anschwellender Strom von Journalisten, Fotografen und sonstigen Tour-Begleitern. Viele haben sich beeilt, um noch in den Genuss eines kostenlosen Mittagessens in der *Salle de Presse* zu kommen. Hier in einem vorübergehend umgewidmeten Rathaus oder Konferenzzentrum sitzen sie an langen Tischen, als würden sie in einer Mensa essen, tippen auf ihren Computern herum oder starren auf die Reihen nebeneinander aufgehängter Fernsehgeräte. In einem Nebenraum sind die Bildjournalisten derweil damit beschäftigt, digitale Aufnahmen von ihren Kameras auf Rechner herunter zu laden, zurecht zu schneiden, mit Titeln zu versehen und per E-Mail in ihre Redaktionen zu schicken. Und draußen vor der Tür laden die mobilen Souvenirläden der Tour zum Shopping ein, während Sponsoren gelegentlich Bühnenshows veranstalten und Mützen oder T-Shirts in die Zuschauermenge werfen. Zusatztruppen der Polizei marschieren in Halbformationen auf und ab, bis die zuständigen Befehlshaber jedem seine endgültigen Positionen durchgegeben haben.

Unmittelbar hinter dem Ziel befinden sich die acht Gallerien mit den Kabinen für die TV-Kommentatoren. Das französische Fernsehen behält sich natürlich die besten Plätze vor. Von außen betrachtet erinnern die Reporter, die an kleinen Monitoren dem Rennverlauf folgen, an die Passagiere eines Doppeldeckerbusses. Als nächstes folgt dann das Podium für die Siegerehrung – in Form einer riesigen Auster, auf die eine Showtreppe aus Aluminium führt. Rechts und links stehen jeweils silberne Tonnen mit blauen Polstern. Auf ihnen sitzen die Ehrengäste des Tages, um später von Bernard Hinault dem Etappensieger und Klassementführenden vorgestellt zu werden. Im Hintergrund präsentiert dann ein großer Bildschirm wechselnde Werbe-Logos – jeweils passend zu jenem Sponsor, dessen Trikot gerade überreicht wird.

Direkt gegenüber steht das zweite Tribünengerüst, dessen fünf rote Sitzreihen weitere Ehrengäste des Tages beherbergen. Das erste befindet sich auf Höhe des Zielstrichs selbst. In einer Reihe mit dem Podium steht der Wohnwagen, in dem die Erstplatzierten und weitere ausgeloste Fahrer ihre Dopingprobe abgeben müssen. Die Fenster auf beiden Seiten sind mit grauem Plastik abgeschirmt, um Neugierigen den Blick ins Innere zu verwehren. Hinter dem markanten Mobil folgt das offene Fernsehstudio des Vélo-Club, an das sich der Abstellplatz für die Werbekarawane anschließt. Deren Fahrzeuge erreichen das Ziel etwa eine Stunde vor dem Peloton. Dann schleudern ihre fast ausschließlich weiblichen und überwiegend blonden Passagiere noch massig Nippes in die Menge. Im ganzen Zielraum gibt es keine ebene Oberfläche, die nicht mit Werbung gepflastert ist. Kurzum: Die Atmosphäre am Zielort sprüht vor Aktivität, während tatsächlich nichts passiert.

Doch plötzlich tauchen sie auf: erst die blauen, dann die roten Fahrzeuge der Tourdirektion, in ihrem Gefolge eine erste Phalanx von Motorrädern und schließlich – beinahe als ernüchternde Erfahrung – das dem Zielstrich entgegensprintende Feld. Nachdem die Fahrer diesen überquert haben, gelangen sie schnurstracks in einen Halbkreis aus Fotografen, Fernsehcrews, Rundfunkteams und Pflegern. So bildet sich hinter dem Zielstrich ein farbenprächtiger Stau, der sich dann langsam auflöst, wenn die Fahrer weiter zu den um das Ziel geleiteten Mannschaftswagen radeln oder umkehren, um direkt ins Hotel zu fahren.

Vélo berichtet seinen Lesern sogar, in welchen Etablissements die Teams übernachten, wenn auch nicht unbedingt, wo welches Team jeweils absteigt. Das aber ist weder allzu schwer herauszufinden, noch von sonderlichem Nutzen. Manchmal erreichen die Fahrer ihr Hotel gleich auf dem Rad, zumeist aber mit einem Mannschaftswagen. In der Regel beglücken sie dann nur ein paar der Autogrammjäger, bevor sie im Inneren entschwinden. Man kann so lang vor der Hoteltür warten, wie man möchte, ohne sonderliche Aussichten zu haben, die Fahrer noch einmal zu Gesicht zu bekommen.

Bis die Zuschauer wieder zu Atem gekommen sind, hat die *Brigade Orange* längst begonnen, die Absperrgitter abzubauen und mit viel Getöse in Lkws zu verstauen. Die Polizei öffnet zwar noch nicht den Zielraum selbst, aber doch allmählich seine Zuwege. Die ersten, die dem Gedränge entkommen sind, haben die Bars und Restaurants des Etappenortes gestürmt. Währenddessen stehen die Büros der Tourdirektion in Issy-les-Moulineux beinahe leer. Das Personal wird erst wieder einziehen, nachdem die Tour de France auf den Champs Elysées ankommen ist...und auch nur, um gleich in einen zweiwöchigen Urlaub zu entschwinden. Doch schon am Tag, an dem die Betriebsferien enden, beginnt die Vorbereitung der nächsten Tour. Irgendwer wird ausrechnen, wie vieler Absperrgitter es bedarf, wie viele aufblasbare Polster im Coca-Cola-Design erforderlich sind, um alle Hindernisse zu sichern, und wie viele blau-weiße Fiat-Schriftzüge beiderseits der Zielstriche aufgemalt werden müssen.

Denn die Tour de France hat zwar die Bekanntschaft des Todes gemacht, sie hat Skandale erlebt und das Regiment des schlichtweg schlechten Geschmacks. Aber seit 1903 haben nur Kriege vermocht, sie zu stoppen.

24

100 Dinge, die Sie schon immer über die Tour wissen wollten...

1. Das kleinste Fahrerfeld hatte die Tour 1919, als nur elf Teilnehmer an den Start gingen. In nicht von Kriegen beeinflussten Jahren fand die Tour 1903 und 1905 mit jeweils 60 Teilnehmern den geringsten Anklang.
2. Der Schweizer Urs Zimmermann wurde 1991 disqualifiziert, weil er den Transfer von Nantes nach Pau wegen Flugangst mit dem Auto bestritten hatte. Am nächsten Morgen trat das Fahrerfeld in einen Streik. Nach 40 Minuten lenkte die Tourdirektion dann ein und erlaubte Zimmermann, das Rennen fortzusetzen.
3. Als Jean Robic beschuldigt wurde, seine Trinkflasche nach einem Zuschauer geworfen zu haben, antwortete er nur, dass sei gar nicht möglich gewesen, schließlich habe er sein Bidon mit Blei gefüllt, um schneller den Tourmalet hinunter zu kommen.
4. Tom Simpson avancierte zum Pionier moderner Rennsättel, indem er ein Stück aus der Handtasche seiner Frau auf einen Plastiksattel klebte.
5. Die höchste Ausfallrate hatte die Tour 1919: 84 Prozent der Fahrer gaben unterwegs auf.
6. Von 1984 bis 1989 fand eine Tour de France für Frauen statt, die Tour Féminin, um dann wegen Mangel an Sponsoren wieder eingestellt zu werden. Das Rennen führte zwei Stunden vor dem Feld der Herren über die letzten 55 bis 80 Kilometer einiger Etappen.
7. Die elfte Tour de France startete am 28. Juni 1914, also genau an jenem Tag, an dem der österreichische Thronfolger Erzherzog Franz-Josef in Sarajevo einem Attentat zum Opfer fiel.
8. Die französischen Tourveteranen Antonin Magne und André Leducq beendeten ihre Karrieren 1938, indem sie gemeinsam Arm in

Arm vor dem restlichen Fahrerfeld über den Zielstrich im Pariser Prinzenpark fuhren. Jeweils 34 Jahre alt und nur zwölf Tage auseinander geboren, hatten beide ihr Tourdebüt im Jahr 1927 gegeben und die Rundfahrt jeweils zwei Mal gewonnen.

9. Ein Zeh, der dem Kletterer René Vietto während der Tour amputiert wurde, befindet sich heute, aufbewahrt in Konservierungsflüssigkeit, in einer Bar in Marseille.

10. Der persönliche Favorit von Jacques Goddet war mit dem Franzosen Roger Walkowiak genau jener Toursieger, der bei der Öffentlichkeit am wenigsten Anklang fand. 1956 gewann er eine recht einfache, aber schnelle Tour, ohne dabei auch nur eine Etappe siegreich beendet zu haben und ohne dieses Niveau jemals wieder zu erreichen. Nachdem er seine zwölfjährige Radsportkarriere beendet hatte, wurde Walkowiak – ziemlich untypisch für einen Toursieger – Fabrikarbeiter. »Er fuhr nicht nur mit seinen Beinen, sondern genauso auch mit Köpfchen. Er verpasste nie den entscheidenden Angriff«, sagte Goddet. Roger Walkowiak ist auch der Lieblingsfahrer von Jean-Paul Ollivier.

11. Im Hotel Catala in Baudéan in der Nähe des Tourmalets gibt es Zimmer, die nach Jacques Anquetil, Eddy Merckx und weiteren Radsportgrößen benannt sind. Darüber hinaus hängt in dem Hotel ein großes Foto von Bernard Hinault im Gelben Trikot – direkt über einem großen Dachs, also jenem Tier, dem der fünffache Toursieger seinen Spitznamen verdankte.

12. Der auffälligste Akteur der Tour war Antonin Magne in seiner Zeit als Teammanager: Er trug stets eine Baskenmütze und den weißen Regenmantel eines Viehzüchters.

13. Was Antonin Magne nicht mehr tragen konnte, waren die Gelben Trikots, die er gewonnen hatte: Er hatte sie allesamt während des Einmarsches der Deutschen verloren.

14. André Leducq wurde während des Krieges von den deutschen Besatzern festgenommen. Plötzlich hieß es mitten im Verhör: »Du bis frei«. Damit zog Leducq später Raymond Poulidor auf: »Siehst du Raymond? Es bringt schon was, wenn man die Tour de France gewonnen hat.«

15. Französische Polizisten, die die Tour begleiteten, mussten ihre Waffen am Tunnel unter dem Ärmelkanal zurücklassen, als das Rennen einen Abstecher nach England und Irland machte. Die Zuschauer in England jubelten jedes Mal lautstark, sobald ein britischer Bobby einen französischen Kollegen überstimmte.
16. Das Fernsehen kostete Lucien van Impe einen Sieg. Am Fuß des Anstiegs nach Alpe d'Huez hatte er zwei Minuten Vorsprung, als ihm ein TV-Wagen ins Hinterrad fuhr. Bernard Thévenet überholte den kleinen Holländer noch und gewann die Etappe.
17. Georges Speicher – der französische Fahrer, der aus einem Nachtclub geschleift wurde, um Weltmeister zu werden – bescherte L'Auto eine Rekordauflage von 845.045 Exemplaren, als er im Jahr 1933 die erste Tour de France gewann, die im Uhrzeigersinn durch Frankreich führte.
18. Als erster Nichtfranzose gewann Charles Laeser eine Etappe: 1903 in Bordeaux. Doch der Schweizer konnte die Rundfahrt weder in diesem noch im darauf folgenden Jahr beenden.
19. Drei Fahrern gelang es, während einer einzigen Tour acht Etappen zu gewinnen: Charles Pélissier 1930, Eddy Merckx 1970 und 1974 sowie Freddy Maertens 1976.
20. Eines der berühmtesten Fotos der Tourgeschichte zeigt den Holländer Gerben Karstens, wie er vermeintlich sterbend unter seinem zerstörten Rad liegt. Als der Fotograf weiter gezogen war, stand auch Karstens auf und ging lächelnd seiner Wege.
21. Als Teammanager von Bic baute Maurice De Muer bei der zwanzigsten Etappe der Tour 1970 nach 80 Kilometern einen Picknicktisch auf. Luis Ocaña, Jan Janssen und dem heutigen Tourdirektor Jean-Marie Leblanc wurde eine Strafe von jeweils 50 Francs aufgebrummt, weil sie außerhalb der Verpflegungskontrolle angehalten hatten.
22. Der Franzose Christian Raymond prägte Eddy Merckx' Spitznamen: der Kannibale.
23. Der richtige Vorname des 1905 geborenen Jacques Goddet ist eigentlich Jean-François.

24. Jacques Anquetil wusste genau, was ihm wichtig war, als er 1966 bei der Etappe von Chamonix nach St.Etienne vom Rad stieg, um seine Karriere zu beenden. Er ließ sich ans Ende des Feldes zurückfallen und einen Kamm reichen, bevor er für Interviews zur Verfügung stand.

25. Der Schweizer Hugo Koblet hatte während der Rennen stets einen Kamm, einen feuchten Schwamm und ein Fläschchen Eau de Cologne in seiner Trikottasche. Wenn er die Ziellinie überquert hatte und manchmal auch schon vorher, kämmte er sein Haar, wischte sich den Schweiß aus dem Gesicht und legte neuen Duft auf, bevor er seinen Fans gegenüber trat. Der Sänger Jacques Grello nannte ihn »*Le Pédaleur de Charme*«.

26. Gerade, als es so aussah, dass der ewige Unglücksrabe Raymond Poulidor tatsächlich die Tour 1968 gewinnen könne, verpasste ein Pressemotorrad eine Kurve und rauschte in sein Hinterrad.

27. Desvages, der Vorletzte der ersten Tour de France, fuhr bereits ein Rad mit Freilauf des britischen Herstellers BSA. Alle anderen Konkurrenten kamen besser ohne aus.

28. Auch wenn Maurice Garin gemogelt hatte, hinderte das Henri Desgrange nicht, ihn ganz besonders zu schätzen: »Ich bewunderte diesen Maurice Garin wie ich als Kind die Helden der Antike verehrt habe.«

29. Es gibt bei der Tour de France Akkreditierungspässe in Gelb (unbegrenzter Zugang), Blau (vor dem Rennen und Etappenorganisatoren), Grün (Presse), Pink (Werbekarawane) und Grau (Verkaufspersonal).

30. Svend Novrup, dänischer Radsportreporter bei Eurosport, ist ein weltweit führender Bridge-Experte.

31. Der erste Kinofilm, der auf der Tour de France basierte, war *Le Roi de la Pédale* von 1925. Die Hauptrolle spielte ein gewisser Biscot.

32. 1935 überstiegen die Preisgelder erstmals eine Millionen (alte) Francs. Es heißt jedoch, dass die Prämie für den Toursieger nie öffentlich bekannt gegeben wurde, damit dieser einen individuellen Deal mit der Steuerbehörde machen konnte.

33. 1960 stoppte das Fahrerfeld in Colomby-les-Deux-Églises, um Charles de Gaulle am Fuße von dessen Garten zu begrüßen. Bei dieser

Gelegenheit holte Pierre Beuffeuil, der zuvor eine Reifenpanne erlitten hatte, das Peloton ein, fuhr direkt an ihm vorbei und gewann die Etappe.

34. 1967, als Roger Pingon die Tour gewann, endete die Rundfahrt zum letzten Mal im Parc des Princes. Anschließend wurde die rosafarbene Radrennbahn im 16. Pariser Arrondissement abgerissen. Der Name Prinzenpark steht heute eher für Ballsportarten.

35. 1981 dokumentierte ein Film namens *23 Days in July* die Erfolge von Phil Anderson, der als erster Australier das Gelbe Trikot überstreifen durfte.

36. Als Kolumbien 1983 erstmals ein Tourteam stellte, sandte das Land drei Mal so viele Journalisten wie Fahrer nach Frankreich.

37. Greg LeMond nannte Claudio Chiapucci einmal »Claudio Capuccino oder wie immer sein Name auch sein mag«. Am nächsten Tag entschuldigte er sich.

38. Der Film *Pour le Maillot Jaune* von 1939 sah Jacques Goddets Schwägerin Meg Lemonnier in einer Hauptrolle.

39. *The Yellow Jersey*, eine Produktion von Columbia Pictures mit Dustin Hoffman in der Hauptrolle, schaffte es nie in die Kinos.

40. Mitgefühl verdient Arne Jonsson, der aus Dänemark angereist war, nur um bereits vor dem Prolog wieder nach Hause zu fahren: Er hatte seine Radrennschuhe vergessen. Jonsson gelang es weder 1959 noch 1960, die Tour zu Ende zu fahren.

41. In den 70er Jahren durfte auf den Trikots nichts weiter stehen als der Name des Hauptsponsors. Es kostete 1.000 Francs pro Tag und Fahrer an Strafe, als Bic mit dem Logo »Briquet Bic« (Bic Feuerzeuge) warb.

42. Antoine Magne glaubte eigentlich fest daran, dass ihm jedwede Fanpost Pech bringen würde. 1931 erfuhr er jedoch aus einem solchen Brief, dass der Kontrahent Jef Demuysère plante, zwischen Charleville und Malo-les-Bans anzugreifen. Als Demuysère tatsächlich genau hier attackierte, war Magne bereit. Die beiden gewannen die Etappe mit 17 Minuten Vorsprung.

43. Octave Lapize fürchtete sich so sehr, am Portet d'Aspet von lauter Belgiern umgeben zu sein, dass er zurück ins Tal fuhr. Er sagte zu Henri

Desgrange: »Wie soll jemand unter solchen Bedingungen kämpfen?« Noch am selben Abend stieg sein ganzes Team aus.

44. Jacques Goddet führte das Grüne Trikot für den besten Punktesammler ein, um Fausto Coppis Dominanz in den Bergen, bei den Etappenankünften und im Gesamtklassement etwas entgegenzusetzen. Erster Träger war der Schweizer Fritz Schaer.

45. Ottavio Bottecchia 1924 und Romain Maes 1935 waren die ersten, denen ein Start-Ziel-Sieg bei der Tour de France gelang.

46. Viele Fahrer wurden später Teammanager. Nur wenige aber hatten dabei den Erfolg eines Cyrille Guimard: Vier Jahre, nachdem er seine eigene Karriere wegen Kniebeschwerden hatte beenden müssen, überzeugte Guimard den Holländer Lucien van Impe, dass der das Zeug dazu habe, die Tour de France zu gewinnen. Guimard behielt Recht und durfte den ersten von insgesamt sieben Toursiegen als sportlicher Leiter feiern.

47. Die erste Etappe, die abgesagt wurde, sollte 1982 eigentlich nach Fonataine-au-Pire führen: Streikende Fabrikarbeiter hatten einen Streckenabschnitt besetzt. Auf der 16. Etappe waren es dann Bauern, die den Start in Orcières mit Traktoren blockierten, das Feld dann aber irgendwann doch noch auf die Strecke ließen.

48. Der Kanadier Denis Roux sagte über die Tour Féminin: »Frauen sind ein Mysterium für mich. Ich hatte mich eigentlich entschieden, nichts anders zu machen und sie genauso zu behandeln wie Männer. Aber vielleicht sollte ich mir das noch einmal überlegen. Du kannst einem Typen sagen, er hätte einen fetten Arsch...aber doch nicht einem Mädchen.«

49. 34 Etappensiege sind ein einsamer Rekord für Eddy Merckx. Es folgen Bernard Hinault mit 28, André Leducq mit 25 und André Darrigade mit 22.

50. Das erste Zeitfahren bei der Tour de France führte 1934 über 90 Kilometer von La Roche-sur-Yon nach Nantes.

51. Niemand ging öfter bei der Tour an den Start als Joop Zoetemelk. Der Holländer kam bei allen 16 Teilnahmen stets auch ins Ziel.

52. 1975 endete die Tour zum ersten Mal auf den Champs Elysées. Es gewann der belgische Sprinter Walter Godefroot.

53. Ebenfalls 1975 erhielt Eddy Merckx beim Aufstieg zum Puy-de-Dôme von einem französischen Zuschauer einen Fausthieb in den Magen. Der Belgier fuhr zunächst ins Ziel, drehte dann jedoch schnell um, machte den Angreifer ausfindig und drängte auf Schmerzensgeld. Der Missetäter erhielt eine Strafe von 100 Dollar.

54. Zwei Wochen vor dem Start der Tour 1927 fand man den italienischen Champion Ottavio Bottecchia tot am Rande eines Feldwegs liegen. Später gab ein Bauer auf dem Sterbebett zu, dass er einen Stein nach Bottecchia geworfen und ihn versehentlich umgebracht hatte, weil der von seinen Weintrauben naschte.

55. Das Pinkeln während der Fahrt wurde angeblich vom Luxemburger Charly Gaul eingeführt. Der nämlich war so eingebildet, dass die übrigen Fahrer gern ungeschriebene Gesetze brachen und attackierten, während Gaul stoppte und sich erleichterte. Dessen Technik wurde später Allgemeingut im Radsport.

56. Als er Bernard Labourette in den Pyrenäen siegen sehen wollte, bestieg der Publizist Christian Durras einen Kirchturm, um einen besseren Blick zu haben. Ein Priester kam hinein und Durras fühlte sich genötigt, in Gebete zu verfallen. Als er dann jedoch sah, wie die Fahrer kamen, sprang er ans Fenster und rief:»Bravo! Wir haben gewonnen!« Da blickte auch der Gottesmann heraus, lächelte und lud Durras zu einem Glas Wein ein.

57. 1987 durchbrach die Tour erstmals den Eisernen Vorhang, um für drei Tage in West-Berlin zu Gast zu sein. Lech Piasecki, ein Pole, der nur 200 Kilometer von der Berliner Mauer entfernt aufgewachsen war, avancierte bei dieser Gelegenheit zum ersten Osteuropäer im Gelben Trikot. Paris erreichte er nicht.

58. 1989, in dem Jahr also, das dann den Fall der Mauer sah, begrüßte die Tour ihre erste osteuropäische Mannschaft: die Russen. Ihren ersten Etappensieg feierten die jedoch erst im Jahr darauf durch Dimitri Konyshev.

59. Zenon Jaskula war der erste Osteuropäer, der aufs Podium fuhr. Zum Start der Tour 1993 war er noch jemand gewesen, der sich vom zuvor viel versprechenden Amateur in einen unbekannten Profi verwandelt hatte. Aber dann gewann Jaskula die Etappe nach Saint Lary-Soulan in den Pyrenäen und eroberte beim letzten Zeitfahren den dritten Platz.
60. Der Legende nach wurde Maurice Garin von seinem Vater an einen Kaminkehrer verkauft. Im Tausch für ein Rad Käse.
61. Den ersten Transfer zwischen zwei Etappen gab es 1906 von Lille nach Douai.
62. 1978 und 1979 sah die Tour die gleichen drei Fahrer in der gleichen Reihenfolge auf dem Podium: Bernard Hinault vor Joop Zoetemelk und Joaquim Agostinho.
63. Auf der elften Etappe der Tour 1928 versetzte das gemächlich daher radelnde Peloton Henri Desgrange so sehr in Rage, dass der das Fahrerfeld kurzerhand vor dem Velodrom von Marseille anhielt, um den Tag mit einem Ausscheidungsrennen zu beenden: Der Letzte jeder Runde flog raus.
64. Der Luxemburger Nicoloas Frantz berichtete, dass Henri Desgrange ihm 1924 quasi verboten hätte gegen Ottavia Bottecchia zu gewinnen, weil ihm das Kaliber eines Toursiegers fehle. Sein Manager empfahl Frantz daraufhin, er solle bloß zu stimmen, sonst dürfte er wohl nie wieder starten.
65. Verärgert über den Sieg des Belgiers Maurice De Waele bei der Tour 1929 verkündete Desgrange: »Eine Leiche hat mein Rennen gewonnen.«
66. Toursieger André Leducq überlebte zwei Weltkriege, um dann 1980 bei einem Tauchunfall zu sterben. Er war bereits 76.
67. Die Mannschaft Brooklyn nahm 1976 nicht an der Tour teil, weil ihr Sponsor entführt worden war: Nach der Übergabe des Lösegelds blieb nicht mehr genug Geld, um das Radsportteam zu finanzieren.
68. Zum ersten Mal setzte die Tour de France morgens um drei Uhr in der Frühe am 13. Juli 1908 einen Reifen auf die Champs Elysées: Die Startformalitäten wurden unter dem Licht mobiler Gaslaternen abgewickelt.

69. Henri Pélissier behandelte seine hölzerne Felge für gewöhnlich mit Sandpapier. Er argumentierte: »So spare ich 50 Gramm, und 50 Gramm einer sich drehenden Komponente zählen genau so viel zwei Kilogramm beim Rahmen.«

70. Die Tour de France nutzt GPS-Systeme, um laufend Zwischenzeiten zu nehmen und den Fernsehzuschauern die noch verbleibende Distanz anzuzeigen.

71. Der Tourtross zählt mehr als 1.200 Fernsehjournalisten. Über hundert Lkws transportieren deren Satellitenschüsseln, mobile TV-Studios und andere Gerätschaften.

72. Phil Ligget, die Fernsehstimme des Radsports in den USA und Großbritannien, arbeitete vorher in Chester nahe Liverpool als Tierpfleger mit Elefanten.

73. Der Brite John Clarey sorgte für regelmäßiges Amüsement im Fahrerfeld, indem er notorisch als Allerletzter zum Start erschien, weil er seinen Schnurbart jeden Morgen noch mit Zimmerpflanzenspray in Form bringen musste.

74. Nach dem sich Sean Kelly und Eric Vanderaerden 1986 mitten im Massensprint der Etappe nach Reims eine Schlägerei geliefert hatten, wurden sie vom sechsten auf den letzten Platz zurückgesetzt.

75. Der großartigste Karikaturist, den die Tour in ihren Bann ziehen konnte, war René Pellarin. In den 13 Jahren, in denen er die Rundfahrt begleitete, brillierte er unter dem Namen Pellos mit herrlich überzeichneten Fahrern vor dem Hintergrund finster dreinblickender Gebirge und Hämmer schwingender Winde. In Bäumen, Höhlen und Straßengräben fand er die notwendige Ruhe, um zu arbeiten. Pellarin starb 1988.

76. Als Steven Rooks von der Tour 1988 das Trikot des Bergkönigs nach Hause brachte, musste er feststellen, dass die Stammgäste sein Lieblingsrestaurant in Warmenhuisen im Nordwesten der Niederlande mit roten Punkten bemalt hatten.

77. Pech für Uwe Ampler: Der einstige DDR-Fahrer ließ sich zu seinem Mannschaftswagen zurückfallen, weil er um Erlaubnis fragen

wollte, wegen Kniebeschwerden auszusteigen. Ein Rennkommissar hupte, Ampler verlor kurz die Kontrolle über sein Rad, verfing sich mit dem Lenker am Mannschaftswagen und stürzte.

78. Nur der Brite Barry Hoban fuhr gegen die ersten drei Champions, die fünf Mal die Tour gewannen: Anquetil, Merckx, Hinault.

79. Genervt von Fragen, warum er zurückgefallen sei, bewarf Laurent Fignon 1988 eine Gruppe von Journalisten mit seiner Trinkflasche. Er erhielt erst eine Geldstrafe von 1.000 Francs, später dann die Diagnose, dass er einen Bandwurm habe.

80. Als er 1993 in Lille mit 55,15 km/h einen neuen Prologrekord aufstellte, saß Chris Boardman wie bei seinem Stundenweltrekord auf einer Lotus-Rennmaschine mit Kunststoffrahmen.

81. Zwar beherrschen die meisten ausländischen Fahrer zumindest ein wenig Französisch, doch kaum einer so perfekt wie Russell Mockridge. Der Australier setzte sich das Ziel, französische Galoppsportkommentare zu verstehen...und hatte Erfolg.

82. Mit einer Ausnahme ging die Tour stets in Paris zu Ende: Nur bei ihrem Debut lag das eigentliche Ziel in Ville-d'Array noch vor den Toren der Hauptstadt. Erst anschließend ging es auf eine Ehrenrunde in den Prinzenpark.

83. André Darrigade sah bereits wie der sichere Sieger aus, als er bei einem Sprint mit einem Offiziellen zusammenstieß, der auf der Strecke stand. Darrigade kam mit Verletzungen davon, der Rennbeamte mit dem Tod.

84. In der Angst, jenes Drama, das zum Tod Tom Simpsons geführt hatte, könne sich wiederholen, plante die Tourdirektion die nächste Ankunft auf dem Mont Ventoux erst für die späteren Abendstunden, damit sich die Luft bereits abgekühlt habe. Das änderte nichts daran, dass Eddy Merckx nach seiner Solofahrt einer Sauerstoffbehandlung bedurfte.

85. Die ersten flämischen Fahrer wurden noch als *Flahutes* bezeichnet, weil ihre Art und Weise, sich unbeirrt in Gruppen durch die heimischen Winterstürme zu kämpfen, an die Formation von Wildgänsen erinnerte.

86. 1949 sprintete der belgische Klassikerjäger Rik van Steenbergen bei der Ankunft auf der Radrennbahn von Bordeaux eine halbe Runde zu früh... und verlor die Etappe.

87. Das Talent eines Freddy Maertens, immerhin Gewinner des Grünen Trikots, fiel erstmals auf, als er noch ein Junge von 14 Jahren war: Er mischte sich unter ein Feld trainierender Profis und stellte munter drauf los allerhand Fragen, während er auf einem voll mit Zeitungen beladenen Rad saß.

88. Barry Hoban bezeichnete Eddy Mercky als »größte Heulsuse in diesem Gewerbe... Wenn er verliert, dann nur wegen irgendeinem Malheur. Er glaubt, andere könnten nur gewinnen, wenn er nicht am Start sei oder sie keine Gegner gehabt hätten.«

89. Einmal klingelte eine holländische Frau an Bernard Hinaults Haus in der Bretagne, und forderte ihn auf, umgehend Liebe mit ihr zu machen. Als er dankend ablehnte, begann sie zu fluchen. Hinault ist sich sicher, einen Haufen Schimpfwörter vernommen zu haben: Er kannte sie von holländischen Kollegen im Fahrerfeld.

90. Jacques Anquetil wurde einmal gefragt, ob es Frauen wegen einer gewissen Stimulans durch den Sattel besonders gefallen würde, Rad zu fahren. Anquetil dachte darüber nach und sagte, da könne durchaus etwas dran sein: Ihn selbst überkämen hin und wieder ähnliche Gefühle.

91. Bei einer Etappe nach Marseille war das Feld einmal so schnell unterwegs, dass die Fahrer schon längst geduscht hatten, bis dann auch der Bürgermeister der Stadt auftauchte. Ernüchtert ließ der das Rennen nicht mehr in die Hafenmetropole.

92. Der italienische Premierminister flehte Gino Bartali einmal an, doch bitteschön eine Etappe zu gewinnen, und ihn auf diese Weise etwas vom Druck der Öffentlichkeit zu entlasten. Bartali siegte bei sieben der nächsten 21 Tagesabschnitte und stellte einen neuen Geschwindigkeitsrekord auf, der sechs Jahre lang Bestand hatte.

93. Der spanische Kletterer Federico Bahamontes sprach über sich selbst häufig in der dritten Person: »Federico hat sich heute etwas müde gefühlt, morgen wird er wieder stärker sein.«

94. Antonin Magne fuhr auf einer Etappe einmal stundenlang in brütender Hitze allein vor dem Feld über knochentrockene Landstraßen. Zu allem Unheil wirbelte ein Lastwagen, der dem Rennen vorausfuhr, ständig Staub auf. Nach langem Leiden schien es so, als würde Magne endlich etwas zu Trinken erhalten. Doch der Helfer ließ die Flasche zu früh los, so dass diese in Magnes Vorderrad geriet und sich der Franzose auf der Landstraße richtig lang machte.

95. 1966 beschrieb ein amerikanischer Journalist einen typischen Namenlosen im Fahrerfeld: »Er mag seine Fußnägel ob des kontinuierlichen Drucks nach vorne verloren haben. Sein Hintern mag mit eiternden Geschwüren übersät sein. Sein Kopf mag von Amphetaminen so verwirrt sein, dass ihm sein eigener Name nicht mehr einfällt. Und doch ist er ein Held, ein großer Athlet, ein Mann, der die Tour de France beendet hat.«

96. Luis Ocaña war der erste Fahrer, der auf Titan setzte: 1979 experimentierte er mit einem Kopfhörer aus dem Werkstoff.

97. Am 8. Juli 1996 wurde erstmals eine Etappe wegen schlechtem Wetter verkürzt: Schneefall mitten im Sommer hatte die Passstraßen zum Iseran und Galibier unpassierbar bemacht. Das Peloton nahm nur die letzten 46 Kilometer in Angriff, an deren Ende Bjarne Riis in Sestriere gewann.

98. Alex Virot, Pionier der Radioübertragungen von der Tour de France, starb gemeinsam mit seinem Fahrer, als das Motorrad der beiden auf der 16. Etappe des Jahres 1957 einen Abhang hinunterstürzte.

99. Raymond Poulidor wirbt in französischen Fernsehspots für Versicherungspolicen.

100. Louison Bobet, der sich adrette Manieren und ein Privatflugzeug zulegte, um als Aristokrat zu erscheinen, wurde direkt über einer Bäckerei geboren.

Les Woodland

Seit mehr als 30 Jahren ist der englische Journalist Les Woodland den Giganten der Landstraße auf der Spur. Lange Zeit als Europakorrespondent für Velo-News aktiv, erscheinen seine Artikel heute in diversen britischen und amerikanischen Radsportmagazinen.

Les Woodland lebt mittlerweile permanent in jenem Land, dessen Landschaften, Menschenschlag und Kulturgeschichte sein Herz gehört: Frankreich.

Fotonachweis:

DPA-Bildarchiv: Titel, 102, 106, 136, 145, 179, 185, 189, 236, 252, 263.
Jock Wadley: 65.
Les Woodland: 11, 50, 53, 63, 86, 108, 117, 132, 152, 155, 165, 222, 224, 260, 266, 283.
Peugeot Publicity: 83.
Rob van der Plas: 212.
Saddle Club: 23.

Weitere Abbildungen sind nach Recherchen des Autors frei von Urheberrechten.

Hans Blickensdörfer
Salz im Kaffee

Liebhaber-Edition mit einer Fotoreportage von Hennes Roth.

ISBN 3-936973-04-0

Alle nennen ihn Bud. Und fast alle glauben, der hoffnungsvolle Jungprofi habe beim Griff nach den Sternen geschummelt – nachgeholfen mit »Dynamit«, mit unerlaubten Substanzen, mit Doping. In einem kleinen Pyrenäendorf gewinnt Bud den Glauben an sich selbst zurück: Das Gespräch mit einem greisen Schmuggler verleiht ihm neue Willenskraft, um auf dem sagenumwobenen Tourmalet das Gelbe Trikot der Tour de France anzugreifen....

Im Zusammenspiel mit Hennes Roths Fotoreportage »Landschaften der Tour de France« entfaltet Hans Blickensdörfers augenzwinkernder Einblick in das Seelenleben des größten Radrennens der Welt seine ganze Kraft.

Paul Kimmage
Raubeine rasiert

Bekenntnisse eines Domestiken

ISBN 3-936973-03-2   –   Juni 2003

In den 80er Jahren fuhr der Ire Paul Kimmage als Radprofi mit den ganz Großen der Branche: Er erfüllte sich einen Kindheitstraum und erlebt einen Albtraum. Das Leben im Fahrerfeld wird schnell zur Existenzfrage. Es geht um zermürbende Niederlagen. Es geht um äußerste Erschöpfung. Es geht um Doping. Nicht um die Einnahme fragwürdiger Substanzen, die den Sieg bringen. Sondern um Doping als einzige Chance, ein Rennen zu beenden und am nächsten Tag wieder starten zu können.
Paul Kimmage hat seine Karriere beendet, um dieses Buch zu schreiben. Er bricht ein Schweigegelübde und liefert einen beispiellos ehrlichen Einblick in die unmenschlichen Gesetze des Pelotons. Ein Buch, das Augen öffnet. Eine herzzerreißende Klageschrift. Ein Buch, das jeder, der sich für diesen Sport interessiert, gelesen haben sollte.

Rolf Gölz
Mythos Klassiker

Eine Hommage an die großen Eintagesrennen.

ISBN 3-936973-01-6 – Juni 2003

Mailand-San Remo. Flandernrundfahrt. Paris-Roubaix. Lüttich-Bastogne-Lüttich, Giro di Lombardia. So heißen die berühmtesten Eintagesrennen: die Klassiker. Rolf Gölz galt in den 80er und 90er Jahren als einer der Spezialisten für diese jährlich wiederkehrenden Monumente. Jetzt erinnert er sich noch einmal an seine aufregendsten Fahrten über Kopfsteinpflaster, Ardennenhügel und Felsenkaps. Rolf Gölz nimmt seine Leser mit in den Rennsattel, wenn er bei der Züri Metzgete gegen Schneeregen, Verfolger und inneren Schweinehund anfährt. Und wenn er bei Mailand-San Remo eine verzweifelte Verfolgungsjagd reitet... Der heutige Tour-Experte des ZDF badet seine Leser in bangem Schweiß und zeichnet dabei anekdotenreiche Charakterstudien von mehr als 20 Rennen, die in ihrer ruhmreichen Geschichte längst ein widerborstiges Eigenleben entwickelt haben.

Helmer Boelsen
Unter Engeln und Kannibalen

Die schönsten Geschichten aus 55 Jahren Radsportjournalismus.

ISBN 3-936973-02-4 – Juni 2003

Helmer Boelsen ist der Nestor des deutschen Radsportjournalismus. Seit 1947 begleitet er die Giganten der Landstraßen und Winterbahnen rund um den Erdball. Stets war er hautnah dabei: Als die großen Steher- und Sechstagerennen noch ganz Europa in ihren Bann zogen. Bei den fünf Toursiegen des vermeintlichen »Kannibalen« Eddy Merckx. Im Kinderzimmer des talentierten Nachwuchsfahrers Dietrich Thurau, der später als »blonder Engel« den Traum vom Gelben Trikot lebte. Und im Hotelzimmer von Jan Ullrich, bevor der den ganz großen Wurf vollendete.
Unter Engeln und Kannibalen ist die Sammlung der schönsten Geschichten, die Helmer Boelsen in 55 Jahren als schreibender Begleiter des Pelotons erlebt hat. Dieses Buch ist eine ganz persönliche Liebeserklärung an den Radsport und seine Akteure.

Tim Moore
Alpenpässe und Anchovis

Eine exzentrische Tour de France.

ISBN 3-96973-05-9 – Juni 2003

Ist die Tour de France nur eine ziemlich anstrengende Radtour durch das Land der Götter und Genießer? Der Brite Tim Moore will es wissen. Ohne Rücksicht auf Strapazen und Verluste nimmt der untrainierte Anfänger die 3.630 Kilometer lange Route auf sich und unter sein neues Rennrad. Im preisgekrönten Abenteuerbericht *Alpenpässe und Anchovis* singt Tim Moore das hohe Lied vom Streben wahrer Amateure: mit ungeeigneten Mitteln das Unmögliche zu erreichen. Seine ganz eigene Version der berühmten Frankreichrundfahrt erzählt ein modernes Märchen von intimen Beschwerden, unvorteilhafter Kleidung und notorischen Gastgebern. Leise lesen, laut lachen!

»Eines der lustigsten Sportbücher aller Zeiten.« - The Sunday Times